移动支付安全与实践（2019）

中国支付清算协会　编著

中国金融出版社

责任编辑：肖　炜　董梦雅
责任校对：张志文
责任印制：程　颖

图书在版编目（CIP）数据

移动支付安全与实践.2019／中国支付清算协会编著.—北京：中国金融
出版社，2019.12
　ISBN 978 - 7 - 5220 - 0392 - 4

　Ⅰ.①移…　Ⅱ.①中…　Ⅲ.①移动通信—通信技术—应用—支付方式
—安全技术　Ⅳ.①F830.4 - 39

　中国版本图书馆 CIP 数据核字（2019）第 267959 号

移动支付安全与实践（2019）
Yidong Zhifu Anquan yu Shijian（2019）

出版
发行　　**中国金融出版社**

社址　　北京市丰台区益泽路 2 号
市场开发部　（010）63266347，63805472，63439533（传真）
网 上 书 店　http://www.chinafph.com
　　　　　　（010）63286832，63365686（传真）
读者服务部　（010）66070833，62568380
邮编　100071
经销　新华书店
印刷　北京市松源印刷有限公司
尺寸　169 毫米 × 239 毫米
印张　24.75
字数　364 千
版次　2019 年 12 月第 1 版
印次　2019 年 12 月第 1 次印刷
定价　68.00 元
ISBN 978 - 7 - 5220 - 0392 - 4
如出现印装错误本社负责调换　联系电话(010)63263947

《移动支付安全与实践（2019）》编委会

主　编：陈　波

副主编：马国光

成　员：王玉雄　詹　欣　郑　恰
　　　　左　优

序

近年来，在良好的经济金融政策环境下，移动支付行业正在迈入高质量发展阶段，市场主体持续拓展民生领域移动支付服务场景，不断提高移动支付服务便捷性与安全性，有力推动信息科技与移动支付融合创新，在引领零售产业创新发展，促进实体经济商业模式创新，便利居民日常生活等方面均发挥了积极作用。在参与各方的共同努力下，我国移动支付应用走在全球前列，成为国家发展的新名片。

一是在移动互联、金融科技的助推下，我国移动支付业务规模持续实现高速增长。2018年，国内银行共处理移动支付业务605.31亿笔，金额277.39万亿元，同比分别增长61.19%和36.69%；非银行支付机构共处理移动支付业务4722.83亿笔，167.89万亿元，同比分别增长97.39%和59.73%。二是持续丰富移动支付服务场景，推动便民服务与普惠金融发展。市场主体以移动支付、条码支付为入口和纽带，打造智慧交通、智慧医疗、智慧校园、智慧旅游等便民利民项目，同时建设惠农移动平台、农村资金定向支付系统等适农性支付产品，助力精准扶贫，有力地促进了普惠金融发展。三是强化支付风险管理手段和策略，不断提高移动支付服务安全性。市场主体持续推动支付标记化应用、基于云计算、人工智能等科技手段，研发智能风控平台，使风险拦截更加实时、精准、智能，提升移动支付业务风险防范水平。四是金融科技与移动支付深度融合，支付服务便捷性和可得性有效提升。随着物联网技术与移动支付的相互融合，人脸等生物识别技术支付应用逐步扩展，以智慧支付为代表的新型支付方式逐步发展起来，源源不断的科技创新为移动支付未来发展打开了更广阔的空间。

与此同时，行业的发展仍面临如下问题与挑战，影响移动支付安全和可持续发展，受到产业各方及社会各界的高度关注。如虚假商户申请入网，网络支付接口被用于违规违法用途，商户欺诈等风险和问题仍时有发生；产业链参与各方业务合作模式有待优化和升级，业务发展的可持续性面临挑战；移动支付的境外推广应用面临差异化监管政策环境，存在潜在的政策风险与法律风险；人脸识别技术等金融科技在支付领域的探索试用，给客户资金和信息安全保障带来新的变化和风险；行业风险联防联控机制亟待进一步加强，以保障移动支付安全和行业高质量发展。

为更好地推动移动支付业务的市场推广与应用，促进同业间的业务沟通与交流，加深对行业前沿和热点问题的剖析，有效防范支付风险，促进移动支付业务创新应用与发展，中国支付清算协会网络支付应用工作委员会和移动支付工作委员会于2018年持续组织成员单位开展市场调查研究工作及优秀案例征集活动，其间得到广大成员单位的踊跃参与和大力支持。在业内诸多专业人士共同努力下，通过业务座谈、专题研究、实地调研、网上问卷等多种方式，推动相关工作的顺利完成，形成了多篇高质量的调研报告，以及一系列反映网络支付和移动支付行业创新发展现状的优秀案例。

为帮助会员单位及相关从业人员准确了解移动支付行业创新发展情况，展示行业实践经验和阶段性成果，在来自监管部门、会员单位、高等院校等多名专家的共同参与和努力下，协会系统整理形成了《移动支付安全与实践》（以下简称《移动支付》）一书。本书凝聚了广大会员单位和业内诸多专业人士的集体智慧，既有深入的理论性研究，又有具体的业务实操经验，可供行业从业人员和高等院校研究人员参考借鉴。

希望通过《移动支付》读本，能够助力业内开展更为广阔的业务学习交流与合作，帮助社会各界更加全面、准确地了解移动支付行业，从而促进我国支付清算行业迈上新的台阶。作为反映支付领域创新、实践和探索的读本，《移动支付》难免存在疏漏或不足之处，企盼各界同仁提出宝贵意见和建议，以使我们的工作日臻成熟和完善。

中国支付清算协会编写组
2019 年 11 月

目　　录

第一篇
市 场 调 研

移动支付监管政策落实情况调研报告①

为规范移动支付行业健康发展，2017 年以来，人民银行陆续出台多个与移动支付相关的规范性文件，对行业总体发展有着深远影响。中国支付清算协会移动支付工作委员会（以下简称委员会）通过问卷调查的形式，重点就会员单位断直连（209 号文）、规范支付创新（281 号文）、条码支付规范（296 号文）等移动支付监管政策落实情况、存在的困难及相关意见建议进行了调研，形成调研报告如下。

一、关于《中国人民银行支付结算司关于将非银行支付机构网络支付业务由直连模式迁移至网联平台处理的通知》（银支付〔2017〕209 号）落实情况

根据 209 号文要求，自 2018 年 6 月 30 日起，支付机构受理的涉及银行账户的网络支付业务全部通过网联平台处理。各成员机构需按照监管时间节点要求，积极与银联、网联对接，截至 2018 年底，大部分成员机构已完成系统开发，正处在验证测试、逐步切量的阶段。存在的困难及建议如下。

（一）按照人民银行关于银联、网联双活互备要求，银联、网联目前均提供网络支付转接清算服务，但两家清算机构运作机制和商业模式不同，同类业务的接口标准、业务规范、运营及争议处理等方面存在一定的差异，商业银行及支付机构系统对接和商户迁移成本较高，建议监管部门考虑推动建立行业统一规范。

---

① 本课题牵头单位为建设银行，参与单位包括工商银行、农业银行、中国银行、光大银行、招商银行、支付宝、财付通、网银在线、中移电子。本课题执笔人为陈光波、向高。

（二）定价方面，由于银联采用成熟的四方模式，业务规则相对完善，而网联接入需要商业银行、支付机构间相互谈判，谈判成本及周期较长，建议监管部门考虑推动网联、银联制定统一的定价标准，尽量减少发卡机构与收单机构直接谈判，提高接入效率，降低议事成本。

（三）支付机构准入与商户准入机制方面，建议监管部门推动建立统一的标准，支付机构准入可由清算组织制定规则，进行一次准入并加强合规管理和约束，并支持发卡行采用"白名单"等方式进行支付机构二次准入；商户准入方面，发卡行不应参与，建议监管部门加强收单机构与发卡机构间的信息传递与报送管理，清算机构发现违规行为时应及时予以处罚纠正。

二、关于《中国人民银行关于规范支付创新业务的通知》（银发〔2017〕281号）落实情况

（一）关于规范小微商户收单业务管理

成员机构均认为281号文明确提出了小微商户的开放政策及管理规范，为小微商户规范地享受金融服务提供了强有力的政策支持。落实过程中存在的困难及建议如下。

1. 关于小微商户界定标准，目前部分省市工商管理部门对小微商户的认定标准不一致，部分地区人民银行要求小微商户符合当地工商管理部门公布的小微商户管理细则，但工商管理部门尚未出台细则，导致部分成员机构无法拓展小微商户业务。建议监管部门进一步明确小微商户的界定标准及小微商户的准入审核要求。

2. 小微商户的流动性较大，281号文中要求的营业场所租赁协议或产权证明、集中经营场所管理方出具的证明文件等"辅助证明材料"地提供存在困难，建议监管部门能在后续政策上予以考虑。

3. 收单机构无法对基于条码支付的背后资金源进行判断，针对小微商户的信用卡条码支付限额只能依赖于账户发行方进行限制。建议监管部门能够规范各银行、支付机构交易数据传输标准，并通过网联、银联网络统一传输和管理。

4. 建议监管部门考虑非现场巡检方式的可行性，如视频巡检，及时跟

踪交易、明确交易订单号,以便更高效的确认商户的真实有效性。

(二)关于加强代收业务管理

成员机构均严格按照监管要求加强代收业务管理,要求收款人事先与付款人签订协议,明确收款人名称、支付款项用途、扣款时间等要素,并要求收款人禁止滥用、出租、出借、出售代收交易接口。同时,按照209号文要求,将原有代收业务向网联、银联等清算机构网络迁移。建议监管部门一是进一步明确代收业务的特征和范围;二是明确代收业务中协议签署的主体;三是推动制定行业统一的价格标准。

三、关于《中国人民银行关于印发〈条码支付业务规范(试行)〉的通知》(银发〔2017〕296号)落实情况

(一)关于第五条,支付机构不得基于条码技术,从事或变相从事证券、保险、信贷、融资、理财、担保、信托、货币兑换、现金存取等业务

各支付机构均反馈已严格执行《中国人民银行关于印发〈条码支付业务规范(试行)〉的通知》(银发〔2017〕296号)相关要求,不存在基于条码技术,从事或变相从事证券、保险、信贷、融资、理财、担保、信托、货币兑换、现金存取等业务。建议监管部门制定规则,进一步加强对从事证券、保险、信贷、融资、理财、担保、信托、货币兑换、现金存取等业务的商户准入管理与事后监控、审核,并建立相应的纠错机制。

(二)关于第十二条,银行、支付机构应根据《条码支付安全技术规范(试行)》(银办发〔2017〕242号)关于风险防范能力的分级,对个人客户的条码支付业务进行限额管理

大部分商业银行的条码支付限额未执行 A 级风险防范能力标准,一般按照 B 级执行,静态码方面均严格按照 D 级限额标准执行。部分支付机构对安装数字证书的客户执行 A 级限额标准,采取静态码转换动态码的方式突破所有支付账户日累计限额 500 元的标准。

存在的困难及建议如下:一是 A 级风险防范能力的交易验证需要数字证书或电子签名,建议监管部门明确支付行业客户端上支持数字证书、电

子签名需依据的详细标准和规范；二是建议监管部门尽快明确静态码转换动态码的方式是否合规。

（三）关于第二十四条，以同一个身份证件在同一家收单机构办理的全部小微商户基于信用卡的条码支付收款金额日累计不超过 1000 元、月累计不超过 1 万元。银行、支付机构应当结合小微商户风险等级动态调整交易卡种、交易限额、结算周期等，强化对小微商户的交易监测

各成员机构均已按监管要求，对小微商户受理基于信用卡的条码支付设置限额，并强化对小微商户的交易监测。

存在的困难及建议如下：部分收单机构在受理支付业务时无法获取银行卡卡种信息，所以无有效手段实施小微商户基于信用卡的交易管控和限额管理；建议监管部门规范第三方支付机构上送信用卡标识，使收单机构能够根据上送信息对信用卡交易进行实时管控。

（四）关于第二十九条，银行、支付机构应当对实体特约商户条码收单业务进行本地化经营和管理，通过在特约商户及其分支机构所在省（区、市）辖内的收单机构或其分支机构提供收单服务，不得跨省（区、市）开展条码收单业务

目前，成员机构中的大型商业银行均已实现实体特约商户条码收单本地化经营和管理，各支付机构也严格按照人民银行要求，通过设立分支机构来实现本地化经营和管理。存在的困难及建议如下。

1. 部分支付机构在设立分支机构并向当地人民银行备案时，存在以下问题：一是各地工商的注册标准不同。如山西、黑龙江、天津等地要求注册前先行获得当地人民银行许可，云南要求先向当地人民银行备案，内蒙古对设立主体资质上提出特殊要求，要求设立子公司或者是独立核算的分公司。二是各地人民银行的备案材料、流程和要求也存在差异。三是部分地区人民银行反馈正在修订属地分公司管理办法，暂缓了分公司备案受理工作，如人民银行天津分行、福州中支、大连中支等。建议人民银行能统一各分支机构备案流程及所需材料要求。

2. 针对全国性连锁或集团性商户，建议监管部门进一步明确跨地区收单管理的相关政策。

3. 对于既开通线上又开通线下的商户分类（实体商户/网络商户），建议监管部门予以明确。

（五）关于第三十二条，银行、支付机构开展条码支付业务应参照银行卡刷卡手续费定价标准科学合理定价，不得采用交叉补贴、低于成本价格倾销等不正当手段排挤竞争对手，扰乱市场秩序

从问卷反馈情况来看，各成员机构均严格按照监管要求，在发码机构收取的成本费率基础上，参照同业价格水平，根据特约商户行业类型和风险等级进行差异化定价。存在的困难及建议如下。

1. 由于各发码机构定价不统一，导致提供给特约商户的价格存在差异，一定程度上导致了市场价格的混乱，提高了维护成本也影响了客户体验。建议监管部门尽快制定或指导转接清算组织制定行业统一价格标准，从而更有效地维护市场秩序。

2. 部分成员机构反映，目前部分第三方支付机构针对小微商户大力推广付款码业务，该业务以"转账业务"名义实质提供收单服务。据了解，转账码均不收取商户手续费，导致其他收单机构较难切入小微商户市场。建议监管部门统一小微商户市场收单服务监管标准，推动各收单机构共同为小微商户提供更加优质的收单服务。

四、针对移动支付监管政策的其他意见建议

（一）监管部门出台的政策文件对移动支付行业规范化发展起到至关重要的作用，但由于目前业务模式、技术应用多元，市场参与主体也多元，各方在落实政策时存在理解、把握不一致的问题，建议监管部门一是在出台相关政策时能同步出台实施细则；二是及时举办监管政策的宣讲、培训。

（二）建议考虑制定专门的移动支付管理办法，为移动支付业务持续健康发展构建完整的监管框架。

（三）随着移动支付的日益普及，消费者权益保护、个人信息安全保护等方面存在的问题也较为突出，建议监管部门考虑制定专门的政策，重点就资金安全、个人信息安全、知情权和损失赔偿方面的保护进行规范，更好地维护金融消费者的合法权益。

网络支付交易及业务系统
接口规范管理研究^①

近年来，我国支付业务创新不断发展，支付服务受理环境日趋完善，对提高支付效率、便利社会生产生活发挥了积极作用。市场主体在加速创新和积极拓展市场的同时，也因主观或客观原因，存在交易接口被出租、出借、出售，支付业务系统接口被违规违法利用等情况，导致风险问题的出现。为有效防范支付业务风险，人民银行相继出台了专项业务监管制度，如《中国人民银行关于规范支付创新业务的通知》等，引导市场主体规范经营发展。本课题拟对网络支付交易及系统接口生态进行分析，梳理网络支付交易接口违规使用的典型风险案例，并提出相关策略建议。

一、网络支付交易及系统接口生态

《银行卡收单业务管理办法》明确网络支付接口是指收单机构与网络特约商户基于约定的业务规则，用于网络支付数据交换的规范和技术实现。

（一）网络支付交易类型与产品形态

目前，市场主体的网络支付交易类型基于动账协议与交易对手账户关系，可分为 B2C、B2B、C2C 三大类；基于网络支付的渠道，可分为 PC、移动支付两大类；基于业务发起账户分类，包含银行账户支付和支付账户支付两大类；按照发起交易的终端设备分类，包含 PC 端发起的大额网关支付、协议代收、协议代付，以及基于移动终端发起的协议支付（以三方

———————
① 本课题牵头单位为民生银行，参与单位包括光大银行、宝付、连连银通、中金支付、联动优势、财付通、开联通。周勇、王宏宇、阚志斌、陈锐、赵音龙、程媛、袁雁飞、黄小亮、梁若男、吴永强、王方亮参与了本课题的研究工作。

支付机构的快捷支付产品为代表）、条码支付、卡认证支付、钱包支付（Apple Pay、Samsung Pay）等。

上述基础网络交易产品可以基于公网及专网实现，借助网站、APP、微信小程序、公众号、H5、条码、自助多媒体终端、电视等形式实现网络支付。此外，部分市场主体有能力包装各类支付接口，通过收银台模式聚合各类网络支付交易产品。

（二）网络支付交易及接口生态系统

各类网络支付交易均基于收单机构支付系统生态开展服务输出、业务管理、运营及风险交易控制，从国内主要商业银行与非银行支付机构支付系统看，统一、完整的支付生态系统须具备以下几个功能。

1. 支付通道系统：管理各类支付通道，以商业银行为例，网络支付主要涉及二代支付系统、银联支付系统、网联支付系统、同城清算中心与集中代收付系统；以支付机构为例，网络支付主要涉及银联支付系统、网联支付系统、直联银行支付系统等。

2. 支付产品系统：管理各类支付产品。网络支付主要涉及的支付产品有网关支付、协议支付、信用支付、代收、代付、垫资结算、积分支付等。

3. 支付工具系统：为支付系统和清算、结算中心提供账务账户管理、内外部对账及会计系统等内部支撑。其中，银行系统以管理各类支付工具为目标，网络支付主要涉及的支付工具有借记卡、信用卡、电子账户、电子现金、电子支票等；支付机构主要涉及支付账户、卡券积分账户、预付费账户等。

4. 支付引擎系统：对支付工具、支付产品和支付通道进行资源整合，网络支付主要涉及移动支付引擎、网上支付引擎等。

5. 统一商服系统：为支付产品提供包括协议、风控、计费和路由等公共配置及商户入网登记与管理等。

6. 会员账务系统：为支付系统和清算、结算中心提供会员管理、账务账户管理，内外部对账以及会计系统等内部支撑。

7. 运营管理系统：为支付体系的日常运营提供必要的运营支撑、业务监控、运营分析及日志管理等平台类服务。

8. 风险、反洗钱、数据监控系统：实时、准实时收集各支付交易信息，建立交易规则与风险模型，并对交易事前、事中进行风险管理控制、反洗钱及订单差错、投诉争议工作流等。

二、网络支付交易接口违规使用风险案例

现有网络支付交易接口违规使用的原因有：一是利益动机。即面对复杂的市场环境与行业参与者，支付市场存在特定行业与商户在主观意愿上将支付接口进行包装转接，甚至掺入违法违规交易行为进行套利、牟利的动机。二是管理成本增加。随着电商业态的迅猛发展，电子商务环境下异业合作的深入，收单机构商户经营合规与交易规范管理成本不断增加。三是过度追求便捷体验，轻视了安全性。存在将违法、不当的支付接口包装在客户体验至上的伪需求、伪创新外衣下的情况。

（一）接口转借类—商户将自用接口转借至关联或非关联机构使用

【案例一】转借关联股东且违规用途。某知名教育机构名下××信息技术有限公司以培训缴费为名向某银行申请 B2C 和 B2B 网关支付（含本行及跨行）业务，鉴于该教育机构在行业的影响力及其所申报的用途，为其开放了相关业务接口，并将对方网站 IP 地址加入网关跳转"白名单"验证当中。上线一周，该商户的交易额迅速突破亿元，并产生客户否认交易的投诉。经核实，××信息技术有限公司将业务接口用于其关联股东××全球投资有限公司境外炒汇入金，且该关联股东在美国全国期货协会（National Futures Association，NFA）备案时仅有 EXEMPT COMMODITY POOL OPERATOR、EXEMPT COMMODITY TRADING ADVISOR，无外汇经纪商成员批准（RETAIL FOREIGN EXCHANGE REGISTERED），说明该公司不能从事零售外汇业务及从事外汇保证金交易，属于黑平台。

【案例二】2017 年 3 月，某支付机构接到杭州公安局西湖区分局协查，要求调取杭州××商贸有限公司开户材料和交易流水等相关信息。根据警方提供的卡号、订单号等信息，该支付机构定位到相关交易实际上由其签约的商户成都××科技有限公司发起。根据警方提供的信息及该支付机构

风控部门调查，成都××科技有限公司违规将支付接口转接给杭州××商贸有限公司使用，而杭州××商贸有限公司的销售人员通过冒充美女加微信，骗客户进入自设的理财诈骗平台并以投资理财的名义让受害人投钱到平台中，在实际的操作中通过接入相关走势软件、放大倍率、反向喊单、限制出金等手段让受害人误以为自己的钱是投资理财亏损掉的，从而达到该团伙非法占有全部资金的目的。确认上述事实后，该支付机构立即关停商户并将商户待结算资金进行冻结处理，同时配合警方提供相关证明材料。

（二）不当使用类—多为外放至非法商户或非协议约定用途场景

【案例一】未按约定使用支付通道。某商户与支付机构合作代付业务，该商户上线后在支付机构开立单位支付账户，通过网银充值，将款项实时充值进单位支付账户，再通过实时代付，将款项转至若干自然人账户。由于该商户金额没有触发明显的洗钱规则，所以支付机构只维持日常监测与大额交易上报。后来警方进行协查才知道该商户利用支付机构通道将赌资转至其购买的多张银行卡，以此方式转移资金，而非上线前约定的代付交易用于移动互联网项目业务地向合作方付款环节。支付机构发现此类违规代付后，立即终止合作，并将涉事商户添加进公司企业"黑名单"。

【案例二】2018 年×月，某支付机构客服部门收到持卡人投诉，反映遭遇网络金融诈骗，被喊单"李××"及其助理"浅若××"等诈骗团伙，诱骗至"××金业"开户入金 60 余万元，通过其恶意喊单，诱骗重仓操作，短短两周受骗金额达 17 余万元。据查，投资平台"××金业"是不正规的期货黑平台，其声称可以从事国际盘外汇、黄金、期货代理业务，引诱投资者上当，交易软件为平台公司购买模拟盘，资金并没有实际进入国际市场。支付机构客服积极协调持卡人提供交易订单号、卡号、付款网站网址、网站截图等信息，经风控部门核实该平台使用另一签约商户××商贸有限公司为其进行转移支付。支付机构在核实上述情况后，采取关闭交易、冻结账户资金等措施，并提醒投诉人可向公安部门等部门报案。

（三）支付接口违规聚合包装与出售

【案例】商户 A 在准入环节提供 3 个网址进行报备，分别是 2 个签约网址和 1 个调用域名（收银台），以综合商场业务准入。但在事中日常巡检时发现如下问题：访问商户签约网站，发现网站 1 变为英文网站，产品价格均以美元形式展示，无中文提示，亦无语言转换路口，且未体验到支付接口；发现网站 2 在体验支付环节时调整至聚合的支付平台（无支付牌照）进行付款，然后再跳转至第三方支付接口进行付款（该接口不是支付机构布放的支付接口）；通过向商户调单、跟踪用户电话回访等方式，发现商户最终用途为将支付接口用于赌博网站。根据用户提供的赌博网站体验了该网站的支付流程，发现选择银行渠道后会跳转至聚合支付平台，然后再跳转至第三方支付平台。根据选择的不同银行渠道以及体验日期不同，最终跳转付款的第三方支付平台均不同，且对应的收款方名称也不一致。由此发现不法分子会使用多个不同的"壳身份"，跟不同的支付平台签约合作，获得支付接口用于实际的网站开展业务。不法分子为避免交易量过大被支付接口提供方发现，会分散交易量，且在交易过程中不定期切换支付通道。

三、网络支付交易及系统接口规范管理原则及方法

（一）接口规范管理原则

1. 真实性原则。网络支付交易接口在对应支付模式下须客观兼顾交易背景、交易场景，依据真实性开展主体及业务适配，以了解客户（含资金收付双方）为出发点，匹配适合的交易参数，内化至网络支付交易接口并输出。具体包括以下几个方面：

（1）限额匹配：交易发生与对应支付场景合理限额；

（2）协议关系匹配：支付交易发起与动账协议关系；

（3）交易类型匹配：交易产品与交易需求合理一致；

（4）交易规模匹配：交易规模与商户经营规模匹配；

（5）交易频率匹配：交易频次与消费逻辑匹配。

2. 支付接口登记与签约商户对应原则。一方面，收单机构须科学管理现有网络支付接口，依据接口有效性、适用产品类型、商户及行业进行业务管理登记，同时依据签约关系严格管理接口布放及适用，按照申请商户

主体匹配商户编码与交易接口，依据协议主体开展网络支付接口布放，网络支付交易接口安装地址为特约商户的办公地址和从事经营活动的网络地址，禁止商户滥用、出借、出租、出售、套用交易接口；另一方面，各银行、支付机构之间不得相互开放和转接支付业务系统接口。

3. 交易信息真实、完整、可溯原则。网络支付交易信息至少应包括：直接提供商品或服务的商户名称、类别和代码，受理终端（网络支付接口）类型和代码，交易时间和地点（网络特约商户的网络地址），交易金额，交易类型和渠道，交易发起方式等。网络特约商户的交易信息还应当包括商品订单号和网络交易平台名称。

4. 风险交易监测识别原则。对于风险等级较高的特约商户，收单机构应当对其开通的受理卡种和交易类型进行限制，并采取系统化手段强化交易监测、设置交易限额、延迟结算、增加检查频率、建立特约商户风险准备金等风险管理措施。

5. 接口标准化原则。具备收单资格的银行与非银行支付机构开发网络支付产品，为特约商户提供的网络支付接口应当符合国家、金融行业相关技术标准和信息安全管理规范与要求，确保数据报文标准、安全环境标准、信息安全标准等符合行业标准规范。

6. 接口布放审批原则。收单机构应当建立覆盖受理终端（网络支付接口）审批、使用、撤销等各环节的风险管理制度，明确受理终端（网络支付接口）的使用范围、交易类型、交易限额、审批权限以及相关密钥的管理要求。

7. 建立违规违法商户交易及接口使用举报奖励原则。收单机构应通过企业内部控制及遵守行业自律管理要求，建立检查与违规约束机制，对违规、违法商户及交易接口的使用行为鼓励举报，并根据危害性及挽回损失等因素给予正向激励。

8. 建立健全交易接口监督检查机制。监管部门通过建立日常监督检查机制，将支付业务系统安全生产、受理终端（含网络支付接口）安全、支付敏感信息保护等纳入执法检查，统筹做好指导协调、政策宣传、执法检查、情况通报等工作。

（二）接口规范管理方法

目前，监管部门针对网络支付交易接口规范管理出台了相关管理制度；行业协会基于监管要求研究制定相应的风险防范指引，并做出相关风险提示；银行卡清算机构等市场主体，也针对网络支付交易接口管理研究制定了具体的操作指引和业务规则（见附件）。参照相关管理制度，结合市场主体业务经营管理经验做法，梳理出网络支付业务接口管理方法如下。

1. 建立健全网络支付交易接口登记与管理制度

（1）建立支付接口统一管理制度，收单机构尤其是商业银行，应当从接口底层开展归口登记与管理，明确网络支付接口归口管理部门、职责等，通过加强内控与审计，将支付接口与业务、各类应用平台进行系统整合与提取，防止接口登记不清、责任不明、用途不实等情况的发生。

（2）围绕交易接口须建立网络支付接口生命周期评估体系，针对无法满足监管安全指引、金融标准、业务规范、客户及交易规模萎缩的交易须纳入冻结或清退管理流程。

2. 建立入网商户身份核查制度，落实交易接口对象合法

（1）国家企业信用信息公示平台[①]，核实商户提供的营业执照信息是否真实、信息是否一致、是否有经营异常等情况。

（2）工信部 ICP/IP 地址/域名信息备案管理系统[②]，核实商户提供的域名、IP 等是否真实备案在该商户名下。

（3）合作实名认证机构（国政通等），核实商户法人身份证件是否真实有效。

（4）最高人民法院中国裁判文书网[③]，核实商户是否有涉及存在非法经营、侵占消费者合法权益的案件。

（5）中国执行信息公开网[④]，核实特约商户是否属于失信被执行人。

[①] www. gsxt. gov. cn.

[②] www. miitbeian. gov. cn/publish/query/indexFirst. action.

[③] wenshu. court. gov. cn.

[④] zxgk. court. gov. cn.

（6）支付清算协会风险信息共享系统、中国银联风险信息共享系统，核实商户及商户法人是否属于风险商户/个人。

（7）收单机构可通过系统外接有权机构，系统联网定期查询证照信息，在商户入网时由运营人员将商户的营业执照有效期、法人身份证有效期、协议的有效期等信息录入系统中，系统定期对证照信息进行扫描，判断营业执照和法人身份证、协议是否到期，如果上述信息将在近一个月内到期，系统会对该商户管理员进行提示。

3. 网络支付交易证书生产、分发、管理及销毁规范要求

（1）收单机构下发软、硬件证书须按照 CFCA 等证书单位关于证书生产、分发、管理及销毁的规范要求。

（2）拟上线商户在完成资质审核及相关协议签署，并在收集核验操作员身份信息后，由客服中心代其向运维部门提交机构证书和操作员证书申请。

（3）在为商户分发证书的同时，对商户进行必要的证书安全保管培训及证书遗失/泄露等紧急事件处理培训。

（4）针对存留并使用内外部证书的生产环境进行访问隔离及权限管控，并对具备访问权限的运营操作人员进行严格的安全培训。

（5）目前商户申请的软证书并未限制不同终端的转移和部署，一方面需要解决一系列技术实现问题，另一方面如集团类客户对此也有业务诉求。因此可采取商户接入地址备案制，并针对商户接入接口进行权限校验，防止接口越权使用和非法调用。

4. 建立特约商户巡检制度，落实接口交易接口主体经营有效、真实

根据商户风险评级、交易验证方式、交易渠道、交易类型、交易金额、交易时间、商户类别等因素，针对不同级别的商户，在巡检频次、交易监控等方面进行差异化管理。

正常商户入网后半年内须巡检一次，确定商户是否仍在正常经营。针对重点关注商户，每个季度至少巡检一次。巡检内容包括但不限于以下：

（1）商户入网资料是否齐全、变更，网站是否能够正常访问、运营状态是否正常、是否被列入工商经营异常名单；

（2）商户经营状况是否发生变化；

（3）商户提供服务或商品的内容是否有变化；

（4）商户办公场所的地点、面积、从业人员数目是否有显著变化；

（5）商户办公场所是否有准备搬迁的迹象；

（6）商户的办公状况是否正常，办公时间是否有变化；

（7）核实商户是否遵循商户协议中的必备风险条款；

（8）检查商户的财务报表和相关资料是否已更新；

（9）在商户销售额、产品、经营或业务活动显著变化时，重新评估商户的财务状况；

（10）商户是否遵守账户信息安全的相关要求。

通过定期人工核查商户情况，发现商户真实交易网址与签约网址不符的，须通知商户进行网址变更，商户自收到通知之日起 7 日内未完成变更的，暂停提供支付服务；当发现商户经营色情、赌博等非法业务的，立即关闭商户支付服务，终止协议，发送商户关闭通知书，涉嫌洗钱的将转交公司反洗钱专人进行处理。

5. 建立交易调单制度及措施

（1）首笔调单。针对首月内正式走量的商户，风控团队随机抽取 3~5 笔非测试交易发送给客户经理调取交易订单明细，核查交易的真实性。

（2）异常调单。如果发现商户的交易突增、交易账户集中、交易限额分布呈曲线变化，如促发系统预计，须针对异常交易部分抽取非测试交易数据发送客户经理调取交易订单明细，核查交易真实性。

在收到回复反馈后对订单明细进行核查，若存在异常或无法证实交易真实性的情况，则要求商户提交补充材料或对商户采取相应的风控措施。

6. 建立智能交易风险控制体系与人工干预辅助机制

依托 BI 统计、神经网络、电子围栏、人工智能、大数据等先进技术手段建立实时、准实时智能交易风控系统，完善规则引擎、规则设置、名单管理、核查单管理、调单处理、交易查询等功能。

（1）搭建模型。依据业务规则及数据训练，建立实时、异步风险规则模型与预警系统，系统化筛选可疑交易，划定预警线及干预等级，主要从高危地区、高危时间段、交易频次、交易金额、商户行业、交易行为偏差等维度进行监控。对综合打分为高风险的商户或触犯风险规则的交易，进行拦截与调单，确保及时发现异常并采取相应的管控措施。

（2）系统拨测。建议收单机构对高风险评级商户采取包括但不限于支付接口拨测、可疑交易外呼、动态调整限额等多种风险监控手段。根据商户入网时提交的商户网址信息，由程序每天自动访问这些网址。如果在访问过程中出现网址不能访问、网页无法访问、无法显示、网站服务不可用等故障时，系统会记录网址、访问时间、出现的错误，同时对出现网址访问异常的商户进行预警。发现商户将支付接口用于未报备网站，且该未报备网站在可准入范围内，则引导商户走域名新增的流程进行报备，限期内完成整改即可；若未配合或逾期未完成整改，则暂停为其提供支付服务。

（3）人工辅助干预。除交易数据监控模型外发起的交易风控，事中排查数据因子还来源于日常巡检、舆情监控、用户投诉、公检法等有权机构介入调查事件，通过人工辅助开展干预。

例如，根据日常巡检商户风险等级不同，系统设置排查期限则不同，如此设置准入 2 年内的商户至少被排查 1 次。当系统依据商户风险等级定期进入人工排查环节，而针对性地排查则通过交易监控模型快速筛查出可疑的商户名单，然后进入人工排查环节。人工排查包含对商户网站/应用名称、经营内容、业务模式、接口使用情况、负面舆情、交易情况等维度进行检查。针对商户的大额交易，突发集中区间及时段交易等，建议通过准实时人工外呼干预，联系商户进行电话尽职调查，尽职调查内容须了解订单交易背景及原因，对明显无法解释交易背景及提供交易源场景信息的须采取及时挂起订单核销，降低限额，冻结交易接口等措施。

（三）防范接口不当使用、违规转接的基础工作

在技术条件允许的前提下，建议各收单机构建立智能交易实时风控系统，依靠大数据与先进技术，借助风控建模建设实时或准实时的交易分析与监控。如暂不具备智能交易实时风控条件，建议收单机构采取技术与制度双重干预，做好如下基础防范措施。

（1）针对 Web、Wap 网页版接口限制来源域名

Web、Wap 支付时，使用获取来源地址的方法获取商户支付请求域名，并与商户报备的应用标识进行比对，比对不一致时拦截交易。该措施的局限在于，因网页版接口只能获取到来源地址，若商户把报备的域名作为功能性的过渡地址，则仍能以支付收银台的模式外放给其他平台使用。因此，该措施能够限制商户报备有实际业务场景的二级域名，提供交易的可溯来源，但不能完全防止接口外放问题。

（2）SDK 接口限制 APP 应用标识（安卓包名、iOS bundle id）

APP 应用标识（安卓包名与 iOS bundle id）是各商户 APP 的唯一标识，SDK 通过系统 API 获取到应用标识后，加密请求致收单机构服务器端，并与商户报备的应用标识进行比对，比对不一致时拦截交易。

（3）限制高风险 IP（IP 黑名单）

一是对于出现违规商户的报备 IP，收单机构将其录入到商户黑名单中，在准入和上线环节进行预警。二是对商户号进行唯一标识，杜绝大商户模式，建立商户交易签名制与穿透式入网登记机制。三是对商户开放的接口可以根据实际情况在系统内随时调整，直至关闭所有权限。四是对商户发起的每个请求进行签名验证，并要求商户验证收单机构返回信息的签名，加强支付交易信息字段的管理与规范上送。

附件

网络支付交易接口管理规范梳理

文号	文件名	相关条款
银办发〔2017〕281号	《中国人民银行关于规范支付创新业务通知》	六、加强支付业务系统接口管理 各银行、支付机构、清算机构应当建立支付业务系统接口统一管理制度，明确牵头部门，严格业务审批，加强接入单位审核、使用范围、交易信息和资金安全等管理。同时，加大交易监测力度，确保接入单位将支付业务系统接口用于协议约定的范围和用途，并采取有效措施防止支付业务系统接口被用于违法违规用途。各银行、支付机构之间不得相互开放和转接支付业务系统接口，预付卡发卡机构为其受理机构开放支付业务系统接口的，以及中国人民银行另有规定的除外。严禁银行、支付机构、清算机构支持或者变相支持无证机构经营支付业务
银办发〔2017〕217号	《中国人民银行办公厅关于进一步加强无证经营支付业务整治工作的通知》	附件2：持证机构自查内容二、受理终端主密钥与网络支付接口管理——是否建立商户终端主密钥和网络支付接口的日常管理、风险交易监测等内控制度，是否设置专人专岗负责密钥的生成与管理，是否存在由外包商办理商户终端主密钥的生成、灌装和管理的情况，巡检制度落实情况；各持证机构应重点排查是否存在网络支付接口转接、挪用的情况
银发〔2016〕290号	《中国金融移动支付支付标记化技术规范》	各商业银行、非银行支付机构、银行卡清算机构要严格落实《中国人民银行关于进一步加强银行卡风险管理的通知》（银发〔2016〕170号），自2016年12月1日起全面应用支付标记化技术，从源头切实防范支付安全风险

文号	文件名	相关条款
银发〔2016〕261号	《中国人民银行关于加强支付结算管理防范电信网络新型违法犯罪有关事项的通知》	四、强化可疑交易监测 （十五）确保交易信息真实、完整、可追溯。支付机构与银行合作开展银行账户付款或者收款业务的，应当严格执行《银行卡收单业务管理办法》（中国人民银行令〔2013〕第9号发布）、《非银行支付机构网络支付业务管理办法》（中国人民银行公告〔2015〕第43号公布）等制度规定，确保交易信息的真实性、完整性、可追溯性及在支付全流程中的一致性，不得篡改或者隐匿交易信息，交易信息应当至少保存5年。银行和支付机构应当于2017年3月31日前按照网络支付报文相关金融行业技术标准完成系统改造，逾期未完成改造的，暂停有关业务
银发〔2016〕112号（14部委联合发文）	《关于印发〈非银行支付机构风险专项整治工作实施方案〉的通知》	一、工作目标和原则 （二）工作原则 严肃追究无证机构以及为无证机构违法违规活动提供通道或接口的相关支付机构、商业银行的责任
银发〔2016〕170号	《中国人民银行关于进一步加强银行卡风险管理的通知》	一、强化银行卡信息的安全管理 （三）全面应用支付标记化技术。自2016年12月1日起，各商业银行、支付机构应使用支付标记化技术（Tokenzation），对银行卡卡号、卡片验证码、支付机构支付账户等信息进行脱敏处理，并通过设置支付标记的交易次数、交易金额、有效期、支付渠道等域控属性，从源头控制信息泄露和欺诈交易风险 四、严格落实各项规定，加大督查处罚力度 （二）建立健全监督检查机制。人民银行分支机构要高度重视、常抓不懈，成立银行卡风险管理领导小组，建立日常监督检查机制，将支付业务系统安全生产、受理终端（含网络支付接口）安全、支付敏感信息保护等纳入执法检查，统筹做好指导协调、政策宣传、执法检查、情况通报等工作

续表

文号	文件名	相关条款
中国人民银行公告〔2015〕第43号	《非银行支付机构网络支付业务管理办法》	第二十四条 支付机构应根据交易验证方式的安全级别，按照下列要求对个人客户使用支付账户余额付款的交易进行限额管理：（一）支付机构采用包括数字证书或电子签名在内的两类（含）以上有效要素进行验证的交易，单日累计限额由支付机构与客户通过协议自主约定；（二）支付机构采用不包括数字证书、电子签名在内的两类（含）以上有效要素进行验证的交易，单个客户所有支付账户单日累计金额应不超过5000元（不包括支付账户向客户本人同名银行账户转账）；（三）支付机构采用不足两类有效要素进行验证的交易，单个客户所有支付账户单日累计金额应不超过1000元（不包括支付账户向客户本人同名银行账户转账），且支付机构应当承诺无条件全额承担此类交易的风险损失赔付责任 第二十五条 支付机构网络支付业务相关系统设施和技术，应当持续符合国家、金融行业标准和相关信息安全管理要求。如未符合相关标准和要求，或者尚未形成国家、金融行业标准，支付机构应当无条件全额承担客户直接风险损失的先行赔付责任
中国人民银行公告〔2013〕第9号	《银行卡收单业务管理办法》	第二十条 收单机构应当建立特约商户检查制度，明确检查频率、检查内容、检查记录等管理要求，落实检查责任。……对于网络特约商户，收单机构应当采取有效的检查措施和技术手段对其经营内容和交易情况进行检查 第二十二条 收单机构应当建立收单交易风险监测系统，对可疑交易及时核查并采取有效措施
中支协发〔2018〕100号	《中国支付清算协会发布关于加强特约商户管理防范商户挪用支付接口的风险提示》	一、收单机构违规的基本情况 （二）对特约商户巡检和交易监控等日常管理不到位，未及时发现特约商户违规挪用支付接口。上述行为违反了《银行卡收单业务管理办法》第二十条"收单机构应当建立特约商户检查制度，明确检查频率、检查内容、检查记录等管理要求，落实检查责任。……对于网络特约商户，收单机构应当采取有效的检查措施和技术手段对其经营内容和交易情况进行检查"及第二十二条"收单机构应当建立收单交易风险监测系统，对可疑交易及时核查并采取有效措施"之规定

文号	文件名	相关条款
中支协〔2017〕18号	《特约商户信息管理办法》	
中支协〔2016〕99号	《关于加强银行卡敏感信息安全管理防范终端机具改装的倡议书》	收单机构应确保特约商户按规定使用受理终端（网络支付接口）和收单银行结算账户，不得将受理终端（网络支付接口）用于受理协议约定以外的用途，不得利用其从事或协助他人从事非法活动
中支协发〔2014〕39号	《银行卡业务风险控制与安全管理指引》	第五章 收单业务风险控制与安全管理 第八十九条 收单机构在银行卡受理协议中，应要求特约商户履行以下基本义务：……（二）按规定使用受理终端（网络支付接口）和收单银行结算账户，不得将受理终端（网络支付接口）用于受理协议约定以外的用途，不得利用其从事或协助他人从事非法活动…… 第九十条 收单机构设置特约商户类别代码，应符合国家、金融行业标准。特约商户和受理终端（网络支付接口）的编码应具有唯一性，禁止套用、变造与真实特约商户类型不相符的特约商户类别代码及多家特约商户共用一个特约商户编码和多台终端机具共用一个终端编码 第一百条 收单机构对网络特约商户的检查内容应包括但不限于网络支付接口的安全性、商户经营是否有重大变更、交易内容是否合法合规、安全管理承诺与客户信息管理制度 第一百零一条 收单机构应针对风险较高的交易类型制定专门的风险管理制度。对无卡、无密交易，以及预授权、消费撤销、退货等交易类型，收单机构应强化风险管理措施。风险管理措施可采用加强交易监测、设置交易限额、增加检查频率等 第一百零二条 收单机构应建立收单交易风险监测系统，对可疑交易及时核查并采取有效措施 第一百一十三条 收单机构应建立覆盖受理终端（网络支付接口）申请、审批、使用、更换、维护、撤销等各环节的风险管理制度。明确受理终端（网络支付接口）的使用范围、交易类型、交易限额、审批权限及相关密钥的管理要求

文号	文件名	相关条款
中支协移动支付发〔2013〕2 号	《支付机构互联网支付业务风险防范指引》	商户不得将相关网关接口、标识等用于受理协议许可范围以外的用途，也不得供受理协议许可范围以外的第三方进行交易的使用。对于违反该条款的，支付机构保留向商户追索损失及要求额外罚款的权利
银联风管委〔2017〕4 号	关于发布《银联无卡快捷支付业务风险规则》的函	3.4.2 必备风险条款 收单机构的商户受理协议或协议附件中至少应包括以下必备风险条款 （1）商户不得将收单机构或转接机构接口、标识等用于受理协议许可范围以外的用途，也不得给受理协议许可范围以外的第三方使用 （2）商户不得将银联无卡快捷支付受理业务委托或转让给第三方 （3）收单机构只接受签约商户自身发生的交易，签约商户不得将其他商户的交易假冒本商户交易与收单机构清算
银联风管委〔2017〕5 号	关于发布《银联卡欺诈交易报送规则》等四项风险规则2017 年修订内容的函	附件 3：银联卡互联网跨行支付业务风险管理规则（2017 年 7 月修订） 3.3.2 必备风险条款 收单机构的商户受理协议或协议附件中至少应包括以下必备风险条款 （1）商户不得将收单机构或转接机构接口、标识等用于受理协议许可范围以外的用途，也不得给受理协议许可范围以外的第三方使用。对于违反该条款的，收单机构保留向商户追索损失及要求额外罚款的权利 （2）除非经过收单机构书面允许，否则商户不得将受理业务委托或转让给第三方

支付工具及产品跨境应用现状、监管政策及风险管理研究[①]

随着经济全球化进程的加快，以及国际贸易合作程度的逐步深入，受消费者对境外优质商品的旺盛需求和中国制造在境外市场畅销的促进作用，跨境支付业务呈现蓬勃发展态势。在"一带一路"新型国家战略布局等良好政策发展环境支持下，国内市场主体通过与国际知名电商平台、航空公司、酒店、软件服务商等商户合作，积极拓展跨境支付业务，业务规模稳步提升。但相较于国内市场，市场主体在拓展境外市场时面临着差异化的监管政策环境，涉及业务资质、市场准入、备付金管理、反洗钱义务和客户权益保护等方面，对其业务的顺利开展产生一定约束和影响。为引导市场主体规范创新、有效防范各类风险，促进支付产品和服务"引进来"和"走出去"，本课题拟对国内外支付工具及产品跨境应用情况进行梳理，对国内外跨境业务监管政策进行比较研究，分析支付工具及产品跨境应用中面临的风险问题，并提出相关策略建议。

一、支付工具及产品跨境应用现状

（一）国内市场主体支付工具及产品跨境应用情况

目前，包括商业银行、银行卡清算机构、非银行支付机构在内的国内市场主体，根据各自业务经营范围不同，提供了多样化的支付工具及产品，涉及跨境应用的主要归纳如下。

---

① 本课题牵头单位为财付通，参与单位包括兴业银行、民生银行、光大银行、中国银联、通联支付、支付宝、钱袋宝、新浪支付、宝付、快付通、易智付、银生宝、裕福支付、联动优势、现代金融、连连银通、银盛支付、新生支付、亚科技术。吴永强、刑云龙、张晓文、丁炜、夏炯、曾妍、朱绪刚、李丹丹、常露、郭潇、李丹平、何瑾、韩烨、李桂林、李升、梅岭、赵玮力、周颖、李旺奇、郭敏、祁瑞鑫、王丽参与了本课题的研究工作。

1. 商业银行。商业银行的国际结算业务是传统贸易往来中最为主要的结算工具，也是相对传统的跨境支付模式。商业银行提供的跨境支付产品和服务既包含个人之间的汇款业务，也包括企业间在跨境贸易中所需要的支付功能应用。主要有以下几种类型。一是汇付。汇付包括电汇、票汇、信汇。即直接将资金汇入出口企业的指定账户。资金汇出后，如果发生合同纠纷，追索过程较为复杂，因此，在实际操作过程中，汇付一般用于定金的支付。二是托收。托收是依赖银行提供收付款的居间服务，但不承担信用。出口企业开具以进口企业为付款人的汇票，委托出口地银行向进口人收取货款，一般需要通过当地的往来银行代理进行。三是信用证。信用证是银行开具的有条件的付款凭证，即只要出口方履行了信用证要求的条件，并提供了相应单据，银行就保证付款。银行提供信用担保，一般会要求进口企业缴纳押金或保证金。信用证是企业信用不高时的较优选择。

2. 银行卡清算机构。银行卡清算机构基于发卡、收单、商户和卡组织的四方模式，通过会员制与全球银行/非银行机构开展合作。主要跨境支付工具和产品包括以下几类。一是卡产品。发卡侧主要是银联品牌的卡产品，目前已有48个国家和地区发行了银联卡。持卡人可使用这些支付工具，在银联卡全球受理网络消费使用。银联卡产品按卡性质分，包括银联借记卡、贷记卡、预付费卡（仅限境外发卡机构）等；按发行对象分，包括个人卡、商务卡等；按卡介质分，包括磁条卡、芯片卡、虚拟卡等。二是收单产品。收单侧主要通过与全球收单会员机构合作，为持卡人提供各种受理场景与支付服务。目前银联卡全球受理网络已覆盖169个国家和地区。线下支付主要基于传统POS机和ATM渠道，为持卡人提供消费和取现服务。线上支付主要基于互联网渠道，为持卡人提供电子商务类支付服务。移动支付产品主要以云闪付钱包为载体，基于移动互联、NFC和二维码等技术为持卡人提供各种移动支付工具。三是其他功能性产品。主要围绕特定交易场景，为持卡人提供针对性支付产品与服务，包括汇款业务、退税业务、机上购物业务等。

3. 非银行支付机构。支付机构提供的涉及跨境应用的支付工具和产品大致可分为以下几类。一是入境结算（间接）产品。支付机构通过与境外金融机构、类金融机构合作，间接服务境外电商平台、跨境电商业务采购方等机构，将这些机构在中国供货方的销售款快捷便利结汇、结算至其境内人民币账户。二是入境结算（直接）产品。支付机构直接与境外电商平台、境外采购商合作，将这些机构在中国供货方的销售款快捷便利结汇、结算至其境内人民币账户。三是人民币收单＋出境结算产品。随着我国经济的发展和人民生活水平的提高，中国市场消费不断升级，消费需求逐步向境外拓展，政府部门也不断推出各项政策红利。在此背景下，越来越多的境外卖家及电商平台加入中国市场，人民币收单及外币结算服务成为其迫切的需求。四是外卡收单＋入境结算产品。主要是支付机构取得国际卡组织的外卡收单资质，通过收单银行网关或者技术应用接口实现授权、收款、动态币种转换与清算、结算，借助国际卡组织的跨境清算网络，实现电子商务的资金跨境清算、结算。

（二）境外市场主体跨境支付工具及产品

境外商业银行和卡组织的跨境支付工具和产品与国内银行模式和原理基本一致，市场也相对成熟，在此不再赘述。而国外的支付机构、汇款公司和新型机构针对小额和高频的跨境消费、汇款等场景，不断创新产品和模式，具体如下。

1. 非银行支付机构。总体来看，国外非银行支付机构的跨境支付业务与国内同行业务模式和产品基本相同，主要以服务跨境电商为主。以PayPal为例，在服务中国跨境电商的业务模式上，由于未取得国内支付牌照，PayPal以支付服务处理商（PSP）的身份通过收单银行接入卡组织网络。同时，PayPal为国内用户在境外电商平台购物提供跨境支付服务，以银联国际境外收单会员的身份接入银联网络，进行银联卡交易。

2. 专业汇款公司。以西联、速汇金为代表的汇款公司，借助其遍布全球的网点和代理网点，在个人跨境汇款方面也发挥着重要作用。与传统银行汇款方式相比，汇款人无须开设汇款账户，收款人也可凭身份证件和汇款密码取款。汇款服务具有高效、便捷和低成本的优势，背后的关键原因有两点：一是通过汇总清算的方式平摊清算机构费用，降低汇款成本。二是通过合作机构垫资的方式实现实时到账。由于在国内未获授权直接开展业务，目前只能通过与银行合作，由银行开办国际汇款代理业务。

3. 金融科技创新机构。随着区块链技术的发展，越来越多的境外机构开始研究利用区块链技术实现跨境支付。区块链在跨境支付的应用主要体现在通过一种金融交易的标准协议，实现全球银行、企业或个人互相进行点对点金融交易，无须类似 SWIFT 的中心管理者，直接实现跨国跨币种的支付交易。从实践来看，一类是用虚拟货币作为中介来实现的跨境支付，如 Ripple 使用 XRP、OKLink 使用 OKD、SnapCard 使用比特币。另一类是将区块链作为底层技术平台，通过智能合约将多家银行的账本协同起来共同完成跨境支付；将传统汇款的"串联模式"变为"并行模式"，实现了多机构同步协同和信息实时共享，节省了汇款在途时间和多机构对账成本。

二、跨境业务监管政策比较研究

（一）我国主要监管政策及要点内容梳理

目前，我国对跨境支付相关业务的监管主要涉及商业银行、银行卡清算机构、非银行支付机构等市场主体。

1. 商业银行。针对商业银行的跨境支付业务监管政策主要涉及跨境贸易人民币结算、结售汇及跨境支付业务监管等方面。

（1）跨境贸易人民币监管。2009 年《跨境贸易人民币结算试点管理办法》正式公布实施以来，监管部门陆续出台一系列规范人民币跨境支付结算业务以及跨境支付机构的规则与安排，主要包括《人民币跨境支付系统业务暂行规则》《人民币跨境支付系统参与者服务协议》《人民币跨境支付系统业务操作指引》《人民币跨境支付系统运行规则》以及《人民币跨境支付系统技术规范》等。其中，《人民币跨境支付系统业务暂行规则》（银办发〔2015〕210 号）规定了参与者的加入条件、业务处理要求、账户管理要求等。《人民币跨境支付系统参与者服务协议》以法律文本的形式约定了 CIPS 运营机构和参与者的权利与义务。《人民币跨境支付系统业务操作指引》规定了主要业务流程及具体要求。

（2）结售汇业务监管。结售汇业务开展主要遵照《银行办理结售汇业务管理办法》（中国人民银行令〔2014〕第 2 号）等制度要求，其主要内容为：一是银行办理结售汇业务时，应当按照"了解业务、了解客户、尽职审查"的原则对相关凭证或商业单据进行审核。二是银行应及时、准确、完整地向外汇局报送结售汇、综合头寸等数据以及国家外汇管理局规定的其他相关报表和资料，并按要求进行定期核对和及时纠错。

（3）跨境支付业务监管。商业银行主要遵循《国家外汇管理局关于开展支付机构跨境外汇支付业务试点的通知》（汇发〔2015〕7 号）等制度要求，其主要内容为：一是商业银行应按照国际收支申报及结售汇信息报送相关规定，依据支付机构提供数据进行相关信息报送。除逐笔还原信息外，其他交易按照银行实际业务发生信息准确报送。二是境内银行应按实际交易性质填报交易编码和交易附言，按照实际收付发生的日期编制申报号码，并将还原数据"银行业务编号"填写为所对应的集中收付数据的申报号码，以便建立实际收付款数据与还原数据间的对应关系。三是境内银行应在支付机构实际对外收付款之日（T）后的 T＋1 日前完成还原数据基础信息的报送工作；T＋5 日前完成还原数据申报新的报送工作。四是个人项下结售汇业务，银行应根据支付机构的数据，在办理结售汇之日（T）后的 T＋5 内对单笔金额等值 500 美元（含）以下的区分币种和交易性质汇总后以支付机构名义逐笔录入个人结售汇业务的管理系统，对于单笔金额等值 500 美元以上的逐笔录入个人结售汇业务的管理系统。支付机构跨境外汇支付业务项下的个人结售汇不计入个人年度结售汇金额。

2. 银行卡清算机构。针对银行卡清算机构的跨境支付业务监管政策包括业务监管、反洗钱监管、外汇监管等方面。

（1）业务监管。主要包括《银行卡清算机构管理办法》（中国人民银行、中国银行业监督管理委员会令〔2016〕2 号）等。监管要点包括：一是业务专营。银行卡清算机构应是专门从事银行卡清算业务的企业法人。二是业务系统要求。银行卡清算业务基础设施应满足国家信息安全等级保护要求，符合国家及行业相关金融标准，且其核心业务系统不得外包。三是业务标准和业务规则要求。银行卡清算机构应具有符合国家和行业标准的银行卡清算标准体系及完善的业务规则。四是信息安全管理。银行卡清算机构应建立完备的银行卡账户信息安全管理标准和体系，健全支付敏感信息安全内控管理制度等。五是风险管理。银行卡清算机构应当建立入网机构风险评级机制、入网机构清算风险监控和预警制度及清算风险备付金管理制度。

（2）反洗钱和反恐怖主义融资监管。反洗钱监管主要法规包括《金融机构反洗钱规定》（中国人民银行令〔2006〕第1号）、《金融机构大额交易和可疑交易报告管理办法》（中国人民银行令〔2016〕第3号）等。监管要点包括：一是内控体系。建立健全反洗钱内控制度，设立反洗钱专门机构或指定内设机构负责反洗钱工作，制定反洗钱内部操作规程和控制措施。二是反洗钱制度。建立和实施客户身份识别制度、客户身份资料和交易记录保存制度、大额交易和可疑交易报告制度等。三是客户资料和信息保存。在规定的期限内，妥善保存客户身份资料和能够反映每笔交易的数据信息、业务凭证等相关资料。四是可疑交易报告。按照规定向中国反洗钱监测分析中心报告人民币、外币大额交易和可疑交易。五是反洗钱培训宣传。按照反洗钱预防、监控制度的要求，开展反洗钱培训和宣传工作、增强反洗钱工作能力。

（3）外汇监管。外汇监管主要法规包括《国家外汇管理局关于规范银行外币卡管理的通知》（汇发〔2010〕53号）、《国际收支统计申报办法实施细则》（汇发〔2003〕21号）等。监管要点包括：一是使用范围。境内发行的银行卡在境外可用于经常项目下的消费支付，不得用于其他交易（如投资等资本项目）的支付。二是消费交易限额。对于境内卡在境外受理的交易，按商户类别码（MCC）的类别分别实施交易管控，其中完全禁止类为禁止境内卡在境外此类MCC的交易；金额限制类为限制单笔交易金额不超过5000美元；完全放开类为没有任何限制。三是取现交易限额。对境内卡在境外ATM取现实施单日单卡不超过1万元人民币、个人所有卡片年度不超过10万元人民币的限额管控。四是外汇申报规定。按监管规定定期向国家外汇管理局报送跨境交易数据信息，包括对外金融资产负债申报、季度报告等。

3. 非银行支付机构。针对非银行支付机构的跨境支付业务监管政策包括跨境外汇监管、跨境人民币监管及反洗钱监管等方面。

（1）跨境外汇业务监管政策。主要监管政策包括《支付机构跨境外汇支付业务试点指导意见》（汇发〔2015〕7号）等。监管要点包括：一是准入要求。持有《支付业务许可证》的支付机构办理"贸易外汇收支企业名录"登记后可向外汇管理局提交材料申请开办跨境外汇支付业务试点。外汇管理局对是否同意试点及开展试点业务的范围（货贸/服贸）做出批示。二是业务管理。支付机构提供跨境外汇支付服务时，应按要求对业务真实性进行审核，对客户资料进行留存，对结售汇汇率、结售汇业务办理实效应按要求严格执行。三是账户管理。支付机构应依照外汇账户管理有关规定，在银行开立外汇备付金账户，外汇备付金账户的收入及支出范围应按照相关要求执行。四是信息报送。支付机构应当根据政策要求报送相关业务数据和信息，并保证数据准确性、完整性和一致性。办理跨境外汇支付业务时，应掌握真实交易信息，按照完整性、可追溯性原则采集逐笔交易的明细数据留存备查，并每月向当地外汇局报送客户跨境外汇支付业务数据。

（2）跨境人民币业务监管政策。主要监管政策包括《跨境贸易人民币结算试点管理办法》（中国人民银行　财政部　商务部　海关总署　国家税务总局　中国银行业监督管理委员会公告〔2009〕10号）、《中国人民银行关于简化跨境人民币业务流程和完善有关政策的通知》（银发〔2013〕168号）等。监管要点包括：一是准入要求。《跨境贸易人民币结算试点管理办法》明确，国家允许指定的、有条件的企业在自愿的基础上以人民币进行跨境贸易的结算，支持商业银行为企业提供跨境贸易人民币结算服务。二是结算方式。试点企业与境外企业以人民币结算的进出口贸易，可以通过香港、澳门地区人民币业务清算行进行人民币资金的跨境结算和清算，也可以通过境内商业银行代理境外商业银行进行人民币资金的跨境结算和清算。三是交易审核。人民币跨境收支应当具有真实、合法的交易基础。境内结算银行应当按照中国人民银行的规定，对交易单证的真实性及其与人民币收支的一致性进行合理审查；并应当按照反洗钱和反恐融资的有关规定，采取有效措施，了解客户及其交易目的和交易性质，了解实际控制客户的自然人和交易的实际受益人，妥善保存客户身份资料和交易记录。四是信息报送。对于跨境贸易人民币结算项下涉及的国际收支交易，试点企业和境内结算银行应当按照有关规定办理国际收支统计申报。境内代理银行办理购售人民币业务，应当按照规定进行购售人民币统计。试点企业有关跨境贸易人民币结算的违法违规信息，应当准确、完整、及时地录入中国人民银行企业信用信息基础数据库，并与海关、税务等部门共享。

（3）反洗钱与反恐怖融资监管政策。相关监管政策包括《中华人民共和国反洗钱法》《金融机构大额和可疑交易管理办法》《金融机构客户身份识别和客户身份资料及交易记录保存管理办法》等。

（二）境外主要监管政策及要点内容梳理

由于境外主要发达国家和地区已基本放开外汇管制，实现货币自由兑换及资本自由流动。因此，严格意义上境外发达国家和地区并没有针对跨境支付业务的监管专项监管法规。境外主要发达国家和地区对跨境支付额监管重点放在反洗钱和制裁合规方面。整体来看，虽然各国国情不同、支付服务发展程度不一，但对于支付服务的监管存在一定程度的相似性。本研究重点选取美国、欧盟和中国香港的主要监管政策进行研究。

1. 监管模式。美国执行的是功能监管，主要依据经营业务确定监管对象，注重对交易行为本身的监管，监管的重点放在交易的过程而不是从事第三方支付业务的机构。欧盟、中国香港等对支付机构采用机构性监管界定方式，即严格市场准入要求和业务资质许可、明确市场退出机制等。

2. 监管机构及主要法规。美国实施的是由联邦和州政府进行双重监管的监管体制。在美国从事货币服务的机构应在 FinCEN 注册成为 Money Service Business，并根据各州法规申请 Money Transaction License。自 1995 年始，美国各州相继出台了规制电子商务的法律，包括《统一电子交易法》《伊利诺斯州电子安全法》《加利福尼亚州金钱交易法》等。

欧盟对支付市场采取的是"双重"监管体制，欧盟层面主要是欧盟委员会及欧洲中央银行，各国内部也设立了相应机构进行监管。根据欧盟支付服务指令修正案（PSD2），欧盟对第三方支付机构的牌照分为支付机构牌照和电子货币机构牌照两类。其中，支付机构牌照的业务范围主要包括支付工具提供、收单服务、支付指令发起服务和账户信息查询服务等。电子货币机构牌照除了可以从事支付机构牌照涵盖的业务范围，还可以发行电子货币。

中国香港的储值支付业务监管机构为香港金融管理局（HKMA），主要监管政策为《支付系统及储值支付工具条例 – 储值支付工具持牌人监管指引》，所有从事储值支付业务的机构应申请储值支付工具（Stored Value Facility）牌照。汇款业务监管机构为中国香港海关，所有经营汇款及货币兑换业务的机构应申请金钱服务经营者（Money Service Operation）牌照。

3. 资本要求。美国规定支付机构必须维持不低于 25000 美元的资本净值，各州在此数值基础上可以根据情况设定不同的资本净值要求。欧盟对于发行电子货币的支付机构，规定必须具备不低于 35 万欧元的初始资金；对于提供除发行电子货币外其他服务的支付机构，规定初始资金应不低于 5 万欧元。中国香港监管要求比较简单明确，资本要求为 2500 万港元。

4. 客户资金管理。各国监管机构均明确客户备付金不属于支付机构的自有财产，不得被挪用和占用，同时规范备付金用途，但无指定存管行及集中存管要求。美国规定客户在支付机构账户上的资金禁止用于任何投资，其他资金渠道来源的备付金允许进行低风险投资，同时允许对备付金采取保险方式。欧盟要求客户资金不能用于清偿企业债务，或者对客户资金采取保险方式。中国香港要求客户备付金以现金及银行存款方式保管，其他方式须事先取得金管局同意。

5. 消费者保护。美国依据《电子资金转移法》《真实信贷法》、E 条例、Z 条例等一系列法律法规，明确支付机构需要切实保护客户合法权益的要求，包括交易安全、知情权、隐私权等。欧盟 PSD2 强化了对于消费者的保护，具体包括：未经授权的付款的责任从 150 欧元减至 50 欧元；直接扣款（欧元直接借记）后客户可以申请无条件退款；取消使用消费者信用卡或借记卡的附加费等。其他国家如英国出台的《支付服务条例》明确赋予消费者知情权、阻止权、控制权和补偿权。中国香港金管局还明确储值支付机构应建立有效的投诉管理制度，保证全面、透明、易于启动和公平公正。

表1 国内外监管政策比较分析

国家/地区	市场主体法律定位	市场准入要求	资本要求	客户备付金要求	客户权益保护要求	反洗钱要求	退出机制
中国	非银行支付机构	许可证制度	注册资本、资本净值、资本充足率	禁止挪用客户备付金、禁止提取风险准备金	交易安全、知情权、隐私权	客户识别制度、记录保持和内控制度	终止、暂停、禁止令
美国	货币服务机构	许可证制度	资本净值、特别保证金	禁止擅自动用备付金	交易安全、知情权、隐私权	客户识别制度、记录保持制度	撤销
欧盟	电子货币机构	许可证制度、豁免制度	初始资金、持续自有资金	使用备付金数量不得超过自有资金的8倍	交易安全、知情权、隐私权	客户识别制度、记录保持和内控制度	撤销
英国	电子货币机构	许可证制度、豁免制度	初始核心资本、持续自有资金	属于客户所有资金，超过自有资金的8倍	交易安全、信息披露	客户识别制度、记录保持制度	撤销
澳大利亚	消费支付工具持有者	许可证制度、豁免制度	最低核心资本要求	存放于银行指定账户	交易安全、信息披露	客户识别制度、可疑交易报告制度	撤销
新加坡	储值工具持有人	许可证制度、豁免制度	—	备付金可用于投资高流动性和低风险准资产	信息披露	客户识别制度、可疑交易报告制度	取消、撤销
日本	资金转移机构	登记制度	—	禁止擅自挪用风险准备金、发行保证金	交易安全、隐私权	客户识别制度、可疑交易报告制度	—

资料来源：中国支付清算协会《支付机构国际监管政策比较分析及对促进跨境支付业务开展的启示与策略建议》。

33

三、面临的主要风险及困难问题

（一）支付工具及产品跨境应用中面临的主要问题

1. 跨境业务监管制度和体系有待健全。国内方面，支付机构从事跨境外汇支付仍处于试点期，但试点业务范围在一定程度上已不能完全覆盖日益增长的跨境业务需求。另外，跨境人民币支付业务相关政策已出台，但商业银行与支付机构在业务执行过程中的实施细则有待完善。国际方面，当前国际形势纷繁复杂，以美国为首的 OFAC 等机构针对全球多个国家和地区发布了制裁名单，但我国暂未针对制裁名单开发出统一的数据库以供各银行以及支付机构检索和校验，在一定程度增加了跨境业务的法律风险。

2. 跨境业务金融基础设施功能有待完善。人民币跨境支付系统 CIPS（一期）实现了跨境支付结算的基础功能，在结算方式、处理模式、报文标准、运行时间等方面都有了较大提高。但 CIPS 与原有的人民币代理行、清算行模式、NRA 账户如何兼容，如何划分业务定位，如何统一监管等需要进一步研究探索。此外，CIPS 系统如何对标国际，与国际接轨，减少跨境操作风险与外汇风险，也需要持续跟踪完善。

3. 跨境交易真实性核查问题。典型跨境电商交易通常涉及买家、收款服务提供商、电商平台、结算银行、跨境分发服务商、卖家等多方。由于各家机构只是处于跨境交易全链条的某个环节，要追溯贸易全链条的相关交易信息非常困难。另外某些代理机构出于拓展市场的目的，存在对交易数据审核不严，甚至出现自行编制、篡改交易数据的现象，而商业银行或支付机构缺乏有效的工具和手段对境内外交易双方进行尽职调查和交易真实性审核。

4. 境外商户资质审查。针对境外商户，获取境外商户的实际控制人、股权结构等信息存在非常大的困难，再加上对境外商户进行尽职调查的成本相对较高，造成审核工作效率较低且难度大。即使商户提供了相关信息，审核人员也缺乏有效手段对相关信息进行核实。

（二）支付工具及产品跨境应用中存在的主要风险

1. 政策风险。一是目前跨境支付业务还处于试点期，相关政策可能会随着外部形势变化而出现调整，如国家贸易政策、海关政策、旅游政策等，给业务的开展带来一定的影响。二是因各国历史因素造成的各国政策差异，以及因国际间政治经济格局的博弈，使得国际间跨境业务面临较大的政策风险。在处理业务的过程中，不同国家对于金融机构的监管标准不同，而在法律较为完善的发达国家，仍然会根据国家安全、金融市场实际情况等因素来调整或新增法律法规。

2. 合规风险。一是面临境外不同国家/地区日益细化的监管要求。如中国香港金管局要求从事储值支付业务的非银行机构必须获得资质牌照，欧盟 GDPR 在个人隐私和信息安全方面提出了严格的监管规定等。二是须适应不断提升的反洗钱、反恐怖融资和经济制裁要求。近年来，FATF 等国际组织以及各国政府持续强化对反洗钱和反恐怖融资的监管，监管要求和处罚力度不断提升。如近年来已有多起境外监管部门（如美国、欧洲）就反洗钱或经济制裁合规问题对企业处以高额罚款的案例。三是部分国家/地区实施长臂管辖原则，需要业务各方配合协作以确保交易在发卡和受理两端的全流程合规。如对于涉及美国的交易，需要配合美国本地银行或合作机构采取措施确保相关交易符合美国的经济制裁规定。

3. 欺诈风险。一是跨境欺诈在风险协查、快速处置和司法协助方面比境内更复杂。由于司法、监管和业务环境的差异，跨境案件协查和风险处置往往在时效、依据和司法程序方面存在较大困难。二是移动互联等创新产品快速发展，给欺诈风险防控带来新的挑战。这类产品主要基于线上或移动终端的交易场景，交易验证要素相对较少，且具有非面对面、流动性强和快速支付等高风险特征，对风险防控的事前性、精准性和主动性提出了更高要求。三是跨境支付中产品模式受不同国家/地区业务环境的限制，部分安全措施难以有效实施。如移动支付在部分境外国家/地区难以落实实名制管理要求，一定程度上增大了欺诈风险敞口。

4. 汇率风险。一是汇率的不稳定波动以及支付机构在汇率上完全依托银行报价，不可擅自调整汇率，银行渠道实时汇兑服务时间窗口较短，对业务拓展有较大限制性或增加支付公司的汇率风险，可能会因交易时点差别而产生汇差损失。二是本外币套利风险。少数交易主体为规避汇率波动，赚取在岸汇率和离岸汇率的差价收益，采用跨境人民币和外汇支付的渠道办理跨境支付业务，实现套利目的。

四、需求及建议

（一）进一步完善国内支付清算行业监管制度

一是提高支付机构有关法规制度的法律层级，增强制度的法律确定性，严格业务准入门槛，规范业务经营原则，确保市场主体合规经营，不逾越底线。二是强化对关键业务环节的规范管理，针对客户实名认证、商户准入、备付金管理、资金交易等方面，细化相关法律法规及业务规则。三是完善客户权益保障机制，明确支付机构在保障客户资金交易及信息安全中的责任，进一步完善对消费者隐私权和知情权的保护措施。

（二）推动与所在国监管机构的沟通交流，积极开展跨国同业合作，借助国内清算机构网络促进跨境支付服务的开展

一是加强与当地监管机构的沟通协调，全面了解市场准入、业务开展等方面的监管制度要求，及时交流沟通业务开展情况。二是严格遵守当地关于消费者权益保护、反洗钱及反恐怖融资等方面的法律法规和监管政策，依法合规提供支付服务。三是加强与当地银行、国内外清算机构的业务合作，充分利用清算机构清算网络等基础设施服务，不断创新跨境支付产品，拓宽境外客户资源，提高国际竞争力。四是推进国内业务规则和技术标准应用，打造支付工具国际品牌，推动中国支付清算行业继续"走出去"。

（三）加强对境外机构在我国开展跨境支付业务的监管，营造良好有序的市场秩序

一是遵循"对等"原则，借鉴国外对清算机构、支付机构的监管经验，并结合我国支付清算行业规范发展实际，明确境外机构在我国开展跨境支付相关业务的市场准入标准及业务开展要求，欢迎更多的境外机构以资金、技术和智力的形式参与国内支付产业服务。二是加强对境外机构在国内支付业务的持续性监管，引导其合规经营，有效防范欺诈交易、洗钱、恐怖融资等风险问题，包括加大对境外机构跨境支付业务真实性的审

查力度，完善境外机构跨境外汇支付业务管理制度，加强备付金管理和客户权益保护等。三是建立健全科学合理的惩戒制度，对违反国内相关法律法规的境外机构，一经查实应予以相应的处罚措施。

（四）充分发挥行业协会自律协调作用，推动跨境支付业务规范和技术标准的形成与国际应用

一是充分履行行业自律管理职能，结合国内跨境支付业务创新发展最新情况，研究制定跨境支付行业指导性文件，建立相应的行业规则，引导国内支付机构在境外合规开展跨境支付业务，同时对境外机构在国内的支付清算业务进行自律规范。二是加强对跨境支付业务、政策及相关标准的研究，鼓励和支持会员单位深入开展支付业务创新，积极打造民族品牌，推动相关创新产品和技术标准"走出去"，更好地服务于全球用户。三是加强与国际监管部门、行业自律组织的沟通交流，积极了解国际监管动态，适时组织开展国际业务沟通交流、监管合作研讨等工作，加强对会员单位跨境支付创新产品和技术标准的宣传推广力度，不断提升我国跨境支付产品或服务在国际上的综合影响力和竞争力。

非银行支付机构与商业银行合作创新研究①

近年来，中国的非银行支付行业获得了巨大发展，特别是移动支付从跟随者转变为全球引领者，非银行支付机构（以下简称支付机构）也成为零售支付领域一支重要的力量，对商业银行的零售支付业务造成了一定程度的冲击。但由于支付机构的支付系统和平台不是一个单独的支付系统，必须通过与银行的合作，形成一个包括银行、清算机构、商户、消费者和支付机构的支付生态网络。因此，在竞争的同时，支付机构与商业银行发挥各自优势，不仅在支付领域，在联合营销、网络信贷等方面也在不断合作创新，实现共赢。合作逐渐成为双方竞合关系的主流。随着近年来监管政策的变化和支付基础设施的建设，双方前期的合作也受到了一定程度的影响，未来合作创新的方向和领域也将发生变化。

一、支付机构与商业银行的合作现状

根据监管要求，在支付机构备付金未100%上存人民银行之前，支付机构需要在商业银行开立备付金账户和自身结算账户。在现有商业银行为主导的资金结算网络中，银行以其完善的资金清算体系，为第三方支付机构提供有力的支撑，保障支付体系的有效运行。除此之外，随着支付机构及其业务场景的不断丰富，与商业银行在发卡、收单、营销、信贷等领域也开展了大量合作。

（一）发卡

从清算模式来看，包括以下几种模式。

---

① 本课题牵头单位为支付宝、光大银行、拉卡拉，参与单位包括招商银行、快钱、平安付、网银在线、中移电子、天翼电子。本课题执笔人为朱绪刚。

1. 直连模式。网联出现之前，为推动支付业务发展，实现持卡人通过支付机构便捷消费，商业银行与支付机构逐一进行业务及技术对接，俗称"直连模式"。

2. 网联模式。2017 年 8 月，人民银行出台《关于将非银行支付机构网络支付业务由直连模式迁移至网联平台处理的通知》后，商业银行与支付机构的合作模式逐步从原有的直连模式变更为通过合法清算机构的间连模式。

3. 银联模式。银联作为合法清算机构，具有资金清结算资质，支付机构可通过中国银联与商业银行间接开展支付业务合作。

（二）收单

联合收单是指商业银行向支付机构推荐有收单需求的商户，支付机构为商户提供收单服务，并将商户的结算商户设置为合作银行的银行账户。对银行来说，这种合作模式可有效增加存款余额，为客户提供各类资金服务；对收单机构来说，可以顺利实现商户数量增加，手续费收入增加。联合收单已经成为线下收单市场常见的合作模式。

（三）营销

双方充分整合各自客户、媒体资源优势，开展联合市场营销活动。支付机构的移动终端和线上客户端上拥有大量的用户，能有效将 B 端和 C 端相连接。因此部分银行和支付机构将移动终端或者线上客户端作为引流平台，开展合作营销，主要有以下两种模式。

1. 消费营销

支付机构和银行通过给予 C 端消费者营销补贴或折扣的形式，开展营销合作。具体来说，C 端消费者使用支付机构指定的合作银行的信用卡或储蓄卡，在支付机构智能 POS 机或者客户端上消费可以享受优惠。通过这种合作模式，银行和支付机构都可以提高手续费收益，同时银行还能提高刷卡率。

2. 发卡营销

支付机构利用其线上客户端平台引流作用，为合作银行的信用卡办理业务或Ⅱ类、Ⅲ类账户进行引流。在客户端内通过多种消费补贴、定制卡等营销手段，帮助合作银行信用卡中心实现对目标客户的发卡以及Ⅱ类、Ⅲ类账户的开户，增加银行的信用卡发卡量和账户开立量。例如，很多支付机构 APP 内通过多种形式展现合作伙伴信用卡的宣传信息，并提供链接入口，帮助银行信用卡中心实现对目标客户的发卡，增加发卡量，深化与银行的合作。

（四）信贷

无担保、无抵押、缺乏风控数据，是阻碍传统金融机构服务小微企业最重要的原因。借助在支付机构的交易记录特别是收款记录，银行可以通过大数据等风控技术为小微企业提供匹配其需求的信贷服务。

2017 年 6 月开始，网商银行联合支付宝收钱码推出"多收多贷"服务，探索将网商银行创新的"310"（3 分钟填写贷款申请材料，1 秒钟放款，全程"0"人工干预）贷款模式带到对线下小摊小贩的服务中。网商银行在支付数据基础上结合商圈人流、同类商家经营状况等综合纬度，给用户一个合理的授信额度。一年来，"多收多贷"已经服务超过 300 万"码商"，不良率低于 1%。

（五）行业合作

1. 跨境电商

随着国民收入的不断增加和消费转型升级，带动了跨境电商业务的快速发展。在此背景下，监管部门明确了第三方跨境支付的合法地位，出台了相关支持政策，为第三方支付机构开展跨境支付业务创造了有利条件。2013 年外汇局开始推行支付机构跨境外汇支付业务试点，2015 年正式发布《支付机构跨境外汇支付业务试点指导意见》，为支付机构开展跨境外汇支付业务提供了政策保障。支付机构通过与商业银行在批量购结汇、跨境资金清算等方面合作，优化跨境支付流程和体验，提高跨境支付的安全性、便捷性和高效性，更好地适应了小额、高频的跨境支付需求。

截至 2017 年底，共有 30 家支付机构获得跨境电子商务外汇支付业务许可，业务服务领域主要涉及货物贸易、留学教育、航空机票、酒店住宿、旅游服务等方面。据中国支付清算协会统计数据显示，2017 年，国内支付机构跨境互联网支付交易笔数为 12.56 亿笔，金额为 3189.46 亿元，同比分别增长 114.7% 和 70.97%；交易对象所在区域以亚洲、北美、欧洲为主。

2. P2P 网贷

根据《网络借贷信息中介机构业务活动管理办法》，网络借贷信息中介需要遵循"选择符合条件的银行业金融机构作为出借人与借款人的资金存管机构"的合规要求。在 P2P 网贷行业合规化整改背景下，主流平台需求接入银行存管，支付机构与银行合作为 P2P 行业平台提供支付解决方案。以网银在线为例，网银在线的合作银行作为 P2P 平台的存管银行，为 P2P 平台提供资金存管业务，开立资金存管汇总账户以及汇总账户下的子账户。网银在线提供支付通道支持，存管账户的入金由网银在线提供，即转入存管银行存管账户，完成资金流转，实现投资人充值，借款人还款功能。

3. 缴费业务

光大银行"云缴费"作为国内最大的开放式缴费平台，已接入国内 2000 余项缴费类项目，并已输出给包括支付宝、财付通、拉卡拉在内的 200 余家合作单位。光大银行"云缴费"秉承"开放、合作、共赢"的发展理念，可与支付机构合作开展缴费业务合作。

二、支付机构与商业银行合作的监管政策

在有效风控的前提下，支付机构与商业银行发挥各自优势、合作创新，可以更好地服务企业与个人用户，属于监管鼓励的方向。但如何有效防控风险，避免某些机构打着合作创新的幌子从事不合规或高风险的业务，国内监管政策层面也对合作创新进行了规范。

（一）当前合作创新的监管要求

2014 年人民银行和银监会下发《关于加强商业银行与第三方支付机构合作业务管理的通知》（银监发〔2014〕10 号），规范商业银行与支付机构合作，主要目的是保护商业银行客户信息安全，保障客户资金和银行账户安全，以及维护客户合法权益。该通知要求，商业银行与第三方支付机构合作开展各项业务，对涉及的客户金融信息管理，应严格遵循有关法律

法规和监管制度的规定，严格遵照客户意愿和指令进行支付，不得违法违规泄露。并且，商业银行应对客户的技术风险承受能力进行评估，客户与第三方支付机构相关的账户关联、业务类型、交易限额等决策要求应与其技术风险承受能力相匹配。

2017 年，针对支付市场的各类"创新"乱象，人民银行下发《关于规范支付创新业务的通知》（银发〔2017〕281 号），明确要求"各银行业金融机构、非银行支付机构提供支付创新产品或者服务、与境外机构合作开展跨境支付业务、与其他机构开展重大业务合作的，应当对相关业务的合规性和安全性进行全面评估，并于业务开展前 30 日书面报告中国人民银行及其分支机构"。根据该规定，商业银行和支付机构的"重大"合作创新需要提前报备人民银行。

（二）当前主要监管政策对合作的影响

1. 断直连。根据人民银行要求，所有第三方支付机构受理的涉及银行账户的网络支付业务必须全部通过网联平台处理。接入网联平台后，支付机构的网络支付业务即为一点接入模式，减少了银行与众多支付机构直连的烦琐过程和对接不同银行的费用支出，在一定程度上解决了因通道不全业务开展受限的普遍性问题。但在网联之前，网络支付的创新只需与合作银行两方达成一致即可，效率相对较高。未来业务创新需要协调产业各方一致行动，除银行外，网络支付机构还将依赖网联，因此网联的运营效率和创新能力将影响支付的创新和发展效率。

2. 集中存管。根据《关于支付机构客户备付金全部集中交存有关事宜的通知》（银办发〔2018〕114 号），支付机构于 2019 年 1 月 14 日实现100% 集中交存。当前支付机构与商业银行合作的一项重要基础是备付金存款，由于备付金集中交存人民银行，该合作基础将消失，必然影响合作格局，但也将真正回归"优势互补"的合作本源。

三、国际实践与经验

整体来看，虽然境外的非银行支付不如中国发达，但一些国家和地区的监管机构通过法律制度或基础设施的搭建，鼓励支付机构与商业银行合作；同时，境外的一些支付机构也在不断探索与银行的合作，值得国内借鉴学习。

（一）PayPal

作为支付机构的鼻祖，PayPal 也与银行广泛合作。除支付业务外，PayPal 还涉足信贷领域。由于 PayPal 并非美国的银行或授权贷款人，未获准在美国的任何州进行放贷，因此其信贷模式属于联合放贷模式或助贷模式。PayPal 信贷分为消费者贷款和商户贷款两大类。消费者信贷为 PayPal Credit；商户贷款分为两种，分别为 PayPal Working Capital 和 PayPal Business Loan。PayPal 是提供贷款方案的平台，而资金来源为银行（贷款方 lender）。

2018 年以来，PayPal 开始涉足基本银行功能，向客户推荐将基本银行功能添加到数字钱包服务中。这些功能包括美国联邦存款保险公司为账户余额提供的保险，以及可在自动柜员机（ATM）上提取现金和可将工资支票直接转为存款的借记卡。PayPal 并不拥有美国银行业务执照，因此上述功能需要其与银行进行合作。

（二）PDS2

2018 年，欧盟支付服务指令修正案（Payment Services Directive，PSD2）生效，其目的是增加支付行业的泛欧竞争和参与度，包括非银行机构。按照 PSD2，欧洲各大银行将被强制要求对第三方支付服务商（Third - party Payment Service Providers，PSPs）开放用户账户信息权限，以及提供全部必要的 API 接口权限。在用户授权的情况下，银行应向第三方分享用户信息，这将使非银行公司有机会在支付业务上与银行竞争，并为消费者提供更多金融产品和服务的选择机会，欧洲网上购物将更加便宜和简便。

（三）香港快速支付系统

香港金管局 2018 年 9 月推出快速支付系统（Faster Payment System，FPS），作为 RTGS 系统的重要补充。根据规划，FPS 将是一个实时支付的核心平台，为客户提供全天候、跨银行、全年无休的实时转账服务。这个平台向所有银行和储值支付工具（SVF）营运商开放，能够在零售层面做到实时交易并打通各类营运商，仅需一个手机号码或电邮地址，便可以进行支付（包括银行与 SVF 之间，不同 SVF 之间），跨行转账时间会由此前的 1~2 天缩短至数秒钟内完成。此举使香港成为国际上少数能够实现跨系统支付的地区之一。在 FPS 框架下，SVF 营运商和银行在支付业务上具有同等地位，既存在合作，又可以公平合理竞争。

四、下一步可深化和探索合作的方向及相关政策建议

除继续深化上述业务合作、深耕一些业务场景外，支付机构和商业银行还可在以下领域进行合作创新。

（一）跨境支付

近年来，随着跨境电商业务的迅速发展，第三方跨境支付业务呈现较快发展态势，第三方支付已经成为中国消费者出境旅游、海淘购物等的重要支付方式之一，显著改善了消费者的跨境支付体验。在该跨境支付场景下，由商业银行为支付机构提供资金跨境结算、结售汇和国际收支申报等服务。据中国支付清算协会公布的数据，2017 年中国国内第三方支付机构跨境互联网交易金额约 3200 亿元，达 12.56 亿笔，同比 2016 年增长114.7%。随着跨境支付需求日益旺盛，未来数年，跨境支付规模被认为还将保持年化 50% 以上的增速。因此，支付机构与商业银行在跨境支付领域合作共赢的空间巨大。

但与商业银行为传统贸易提供的国际结算服务不同，支付机构跨境人民币结算业务主要是为小额、高频跨境交易提供"便捷、安全"的支付结算服务。一方面，目前的监管政策主要针对传统大宗货物贸易，强调物流、资金流和信息流一致，强调"单单一致""单证一致"，与支付机构海量、高频、小额的支付交易非常不匹配，支付机构落实难度较大。另一方面，对于如何审核交易真实性和落实"三反"，目前的监管规定并未明确支付机构与商业银行的各自职责。因此建议一是按照金额小大实行差异化管理。对于小额、高频交易，可在严格用户身份认证、商户准入、反洗钱监控等要求的基础上，简化真实性审核要求，免除对小额、高频交易的逐笔审核，或允许与合作银行试点建立新型的审核标准。对于超过一定金额

的业务，可明确支付机构在交易真实性审核等方面的具体要求。二是进一步明确支付机构与商业银行在审核贸易背景下真实性和反洗钱等方面的各自责任。

（二）跨境汇款

跨境汇款一直因成本高和时效慢广受诟病。根据世界银行《全球汇款价格》（Remittance Price Worldwide），虽然世界银行和各国近年来致力于降低侨汇成本，但目前仍然偏高。2018年第一季度，全球侨汇平均成本为汇款额的7.1%。中国高于全球平均值，为8.26%。

传统的跨境汇款服务提供商，主要以银行和汇款公司为主（汇款公司也需要依赖银行），具有丰富的侨汇经验、完善的资金渠道、结售汇业务资质及合规反洗钱优势，而中国的支付机构具有先进的支付技术、海量的客户基础、科技支撑的风控及良好的客户体验，因此完全可以优势互补，破解目前跨境汇款的难题。

借鉴国际经验，银行、汇款公司、清算组织和支付机构探索在跨境汇款特别是侨汇业务上的合作，实现优势互补，打造具有中国特色的新型侨汇服务方式，助力普惠金融发展。为了鼓励创新与控制风险，建议通过试点的方式，逐步完善创新汇款业务模式。比如鼓励风控水平较强的支付机构根据其客户身份认证的不同程度，通过场景、额度的限制来合理控制业务风险；结合跨境侨汇业务实质，选择风险控制和监管体系较完善的发达国家和地区（如中国香港）与中国的汇入汇款通路作为试点等。

（三）境外游客境内移动支付服务

与现金支付、刷卡支付相比，移动支付体现了极大的便利性，不仅深受消费者喜爱，商家也同样乐于接受移动支付。目前，移动支付普及率在国内已经达到了很高的程度，但由于实名制等要求，国外游客在中国旅游消费时，目前基本只能采用现金或刷卡支付。由于接受外卡的商户有限，因此为国外用户提供移动支付服务的需求较为强烈。《国务院关于同意深化服务贸易创新发展试点的批复》（国函〔2018〕79号）也明确提出了"研究解决国外游客移动支付便捷性问题的举措"，方案有二：一是境外支付机构入华，为国外用户提供移动支付服务；二是直接由境内支付机构为国外用户提供便捷支付账户及支付服务。为控制风险，同时便利国外游客，建议在监管的指导下，可借鉴公交卡充值策略，为国外用户开通限额的移动支付账户，可充分利用银行丰富的网点和机具优势，合作研究货币兑换、充值等服务方式。

SDK 创新支付调查研究报告[①]

一、前言

本文以"SDK 创新支付研究"为课题，旨在通过对支付机构 SDK 相关产品的调研，分析整理 SDK 在支付领域中的应用场景，产品和市场现状、问题，并期望能够在技术和业务方面尝试提出可供机构参考的解决方案。

（一）移动支付市场背景综述

我国移动支付已经走完了第一个五年，随着互联网技术的日益成熟以及个人电子设备的广泛普及，移动互联网市场规模呈现日益扩张的趋势。在国内，2012—2015 年的移动互联网市场规模分别为 1835 亿元、4734.2 亿元、13437.7 亿元和 30794.6 亿元，对应的 2013—2015 年的增长率分别为 158%、183.8% 和 129.2%。2012—2015 年的中国移动互联网用户规模分别为 5.7 亿人、6.5 亿人、7.3 亿人和 7.9 亿人，相应 2013—2015 年的增长率分别为 14%、12.3% 和 8.2%。

目前主流的移动支付形式有 APP 支付、NFC 支付、扫码支付三种形式。互联网支付和移动支付仍然是未来行业创新和爆发性增长的重要领域。

（二）SDK 插件支付的定义和现状简述

1. 互联网开放生态及背景

2010 年前，互联网企业专注于构建自有场景，为场景引流。2010 年

---

① 本课题牵头单位为平安付，参与单位包括农业银行、民生银行、中国银联、银联商务、网银在线、通联支付、资和信、先锋支付、快钱、连连银通、银盛支付、现代金融。本课题执笔人为胡明方。

后，BAT 三足鼎立格局形成，入口为王的观念深入人心。很多公司研发并运营独立产品成本过高，同时 BAT 开始开放产品格局，走出自有场景，为众多创业公司提供了新的路径。2015 年 3 月十二届全国人大三次会议上，李克强总理在政府工作报告中提出"互联网 +"行动计划，推动移动互联网、云计算、大数据、物联网等与现代制造业结合，促进电子商务、工业互联网和互联网金融（ITFIN）健康发展，引导互联网企业拓展国际市场。2017 年是金融开放平台全面爆发的一年，蚂蚁金服、京东金融、恒生、华瑞银行等都陆续推出了自己的金融开放平台，SDK 作为一种开放平台的成熟解决方案被各家金融机构和非金融机构投入资源进行研发，在初期的移动支付市场得到了快速发展。

2. SDK 产品现状

支付 SDK（Software Development Kit）顾名思义是集成了支付公司和金融机构的基础支付模块，帮助不具备支付能力的企业快速集成支付服务。作为金融开放平台的重要组成部分，SDK 发挥着向外扩张，快速输出金融服务能力的重要作用。

SDK 通过提供一套"即插即用"的多功能插件，可简单快速地植入第三方应用中，让第三方应用集成多种金融服务属性，如支付、电子钱包、信贷、融资等。目前各大互联网公司和银行都纷纷布局 SDK 产品，而这也更符合互联网开放共享的思路，即去外界引流而不是自建场景。

以互联网开放思路为线索，微信支付和支付宝是互联网公司涉足金融 SDK 的典型代表。除去支付服务，在借贷、融资、理财等领域，比如 Ping^{++} SDK 和拍拍贷 SDK 作为代表较为成功；另外，银行机构在与第三方合作共同创造价值的同时，银行业务如何以更为自由、开放、安全、高效的方式对外提供融入与融合，各个银行也进行了积极的探索和思考。

2012 年，中国银行就率先推出金融领域开放平台，开启了"走出去"的对外输出新模式。中银开放平台是中国银行推出的金融服务应用接入平台，于 2013 年 9 月投产上线。该平台推出以来，大量基于其开放业务能力的第三方产品丰富其服务领域，扩展了服务渠道，同时也积累了大量第三方合作客户，有力地提高了其业务开放能力。中银开放平台整合了中国银行各类金融业务接口，为广大开发者提供接入服务，通过 API 和 SDK 提供了包括信用卡管理、投资理财、移动支付、账户管理、金融资讯、记账服务、惠民服务、贷款服务在内的八大类别的金融服务供开发者调用，平台为开发者提供了完整的接入指引和运营管理文档，帮助开发者快速使用平台构建产品。经过近年来的不断发展，中银开放平台能力不断增强，截至目前，中国银行开放平台接入的各类应用达到 34 个，通用接口超过 1683 个，其中对外开放的有 21 个，日均交易量达到 350 万笔，注册用户数超过 400 万人，其中养老宝应用交易超过 500 亿元。不过，目前中国银行开放平台上的绝大多数应用都是中国银行官方应用或分行的产品。

另外，在民营银行中，开放平台与 SDK 对银行的业务发展与创新也有着重要意义。上海华瑞银行是银监会在 2014 年最早批准的民营银行之一，主打面向企业的华瑞银行开放平台（"极限 SDK"），"极限 SDK"是目前应用推广较为成功的案例代表。华瑞 SDK 不仅在自家应用，也应用于合作商户的 APP 里。华瑞银行开放平台可以为企业提供账户、支付结算、投资、融资、增值、营销、数据和企业八大服务，合作方通过使用 SDK 调用接口使用这些服务。这八大服务供第三方应用调用的接口就是华瑞银行 SDK，华瑞银行 SDK 不是单纯封装网络接口，而是包含前端界面、业务逻辑的完整业务解决方案，其作为 SDK 开发包可内嵌第三方 APP 中。在调用华瑞银行 SDK 时，第三方 APP 将经历初始化 SDK、验证开发者、一键登录和调用金融服务四个阶段。华瑞支付 SDK 支持他行账户结算和灵活的 T + N 结算方式，采用动态安全策略，一机一密、一户一密、一次一密等安全策略。

综上所述，顺应"互联网 +"趋势，第三方支付机构与银行都已主动引入开放平台思维，基于互联网生态和应用场景，积极搭建互联网金融平台，通过 API 与 SDK 做到"引进来"与"走出去"相结合，进一步扩展场景，加强金融服务的扩展和输出，抢占战略制高点。

二、调研方案及分析

（一）调研目的

本次调研的目的旨在通过目前市场已经出现和推广应用的 SDK 产品为

调查对象，通过调查客户群，了解客户使用过程中存在的问题，结合金融机构和非金融机构在 SDK 产品研发、推广、运维和创新四方面的经验总结，力争针对 SDK 的未来发展提出发展建议。

（二）调研方案

根据规定事项进行客户反馈收集，获取 SDK 及相关产品的市场现状。调查问卷的问题包括如下几个方面：

1. 机构向客户提供的产品形态；

2. 客户主要的业务场景与平台类型；

3. 机构 SDK 功能说明；

4. SDK 的接入要求和步骤；

5. 客户集成 SDK 的方案、成本、技术实施要求；

6. 客户开发集成 SDK 过程中的困难点；

7. 客户对 SDK 产品最满意的三个方面；

8. 客户对 SDK 产品最不满意的三个方面；

9. 客户使用 SDK 过程中的困难；

10. 机构在开发 SDK 产品中的难点；

11. 机构在 SDK 产品开发中的优势和心得体会；

12. 机构在 SDK 产品开发中积累了哪些优势；

13. 机构在 SDK 后续产品运维中有哪些困难；

14. 机构在 SDK 后续产品运维中有哪些心得；

15. 机构在产品服务中提供哪些服务提高了满意度。

（三）调研结果分析

1. SDK 功能服务分析

（1）对 SDK 功能点进行统计分析

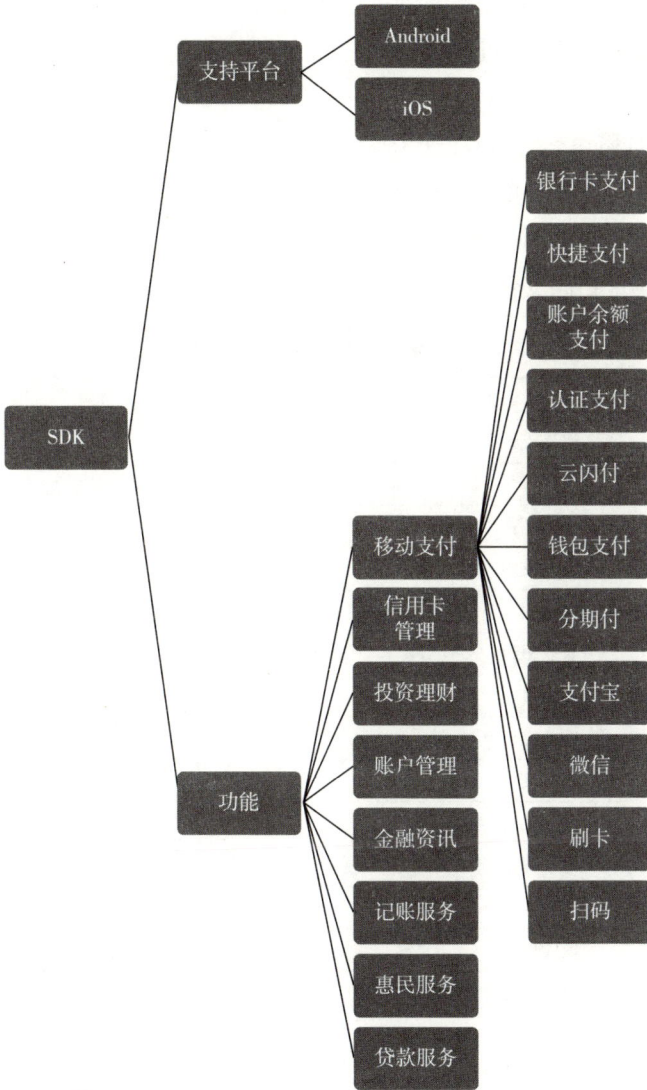

图 1   SDK 功能统计

SDK 主要用于移动支付功能，如银行卡支付、快捷支付、账户余额支付、认证支付、云闪付、钱包支付、分期付、支付宝、微信、刷卡、扫码等。银行的 SDK 功能较多，除移动支付外还涉及以下功能：信用卡管理、投资理财、移动支付、账户管理、金融资讯、记账服务、惠民服务、贷款服务；支付公司 SDK 功能主要集中于移动支付。SDK 可运用于收款、收银、用户支付充值等场景。目前所有的 SDK 全部支持 Android 和 iOS 两个平台。

（2）对移动支付功能进行统计分析

①从移动支付功能对应的机构角度进行统计分析

在移动支付功能中，银行卡支付在各个机构均可运用，认证支付、快捷支付和刷卡扫码支付方式比较广泛。

表1   **各个 SDK 功能涉及的机构统计**

移动支付 SDK 功能	机构
连连支付	银行卡支付
现代支付	
银联商务	
通联支付	
快钱	
农业银行	
民生银行	
连连支付	认证支付
通联支付	
连连支付	快捷支付
银联商务	
快钱	刷卡、扫码
现代支付	
农业银行	银联支付控件
民生银行	
银联商务	账户余额支付
银联商务	云闪付
连连支付	钱包支付
连连支付	分期付
银联商务	支付宝、微信

②从调研机构支持的 SDK 功能角度进行统计分析

根据调研结果可以看到，银联商务和连连支付支持多种支付方式，银行主要通过银行支付控件在移动平台上进行支付。

表 2   调研机构支持的 SDK 功能统计

机构	移动支付 SDK 功能
银联商务	银行卡支付
	快捷支付
	账户余额支付
	云闪付
	支付宝
	微信
连连支付	银行卡支付
	钱包支付
	认证支付
	快捷支付
	分期付
现代支付	银行卡支付
	刷卡
	扫码
通联支付	银行卡支付
	认证支付
快钱	银行卡支付
	刷卡
	扫码
农业银行	银联支付控件
民生银行	银联支付控件

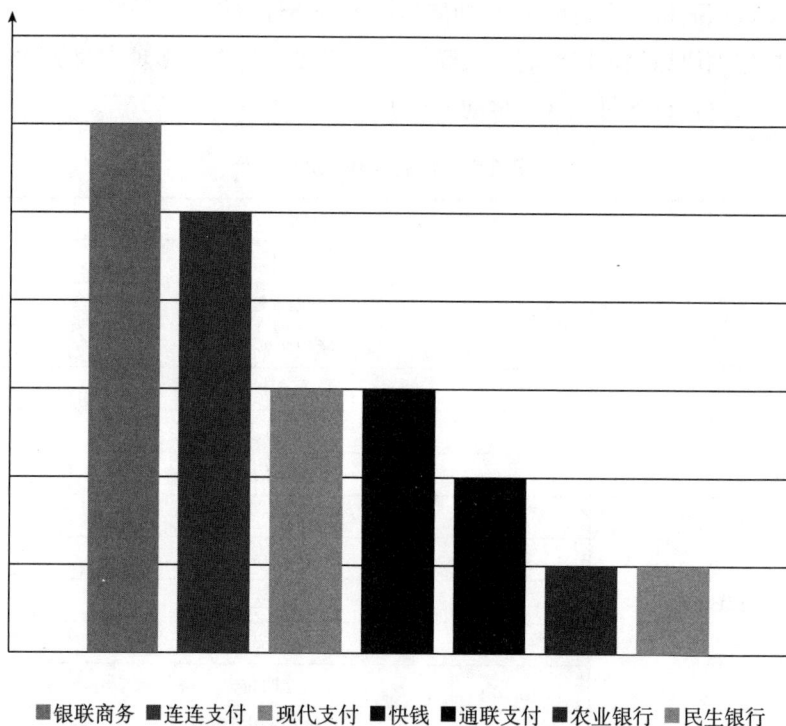

■银联商务 ■连连支付 ■现代支付 ■快钱 ■通联支付 ■农业银行 ■民生银行

图2　调研机构支持的 SDK 功能个数统计

2. SDK 应用领域分析

（1）行业和场景应用

目前 SDK/API 主流面向行业为医疗美容、数字娱乐、儿童娱乐、教育服务、汽车租赁、院线娱乐、烟酒销售、金融服务、服装零售、百货商超、旅游景区、旅游服务、货运服务、房地产服务、汽车销售、公共缴费、保险行业、批发零售、交通运输、餐饮酒店、加油站、便民服务、学校、医院、珠宝零售、政府服务，集中应用层的表现形式可为 Web 端大型网站，平台，APP 应用、公众号等。图3 为应用市场主流软件 SDK 分布情况。

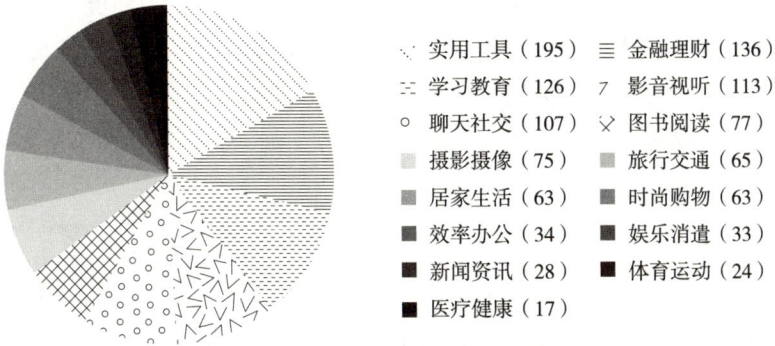

实用工具（195）　金融理财（136）
学习教育（126）　影音视听（113）
聊天社交（107）　图书阅读（77）
摄影摄像（75）　旅行交通（65）
居家生活（63）　时尚购物（63）
效率办公（34）　娱乐消遣（33）
新闻资讯（28）　体育运动（24）
医疗健康（17）

图 3　应用市场主流软件 SDK 分布情况

各类型的 APP 平均使用第三方 SDK 的数量如图 4 所示。

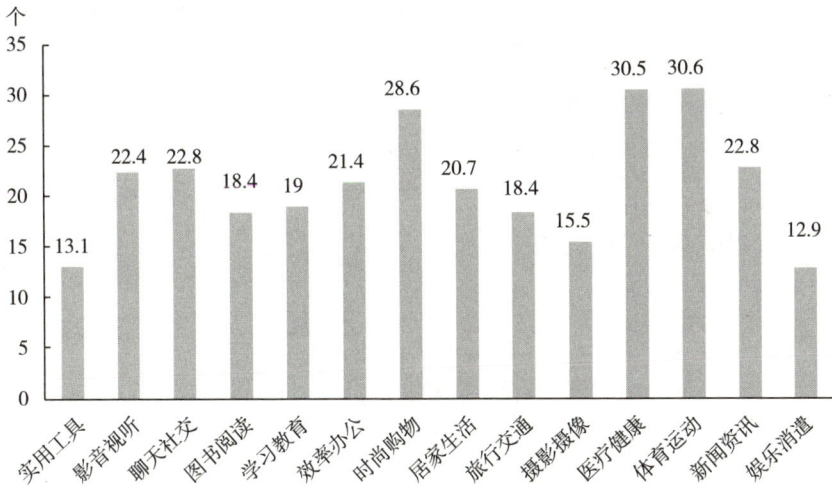

图 4　各类型 APP 平均使用 SDK 数量情况

（2）SDK 呈现形式

线上业务多以 API 形式对外布放，优点在于易于集成，使用这些接口可以很方便地实现支付功能快速集成，多用于综合电商、医美行业、游戏娱乐、金融服务及外卖餐饮等行业。

线下业务多以 SDK 及 API 组合或拆分形式布放，优点在于安全稳定，接入简单，只要开发者传递几个参数就可以完成对接的接口，开发者无须关心协议、加解密、校验等，提供 Sandbox 环境，这个环境和生产环境高度一致，可以让开发者调试完成后无修改直接切换到生产环境，简化接入方的工作量，双方都受益。主要用于零售行业自有应用集成支付服务，院线娱乐自有智能售票终端及服务终端集成，彩票销售智能终端服务集成，自助水电煤缴费设备服务集成，保险、公立医院、加油站等服务集成。

3. SDK 集成问题分析

（1）SDK 的开发语言版本应该覆盖常用主流开发语言

开发者可根据自身系统情况选择对应开发语言的安装包。比如支付宝网站 SDK 会提供 java、php 版的 SDK。再如安卓的很多 SDK 都提供了 Java、c/c（cocos2d－x）、Lua（cocos2d－x）、C#（unity）等版本。

（2）接口简单

只要开发者传递几个参数就可以完成对接的接口是最简单的，开发者无须关心协议、加解密、校验等。

（3）控制插件包大小

商户 APP 需要在原有基础上集成 SDK，若 SDK 插件包较大，则在商户打包过程中耗时长，大大增大了商户 APP 插件包的大小，部分开发者在集成的过程中会出现抱怨插件包过大的情况。

（4）指导性文档及接入支持

提供明确的指导性文档，重点强调 SDK 集成过程中的注意事项，以及列举部分问题及解决方案，并额外提供文档以外的其他技术支持途径，如电话或 QQ 群、微信群等。

4. SDK 运维问题分析

随着业务不断发展和完善，SDK 会不断升级，实际使用过程中会存在很多个 SDK 版本，导致运维过程中出现较多的问题，主要集中在以下几个方面：

（1）合作方担心新版 SDK 稳定性、兼容性等问题；

（2）合作方主动更新 SDK 意愿低，担心引起宿主应用不稳定；

（3）需要合作方主动更新 SDK；

（4）用户平台不同，涉及特色功能需求，需提供定制能力。

5. SDK 客户期望点分析

针对客户使用痛点及问题分析，客户期望点主要集中在以下几个方面：

（1）旧 SDK 升级到新 SDK 能平滑过渡；

（2）期望有统一的服务支持平台；

（3）快速解决客户使用过程中遇到的问题；

（4）期望 SDK 能自动升级；

（5）合作方能快速、便捷地接入 SDK，省心运营。

三、SDK 创新支付的发展方向和建议

（一）建立技术标准规范和创新升级模式

对于上述提到的各种问题，首先考虑可以从技术层面上去解决大部分问题，通过"技术 + 业务管理"的组合方案提升 SDK 的应用现状，减少商户应用 SDK 的困扰和问题。

1. 规范通用的基础技术标准

针对不同商户涉及的业务不同，接口文档需要将接入过程的各个环节都考虑到，形成标准接入规范，这样即使面对较少流程的业务也能按照标准化繁为简，灵活应对。文档的编写应该简单易懂，让商户能够没有困难地阅读。

针对不同商户使用不同设备型号进行 SDK 调用，需要考虑 SDK 接口与各种机型调用插件的适配性，减少商户使用 SDK 的困难。

由于多数商户都是在支付场景中应用到 SDK 功能，那么支付安全问题、后台服务器稳定问题、支付体验流畅问题等都应当考虑进去。

针对商户提出的不知如何应对未知状态交易、页面跳转后直接发起支付、链接打开失败等一系列问题，开发机构应该提供统一的错误处理机制，方便商户处理请求异常。

针对不同商户涉及的行业与业务不同，SDK 产品需要迎合并支持多元化场景需求，尽量提供个性化定制。迎合"千人千面"的理念，提供给客户一种崭新的体验。

基础标准需要规范化的分类和内容，如表 3 所示。

表3   规范分类及内容

规范分类	规范内容
安全规范	客户与机构间采用 HTTPS（Hyper Text Transfer Protocol over Secure Socket Layer）协议通信。因为在支付交易过程中会存在传送信用卡号、身份证号、登录密码等敏感信息，所以对于支付交易必须要求采用 HTTPS 协议进行通信。客户与机构间采用数字签名算法（Digital Signatur）对交易报文进行数字签名，保证信息传输的完整性、发送者的身份认证，防止交易中的抵赖和信息被篡改
编码规范	客户接入机构 SDK 接口须按照事先约定的编码方式对数据报文进行编码，避免客户与机构间因编码方式不一致导致的字符乱码等问题，建议与客户提前约定统一使用 UTF‑8 编码方式
数据交换格式规范	机构提供的 SDK 接口需要定义一种标准的数据交换格式，建议优先使用 JSON 格式。JSON 格式可以清晰地定义数据的层次结构，易于阅读和理解，同时也易于机器解析和生成，可以有效地提升网络传输效率
性能规范	客户接入机构 SDK 接口需要评估系统的并发能力，在与机构 SDK 接口进行交互时需要考虑采用线程池等多线程技术来提升系统并发能力，接口超时时间能够设置并针对不同机构进行个性化。另外机构也需要综合评估系统的吞吐能力和处理能力，必要时可以考虑采用自动熔断机制来对自身系统进行保护
SDK 安全加固规范	机构在提供移动端 SDK 插件包时，必须增加 SDK 本身安全加固，避免 SDK 代码被逆向破解、恶意篡改、运行中数据被窃取等。所以需要在代码混淆、完整性检查、本地数据保护等方面采取技术措施

2. SDK 云升级的创新模式设计

通过实际调研发现，所有商户对 SDK 的集成和运维方面都面临一个比较突出的问题：对 SDK 的升级更新比较困扰，这也是大多数成熟商户比较关注的问题。按照目前商户端宿主应用的实施技术方案，对于 SDK 插件包进行更新后，宿主应用通常情况下可能需要对应用进行更新升级，特别是对于移动应用，一旦需要版本升级，对于商户的正常业务都可能会造成影响，比如部分客户的流失、商户应用版本管理复杂等。

基于上述存在的问题，通过参考其他行业的成功实践，课题研究组提出了"SDK 云升级"的技术解决方案。SDK 云升级的理念就是宿主应用仅需集成一次 SDK 技术包，后续 SDK 的升级几乎全部由机构的云端服务平台负责，宿主应用端的 SDK 包不需要进行升级操作。

具体 SDK 云升级的逻辑架构如图 5 所示。

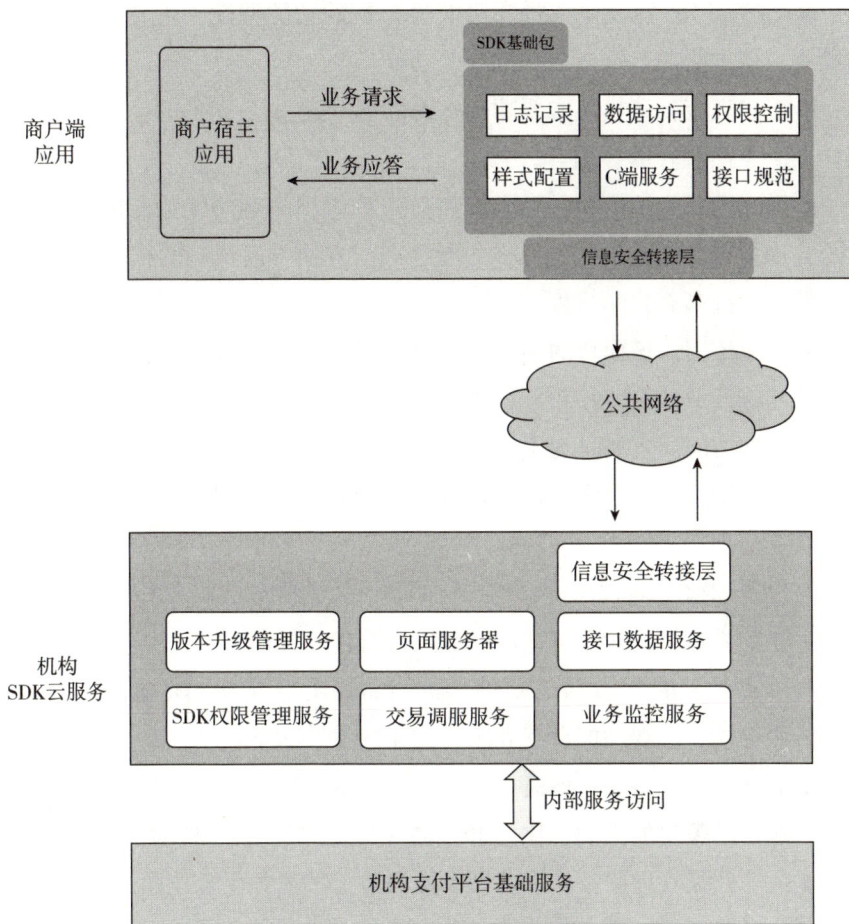

图 5　SDK 云升级逻辑架构

通过上述的逻辑架构所示，安装在商户宿主端的 SDK 技术包的功能可以进行最大限度地简化，基于这个设计，可以将 SDK 技术包的大小控制到最小。同时由于减少了业务和交易逻辑处理，SDK 本身的功能主要集中在了基础服务层面，提高了通用性和稳定性，从而减少硬性升级的概率。

在本方案中，对于 SDK 技术包的功能定位细化设计如下：

59

■ 信息安全转接层：该模块主要负责安全通信、数据安全加（解）密和验证，功能较为单一，但是 SDK 安全管卡需要机构遵循技术规范做好设计并保持稳定。

■ C 端服务：该模块主要是 SDK 客户端的功能调度，主要负责接口版本检查、版本更新、配置数据同步等功能。

■ 接口规范：该模块主要功能是提供宿主应用与 SDK 的接口转换和数据转换、页面跳转的控制等。

■ 样式配置：该模块是为了提高对商户应用的客户体验支持，可以由商户自助设置页面的样式、风格、配色等，方便与商户端的宿主应用保持风格统一，提高客户满意度。

■ 权限控制：该模块的主要功能是根据服务端的权限主数据，控制客户端的功能开放集合、接口开放列表等。

■ 数据访问：主要是为了访问宿主应用提供的数据。

■ 日志记录：记录客户端的各种调用记录和更新记录，定期上传服务端和数据清理。

可以看到宿主端 SDK 的功能更加集中在基础安全服务和数据转换服务，大量的主数据配置全部在服务端进行管理和控制。

为了实现 SDK 云升级的目的，机构需要配套建立 SDK 的云服务端，作为云服务端，主要功能分工和定位细化的设计如下：

■ 信息安全转接层：该模块的功能与 SDK 客户端基本一致，但可以增加客户端访问策略的控制，比如 IP、高风险地区等的策略控制。

■ 版本升级管理服务：该模块主要是为了管理各个合作商户的 SDK 版本，同步升级模式，版本校验等。

■ 页面服务器：对于需要进行跳转的页面统一由该模块负责，主要是原始页面数据，具体展示样式由各个 SDK 客户端的样式配制决定。

■ 接口数据服务：该模块负责根据接口规范配置，生成接口数据。

■ SDK 权限管理：根据商户风险等级、签约合同等相关信息分配 SDK 权限，并将子数据同步到客户端。

■ 交易调度服务：该模块主要是访问机构的基础支付平台，比如商户信息校验、支付处理等。

■ 业务监控服务：该模块是云服务的重要组成部分，主要监控成功率、版本故障、特殊错误占比等情况，确保云服务水平。

总之，上述的 SDK 云升级方案可以有效地解决商户担心升级 SDK 造成应用不稳，希望能够自动升级、平滑过渡等问题。当然，具体执行方案还是需要不同的机构根据自身应用场景做适应性设计。

（二）建立业务管理规范

在 SDK 商户准入、事中监测及事后处理的各环节同样需要机构采取技术手段及人工核实手段对商户进行全面的管理和监控。

1. 事前预防

根据商户准入标准对商户进行全面的尽职调查，从商户提交的资质、工商信息、法定代表人信息等方面进行审核，确保商户信息的真实性。

对商户提交的网站或应用进行体验，明确经营内容及业务模式符合准入要求。针对业务模式新颖或存疑需要进一步确认时，联系商户电话沟通或进行现场尽调，尽调内容尽量包含商户实际经营场地、平台规模、是否有行业经验、业务模式、业务开展或规划等情况。

通过准入环节后，商户按照要求进行技术对接，进入上线环节，在上线前需对商户网站或应用再次进行体验，确保经营内容或业务模式未发生变更。

同意上线后，根据不同行业、不同产品给出相对应的额度、商户风险等级和交易权限。

2. 事中监测

事中排查数据来源于日常巡检、交易监控模型、舆情监控、用户投诉、市场反馈、公检法等有权机构介入调查等。

其中日常巡检根据商户风险等级不同，系统设置排查期限则不同。当系统依据商户风险等级定期进入人工排查环节，而针对性地排查则通过交易监控模型快速筛查出可疑的商户名单，然后进入人工排查环节。人工排查内容包含对商户网站/应用名称、经营内容、业务模式、接口使用情况、负面舆情、交易情况等维度进行检查，一旦发现存在违规情况就采取相应的管控措施。

3. 事后处理

发现商户违规，要依据自有的商户风险管控制度对商户采取相应的管控措施，包括但不限于降低额度、暂停提供支付服务，严重者直接清退。除清退以外还应将涉及违法违规的商户信息录入到商户"黑名单"库中，同时通过获取到商户在不同支付渠道合作的其他商户名称，使其加入"黑名单"。

对于录入商户"黑名单"库的信息将会直接作用于商户准入环节，一旦命中"黑名单"则不予开展合作。

（三）规范商户集成服务

1. 集成前

（1）由机构的销售识别商户场景适配程度，判断商户的使用场景，进行 BD 宣讲，确认合作意愿，接入设备或 SDK/API 类型；

（2）机构产品介入确认业务模式与改造点；

（3）机构进行商户背景调查、合规检查、风控检查等，进行背景调查表填写。

通常商户提交的材料要交至机构的多个部门进行核查，即便采用并行操作也将大大影响审核效率，可以考虑在线提交，简化审核流程，合并审核机构，使商户快速便捷地使用 SDK。

2. 集成中

（1）运维介入，提供商户测试文件及 API/SDK 接入规范文档，提供商户联调，要保证测试环境与生产环境的版本完全一致；

（2）商户与支付公司联调结束后，支付公司出具验收标准，由商户提交验收报告。

使用 SDK 需要机构进行基本信息配置，因此需要商户提供规范的参数，课题组建议提前制定标准的申请表格和规范，提高接入效率。

3. 集成后

（1）若商户出现服务问题，可优先联系软件提供商，若由商户自有研发进行 SDK/API 集成，则可联系对应的销售或拨打对应支付机构客服电话进行问题排查；

（2）若为常规问题，则由客服直接回答，若问题较为复杂，则流程流转至对应的运营服务部门，由运营直接对接，需要建立 SLA 标准；

（3）若涉及系统问题，则由运营转移至产品或相关研发处理问题；

（4）处理完毕后由对应销售或客服通知商户问题已解决，由商户验收并反馈支付公司结果。

课题组建议机构同步建立机器人在线客服，尽量提供 7×24 小时的客服服务，确保服务及时。

（四）其他

通过调研，可以看到基于 SDK 的产品在移动支付市场中仍占据着重要地位，但同时发展中也遇到了一些较为普遍的问题，为此课题组提出了一些意见和想法。

1. 在底层 SDK 的研发上，希望协会联合相关技术公司出台底层通用标准参考规范，减少各家机构在技术研发层面的选型、升级和维护的复杂度，提高 SDK 产品的兼容性，降低各家机构在 SDK 后期运维方面的持续投入成本。

2. 机构针对 SDK 的发展采取资源共享的方式，比如支付机构和金融机构可以进行合作，丰富 SDK 的功能，希望能够对接入的商户提供"一站式"的服务体验，让金融机构和非金融机构达到共赢。

3. 协会研究建立 SDK 产品的备案登记制度，以及安全检测标准，以便能够对 SDK 的安全和发展提供制度上的保证，让商户能够及时了解产品的安全认证情况，避免出现群体性的安全事故。

第二篇
案 例 研 究

案例1 中国银行跨境汇款查询区块链应用及跨境移动支付

一、应用场景及技术应用解决的痛点问题

"银联全球速汇"是一款境外个人向境内银联卡持卡人汇款的产品，支持境外100多个国家和地区向境内包括中国银行（以下简称中行）在内的13家银行超过70%的银联卡持卡人汇款。实现直接进行人民币结汇并将资金实时汇入银行卡账户的国际汇款功能，满足华侨移民、境外劳务人员、境外留学生等的汇款需求。自2015年起，银联全球速汇成为中国内地发卡机构必选支持的产品功能。中国银行是首批接入银联国际开展跨境收款业务的银行。2017年银联全球速汇交易额9亿元，其中中国银行交易额为4.28亿元（收款），占比47%。

在实际业务开展中，银联全球速汇产品与SWIFT、西联汇款、速汇金等现有汇款产品类似，由于涉及机构多、业务流程长、系统分散，存在以下业务痛点。

1. 汇出机构至汇入机构信息不对称，汇出机构、清算机构（银联）、汇入机构各方无法及时、有效地同步信息，各自只能看到各自系统的交易信息，发现问题后机构间沟通成本较高。

2. 客户查询不便，汇款查询目前需要通过跨境差错平台人工查询交易入账信息，过程烦琐、耗时长，电子化程度不高，平均一件花费近20天。且人工回复时限差别很大，汇款体验不佳。一方面给客户体验造成了不好的影响，另一方面给汇款机构、银联和中行等汇入机构的客服和运营增加

了压力。

3. 由于交易各方信息不对称，为全面了解汇款情况，避免洗钱、犯罪等风险，目前银联跨境汇款交易需逐笔向外汇管理局申报，跨地区的反洗钱、"黑名单"等监管要求实现方式操作较为复杂。

二、技术应用的方式

2017年6月初，银联了解到中行软件中心从2015年开始进行区块链研究，并积极参与人民银行区块链数字票据、数字货币项目，在区块链方面有较强的技术储备，主动联系中行商讨银联跨境汇款业务创新。鉴于中行在跨境领域的传统优势及在银联速汇业务中的业务规模，联合中国银联共同开展区块链技术的创新应用试点，初步实现银联全球速汇业务中行卡收款成果的交易信息和状态的共享与实施查询。此功能是国内商业银行首个将区块链应用于个人跨境汇款业务领域并正式商用的项目。

中行与银联共同建立基于区块链技术的全球速汇业务的实时查询接口，支持接入机构向汇款人提供银联跨境汇款的状态实时查询服务，此方案的实现将对接全球速汇跨境汇款查询系统，中行作为节点接入其区块链网络，可通过手机银行等渠道查询汇款信息，解决目前跨境对账过程中查询不便、体验差的突出问题。

未来在成功验证的基础上，计划将利用该区块链技术，进一步拓展应用场景，针对场景提供全流程、全方位、跨层次、跨市场、跨币种的跨境金融服务。

（一）客户端功能

"跨境金融"专区（"更多"里）→"跨境收款"功能中增加了"银联全球速汇查询"功能模块。客户可实时查看到中行的银联卡跨境汇入交易的进度状态，以及金额、时间、附言、国家、代理机构等全面的交易信息（见图1）。

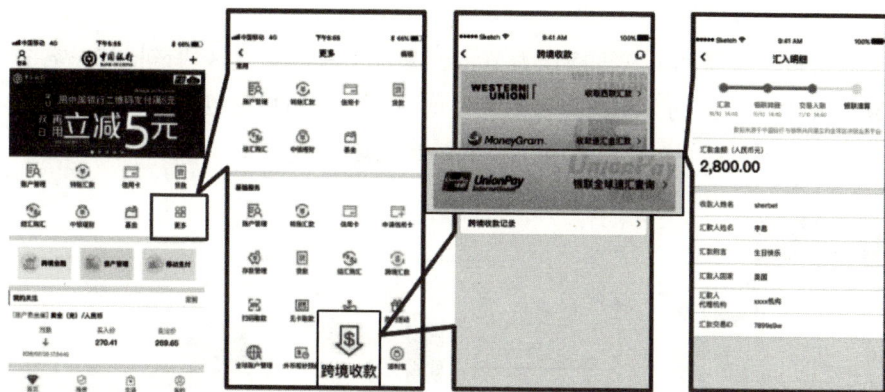

图1 中国银行手机银行客户端跨境金融功能示意

（二）业务流程

1. 银联对每一笔汇款交易赋予一个唯一的 ID，记录整个 ID 流转信息。

2. 汇款机构、银联、收汇机构根据 ID 将实际汇款状态信息上传区块链平台，并各自做信息同步。

3. 汇出机构、银联、汇入机构为用户提供查询入口，客户根据汇款关键信息查询汇款状态（见图2）。

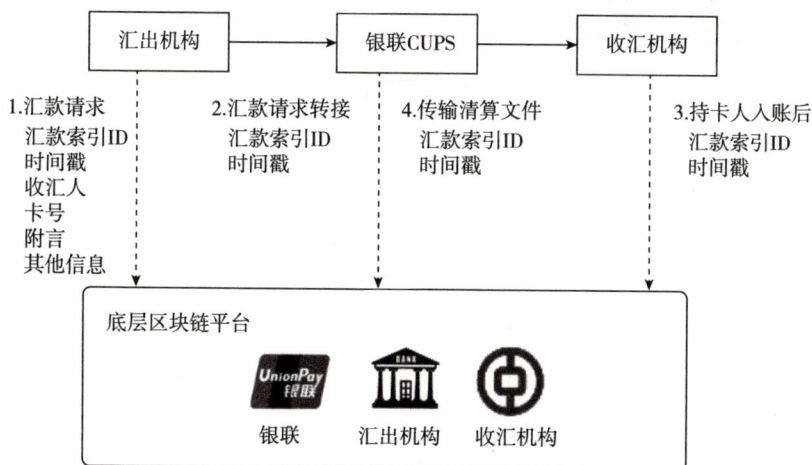

图2 跨境汇款业务流程

（三）部署架构

中行、银联和汇款机构作为节点，基于互联网建立区块链网络，各方通过 APP 等方式向其用户提供汇款查询的功能。用户可以查询进度，方便直观地了解目前自己汇款所在节点和处理进度（见图3）。

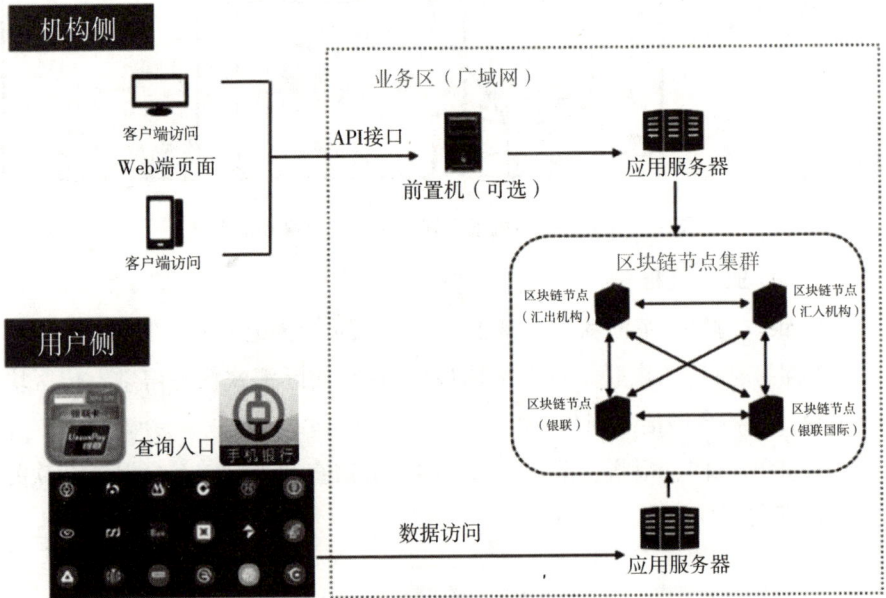

图 3　跨境汇款业务架构

该方案有以下特点：

1. 提供一种可靠的建立信任的方式，降低了成本；

2. 可查询、可追溯、可监管；

3. 解决目前跨境对账过程中查询不便、体验差等问题。

后续可以从汇款查询出发，在成功验证的基础上，进一步拓展应用场景，针对场景提供全流程、全方位、跨层次、跨市场、跨币种的跨境金融服务。

在银联跨境汇款项目中，中行端使用之前研发的"中银区块链互联平台——BIIP"作为基础平台进行应用搭建。BIIP 由中行独立自主开发，拥有完全的独立知识产权（见图4）。

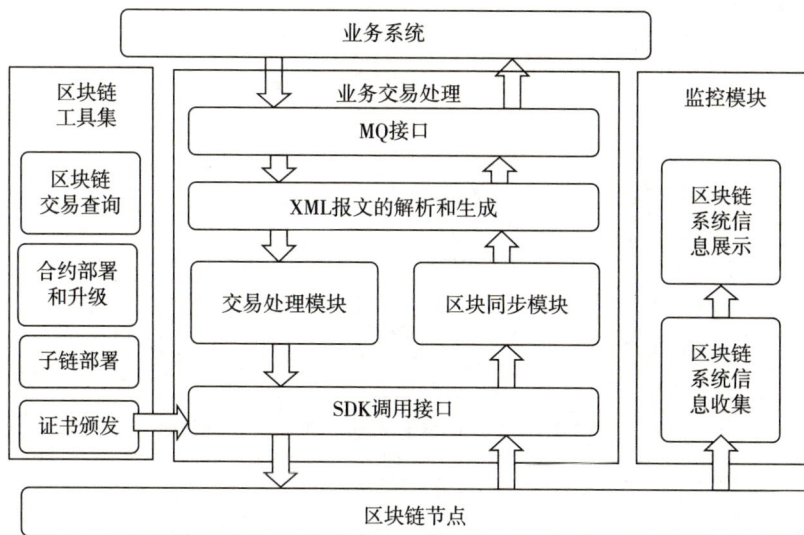

图 4　跨境汇款业务平台架构示意

中银区块链互联平台分为两大部分：

1. 区块链交互中间件：主要职责是实现各类主流区块链协议，管理银行分布式数据库节点。通过区块链互联平台，为银行业务系统屏蔽各类区块链底层技术特征，提供一个可靠的、高效的、便捷的对外协同技术通道。

2. 区块链业务协同模块：主要职责是提供各类对外协同的产品服务。通过协同产品平台，使得银行具备利用现有产品系统快速定制组合产品和服务的能力（见图 5）。

该平台具有五大特点：

1. 方便支持多种区块链底层互联协议，可以有效屏蔽区块链层的技术变化；

2. 提供了配套的链上信息、合约的定制、部署的工具，方便快速实现应用；

3. 服务接口格式丰富（socket/MQ/rpc/批量数据导出），方便传统的金融应用与区块链进行对接和集成，方便已有的大数据平台与区块链的对接；

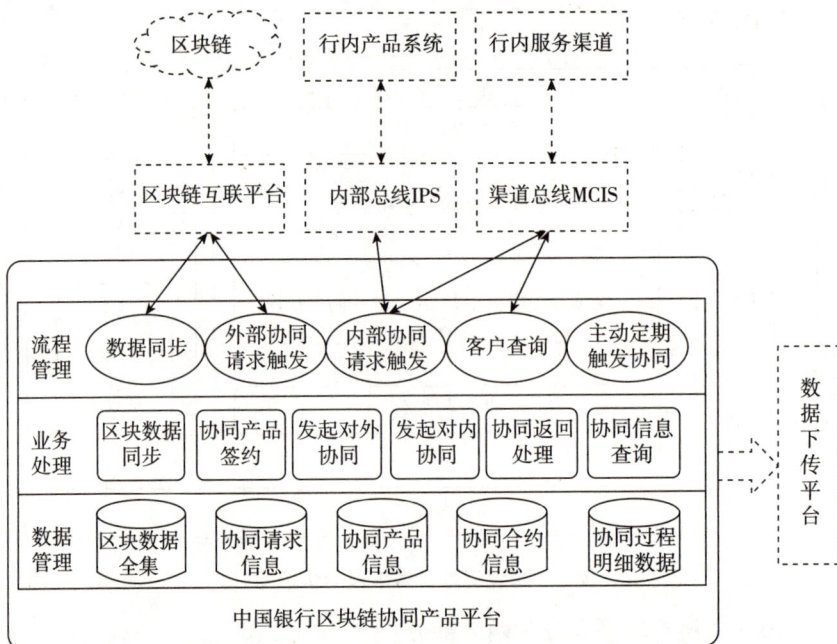

图5　中国银行区块链协同产品平台示意

4. 在与北交大国家级安全级实验室的产学研合作中，提供了便捷、可靠、高效的隐私保护方案，同时所有签名、加密算法升级为支持国密算法，满足国内金融监管的要求；

5. 各处理环节均提供了高可用性的方案，同时提供了配套的监控端、问题跟踪工具和维护工具，便于后续的生产环节的维护。

该平台在中行的"西藏扶贫"等涉区块链的项目中也得到了应用。

三、技术应用产生的效果及发挥的积极作用

中行自主研发的区块链平台于2018年1月28日在银联跨境汇款项目中成功上线，初步实现了银联全球速汇业务中行卡收款成果的交易信息和状态的共享与实施查询。此功能是国内商业银行首个将区块链应用于个人跨境汇款业务领域并正式商用的项目，将使全球速汇业务近一半的用户受益，能够快速、及时、全面地了解本人银行卡的汇入信息。

（一）实现信息共享，方便客户查询

跨境汇款交易信息上链后，各个授权的参与方可同步获得当前准确的交易状态和交易相关信息，该信息可提供给汇款人和收款人，解决目前跨境对账过程中查询不便、体验差等问题。

（二）信息可追溯，便于合规监管

区块链的共识机制和防篡改的特性，实现了上链信息的可查询、可追溯、可监管。除交易各方能够实现交易信息同步外，未来可以设立监管节点，针对交易实时进行链上同步审核，在不降低风险防范要求的前提下，提升监管效率。

（三）建立互信机制，降低实施成本

跨境汇款涉及机构多、流程长，若银联使用传统方式建立集中数据查询平台，需要改造整个汇款系统，确定接口规范，接入机构再分别改造各自原有系统，实现周期长、建设成本高。通过区块链分布式理念在各机构分别建立节点，共享共治，不改变现有交易链条的情况下，降低实施工作量，提供一种可靠的建立信任的方式。该项目中，通过区块链进行业务流程和功能架构的合理部署，使得整个流程流畅、统一。

（四）建立跨境区块链平台，应用前景广阔

本项目仅是信息流上链，实现查询功能，后续中行将基于本项目搭建的区块链应用平台，逐步研究增加监管节点，实现区块链信息与实际交易的互动，进而尝试资金流上链。并借助与银联的区块链平台共同开展其他金融领域的区块链研究和尝试，进一步拓展应用场景。

四、技术应用过程中金融风险防控、技术安全保障和金融消费者保护的考虑与措施

项目中，为实现安全的数据传输和数据分享，同时使用应用层和网络层的安全和隐私策略。

对于每一笔汇款，由汇款机构、银联、汇入机构共用一个密钥对上链数据进行加密存储，保证数据只有交易的强相关方可见。具体流程如图6所示。

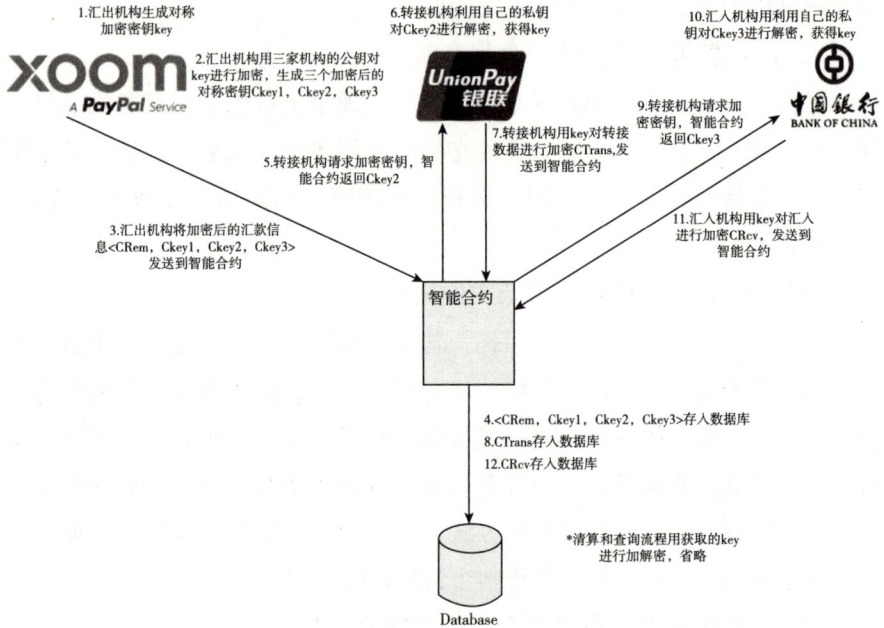

图6　跨境汇款加密流程示意

1. 汇出机构生成对称加密的密钥 key，分别用汇出机构、汇入机构、银联三方的公钥进行加密，形成 Ckey1、Ckey2、Ckey3。

2. 汇出机构将汇款信息用 key 进行加密，生成加密后的汇款信息 CRem，并发送到智能合约进行处理。

3. 智能合约将加密后的 < CRem，Ckey1，Ckey2，Ckey3 > 存入数据库。

4. 银联向智能合约请求对称密钥，智能合约返回 Ckey2。银联用自己的私钥将 Ckey2 进行解密，获得对称密钥 key。银联用 key 将转接信息用 key 进行加密，发送给智能合约，智能合约将转接信息存入数据库。

5. 汇入机构向智能合约请求对称密钥，智能合约返回 Ckey3。汇入机构用自己的私钥将 Ckey3 进行解密，获得对称密钥 key。汇入机构对转汇入信息用 key 进行加密，发送给智能合约，智能合约将汇入信息存入数据库。

6. 银联将清算信息用 key 进行加密，发送给智能合约。智能合约将清算信息存入数据库。

7. 查询：向智能合约查询汇款信息，智能合约返回加密的数据。与汇款信息相关的三方可以用 key 进行解密。而其他机构无法解密。这样就保证了汇款数据的隐私性。

另外在区块链连接上，采用 TLS 方式，对于跨出单位的连接，采用"白名单"机制。

跨境移动支付案例

作为国际化程度最高的商业银行之一，中行充分发挥跨境业务优势和分支机构遍布全球的网络优势，在积极发展国内移动支付的同时，充分联合银联国际等国际卡组织，积极开展跨境移动支付的产品创新及业务推广，不断丰富完善产品布局。

一、针对境内客户"走出去"的移动支付产品

中行积极把握移动互联趋势，与银联合作，不断丰富移动支付产品布局，参与了 HCE、Apple Pay 等各类 NFC 支付产品以及银联二维码支付产品的首批发布，同时还积极推出中国移动"和闪付"、拉卡拉手环支付、华为手表支付、Swatch 手表支付、捷德手环支付等产品，为持卡人提供多样选择，满足持卡人不同的支付需求，支持客户在境外支持受理银联非接收单的商户可以直接进行闪付消费。此外，中行是国内首家全面支持 Visa 与 Master 卡品牌 HCE 产品的商业银行，支持中行持卡客户申请两大卡组织的借记或贷记 HCE 卡片进行跨境消费。

随着二维码支付的持续升温，中国银联联合 Visa、万事达等卡组织一起推出全球统一规范的二维码的 EMVCo 标准，2018 年 2 月中行手机银行作为首家推出银联跨境二维码支付，支持境内客户持手机银行在境外进行扫码支付，为境内客户"走出去"又提供了一种便捷的移动支付产品（见图 7）。

图 7　银联跨境二维码

二、针对境外客户的移动支付产品

中行统筹境外分行及附属机构，积极与银联国际等组织开展合作，针对当地持卡客户，推出各类手机闪付及二维码支付产品，满足当地客户的移动支付需求。

2017 年中银卡司作为香港地区首家发卡机构支持银联 Apple Pay 的上线发布。

2017 年 12 月新加坡分行完成银联信用卡的 EMV 规范二维码支付，支持本地银联持卡客户进行扫码支付。

2018 年 9 月，银联国际推出云闪付 APP 国际版，支持港澳当地客户实现境内、境外两个标准的二维码支付，中行跟进推动中银澳门分行首批接入银联云闪付 APP 国际版，直接实现澳门当地大部分客户可以在云闪付 APP 中绑卡并进行二维码支付，助力粤港澳大湾区移动支付发展（见图 9）。

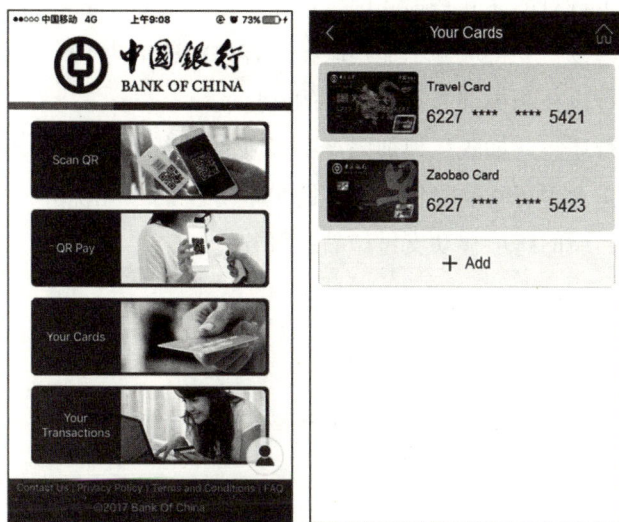

图 8　中国银行境外版手机银行

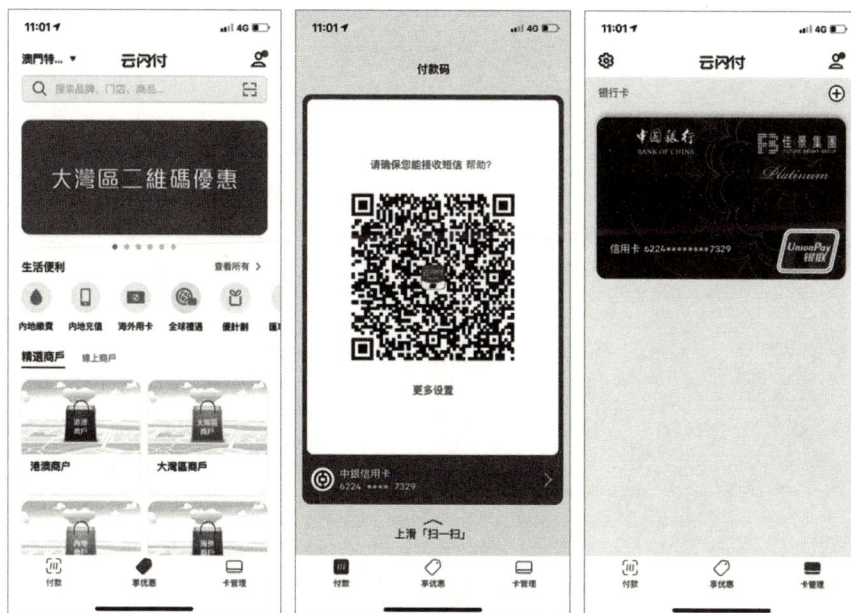

图 9　中国银行境外版云闪付

2018 年 11 月，中国银行境外版手机银行实现银联境外标准二维码支付。

此外，中行目前还联合银联国际启动了境外分行 Huawei Pay 及可穿戴设备的产品建设，支持境外本地银联持卡客户加载华为 Pay 及 Garmin Pay，其他境外分行也在积极部署相关产品的支持。

后续中行还将一如既往地加强产品及业务创新，紧跟市场节奏，勇于探索，不断扩大中行移动支付产品在跨境业务上的领先优势，为客户提供全方位、高品质的跨境移动支付产品及服务。

案例 2 支付宝基于区块链技术的 个人跨境汇款服务

一、背景与概述

由于经济发达加之相关服务匮乏，近年来中国香港外籍佣工的数量急剧增长。当前，在港菲律宾籍劳工数量约 17 万人，经常需要将收入汇回菲律宾贴补家用。但是传统的跨境汇款业务存在不少痛点：因为涉及参与机构、法律法规及汇率等问题，过程很复杂，到账通常要 10 分钟到几天不等；晚 7 时后汇款最早次日到账；去柜台还要留意下班时间；中间出现状况退钱要更久，还可能转丢。长期以来，在港菲律宾劳工个人汇款操作十分不便，通过银行、国际汇款公司等传统个人汇款渠道，不仅成本高、操作不便，而且安全性不够高。为了解决在港菲律宾劳工个人跨境汇款业务中遇到的问题，优化汇款体验，提高个人跨境汇款的经济性、便捷性和安全性，在中国香港金管局和菲律宾中央银行的大力支持和帮助下，蚂蚁金服利用自主研发的区块链平台技术，与支付宝中国香港钱包和菲律宾钱包（GCash）、渣打银行合作，探索推出基于区块链技术的个人跨境汇款业务新模式。

2018 年 6 月 25 日，蚂蚁金服发布支付宝中国香港钱包到菲律宾钱包（GCash）的区块链个人跨境汇款业务。该业务是支付宝公司区块链技术在跨境汇款领域的首次成功运用，能够帮助用户、移动数字钱包、银行、监管等各方主体提高效率、降低成本。第一笔汇款由在港工作 22 年的菲律宾人格蕾丝（Grace）完成，耗时仅 3 秒（见图 1）。

图1 第一笔汇款由在港工作22年的菲律宾人格蕾丝（Grace）完成

二、核心功能和关键技术

新的个人跨境汇款业务采用了区块链分布式记账功能，将汇款处理由串行改变为并行模式，实现了汇款信息的实时共享，节省了信息传递时间和多机构对账成本。在区块链技术的支持下，支付宝中国香港钱包可以为在港菲律宾劳工提供7×24小时不间断的跨境汇款服务，实现接近实时汇款到账的服务体验。

区块链技术在汇款业务中所扮演的具体角色与定位如下：

1. 区块链以分布式账本登记参与各方的资金情况，各方都以区块链上的记录作为汇款交易最终性的唯一事实认定，节约对账成本；

2. 智能合约同步多方完成跨机构的业务协同，节省汇款在途时间；

3. 区块链的分布式账本登记参与各方的合规及反洗钱检查结果，为透明监管提供技术支持，降低参与机构合规成本。

图2记录了传统跨境汇款业务与基于区块链的跨境汇款业务在效率和流程上的差异。区块链技术通过分布式账本技术将原来像接力赛一样逐个节点确认传递的汇款模式，改变为业务节点实时同步并行确认，提升了效率，改变了运营模式。在汇出端钱包发起汇款的同时所有参与方同时收到

该信息，完成合规等所需的审核后区块链上协同各方同时完成这一笔汇款交易。如果转账过程中出现问题（如违反了相关规定），会实时反馈至汇款者。

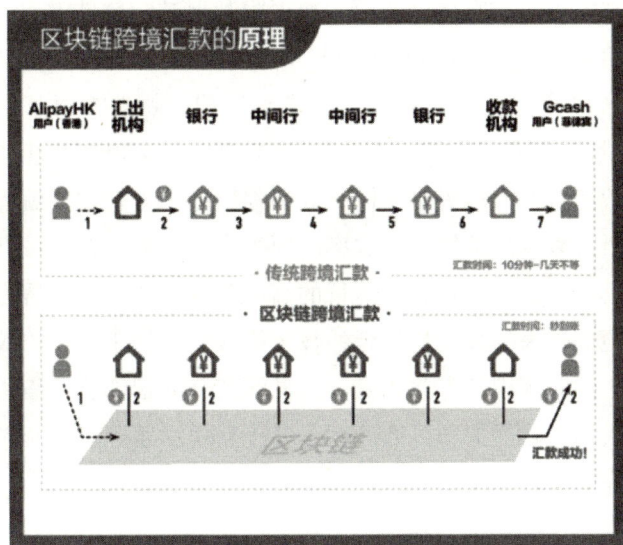

图2 区块链跨境汇款原理

与蚂蚁金服其他的金融科技创新一样，支付宝公司的区块链技术应用致力于解决有社会价值的实际问题：在跨境汇款业务中，区块链创新模式在信息传递时效、资金结算时效、操作成本、合规成本等方面为参与机构创造价值，最终为个人用户带来价值，实现即时、便捷、低成本的普惠跨境汇款服务。另外，蚂蚁金服致力于以自主研发突破核心技术挑战：在本项创新中蚂蚁金服攻克了诸多技术难题，最终在技术上实现符合各国监管要求的隐私保护设计、区块链节点跨境多地多机房部署、低延时智能合约交易确认等要求。本项日中自主研发成果丰富，累计新申请区块链技术专利超过10项。

当前，蚂蚁金服自研可控的金融级区块链平台已经在多个社会和商业应用场景实现多机构多国全球部署，提供面向政府、企业和普通百姓的各类数字服务。同时，蚂蚁区块链解决了很多区块链产业面临的技术挑战，已经具备金融级平台所需要的高性能、高可靠和高安全的技术特点。区块链平台依托蚂蚁金服多年积累的海量并发技术经验，交易支持秒级确认；共识机制使用高效的并行共识算法，保障了区块链平台的高性能，目前已具备单链万级 TPS（每秒执行的事务数量）的处理能力；蚂蚁区块链通过软硬件两类技术解决方案提供全面的数据隐私保护，软件方面以多类新型密码学算法组合创新（包括同态加密、零知识证明、环签名等技术）首次实现区块链账户模型上的交易及数据隐私保护，硬件方面基于新型 TEE（可信执行环境）安全硬件重构区块链系统架构而实现高性能的隐私保护数据运算；智能合约方面提供多样高效编程模型，支持友好编程模式的图灵完备编程语言以及高性能执行效率的原生合约语言；在广域网生产部署环境，系统具备持续稳定长时间运行的高可靠性；在节点部署方面，解决了近万公里距离带来的长通信时延的技术挑战。总的来说，蚂蚁区块链在基于新型算法的大规模节点共识机制、灵活安全的智能合约编程模型、基于硬件和算法的隐私保护和可信计算、多链互联互通等技术瓶颈点攻关进展处在世界前沿。

三、业务特性与业务特色

基于区块链技术的中国香港钱包个人跨境汇款业务新模式，解决了传统个人跨境汇款业务中的痛点，对于提升个人跨境汇款服务水平、推动金融与科技融合发展等具有积极意义。在区块链技术的帮助下，蚂蚁金服的跨境汇款能提供更加快捷、安全、方便、低成本、透明的服务（见图3）。

第一，新的业务模式操作更便捷。在港菲律宾劳工可以通过移动手机，随时随地发起汇款申请，其家人也可以随时随地收取款项，省去柜台办理业务的各种不便。

第二，汇款成本更低。相对于传统处理方式，通过区块链技术可以节约汇款操作、合规、对账等方面的成本。

第三，安全性更高。新的汇款业务模式中，在港菲律宾劳工不再手持现金汇款，其家人也不用提取现钞，直接可以通过菲律宾 GCash 钱包进行各种场景的消费，实现了端到端的数字化。

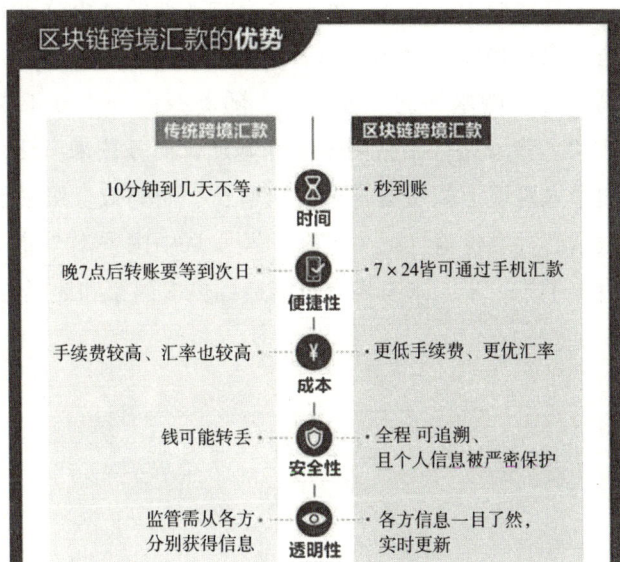

图3 区块链跨境汇款的优势

第四，时效性更高。相对于国际汇款公司目前从中国香港到菲律宾汇款需10分钟到几天不等的到账时间（限于工作时间内），基于区块链技术的中国香港钱包的个人汇款可以在数秒内到账（7×24小时）。

第五，信息更透明。基于区块链技术，汇款用户可以实时查询汇款的到账情况，监管机构也可以及时掌握资金出入境情况。

四、总结

在跨境汇款业务中因为涉及多个参与方，传统的串联模式需要汇款信息一步一步传递确认，耗时耗力，而区块链通过分布式共享账本与智能合约将其升级为并行，实现了交易信息的实时共享，节省了大量的传递时间和对账结算成本，使得实时到账、低成本、汇率优成为可能。因为区块链具有账本不可篡改和智能合约等技术特点，使得跨境汇款的各参与方有了实时、可信、多方一致的信息验证渠道，汇款有迹可循，更加安全。联盟链采用隐私保护模型，确保交易信息只对交易参与方可见，对业务数据安全可提供更全面可靠的保障。区块链技术还能降低风险，使跨境汇款能实现更透明的监管和更高效的风控。

83

　　随着全球汇款流稳步增长，汇款资金流对推动经济可持续和均衡增长具有重要价值，汇款构成了全球数以百万计个人和企业的主要收入来源，也是推动更高普惠金融水平的重要途径。随着我国外出务工人员数量增加，尤其是在"一带一路"沿线国家境外基建、商务往来广泛开展的大背景下，向境内个人跨境汇款项下需求不断增长。而蚂蚁金服基于区块链技术的跨境汇款具有社会价值且解决实际问题，从中国香港至菲律宾，区块链跨境汇款迈出了第一步，未来将有可能造福更多国家和地区的用户。

案例 3 财付通退税通产品

一、退税通产品背景介绍

近年来，随着出境游的中国用户越来越多，移动支付在境外的热度明显提升。然而，如何让"支付不止于支付"，让商户、用户彼此拥有更多的连接，引起了人们新的思考。中国游客境外购物退税，已成为新的风口和爆发点。

据报道，中国消费者 2017 年欧洲退税购物金额达到了 30 亿欧元，约合人民币 244 亿元。但由于手续烦琐、语言障碍等原因，其中有 1/3 的中国消费者在欧洲购物后被动放弃了退税款，一年约有 8 亿元人民币白白损失。

腾讯退税通平台希望从退税款支付出发，提供多方位的解决方案，直击退税的各个痛点，让出境游的国人拿回本该属于自己的钱。考虑到退税属于刚需但较为低频的应用场景，小程序的产品形态较为适合，退税通小程序由此诞生，主要定位为在不同场景为不同退税机构的用户提供微信退税服务。

二、退税通产品流程介绍

境外个人消费 VAT（Value Added Tax）退税，主要发生在欧洲、韩国等税值较高且鼓励游客退税的国家，一般流程如下。

1. 境外商店：游客消费付款时，出示护照并填写好退税公司的退税单（或获取打印好的电子退税单）。

2. 离境机场：游客带着护照、未开封商品、退税单、购物小票等在海关盖章。

3. 离境机场：游客在机场各个退税公司的退税办理点，选择合适的收款方式来收取退税款。

退税通目前已支持回国退税、退税点预约退税及机场退税，分别的流程如下。

（一）回国退税

1. 回国后，用户在"腾讯退税通"小程序（见图1）内提交申请资料。

2. 通过智能客服在线对话加速预审。

3. 联系顺丰到付，寄出纸质资料。

4. 终审成功后，3~5个工作日退税至微信余额。

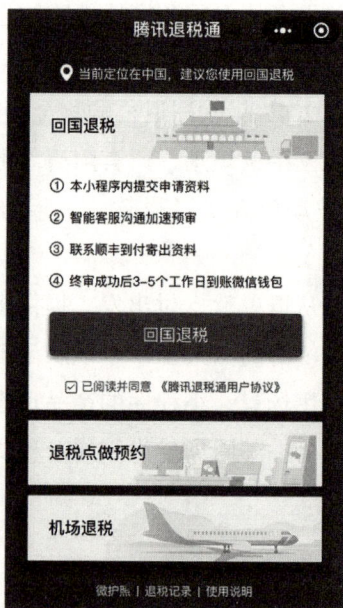

图1 "腾讯退税通"小程序界面——回国退税

回国退税主要是针对完成海关盖章后没时间在境外退税，将退税单带回国的用户。不同于境外退税服务，回国退税虽然不能保证当场拿到现金，但是由于汇率提供方不同，用户到手的钱会略微多一点。且回国退税可以实现免排队、完全手机化的操作流程，以及免费的快递上门收件服务，非常适合非首次退税的人群。"腾讯退税通"小程序和"腾讯退税通"

公众号都支持回国退税的线上申请，目前支持 9 个退税公司的退税单回国申请，覆盖全球 27 个国家。

（二）退税点预约退税

1. 用户购物时填写退税单。

2. 在境外市区受理点启动"腾讯退税通"小程序（见图 2）。

3. 出示退税码完成预约。

4. 海关电子验证后立刻退税至微信余额。

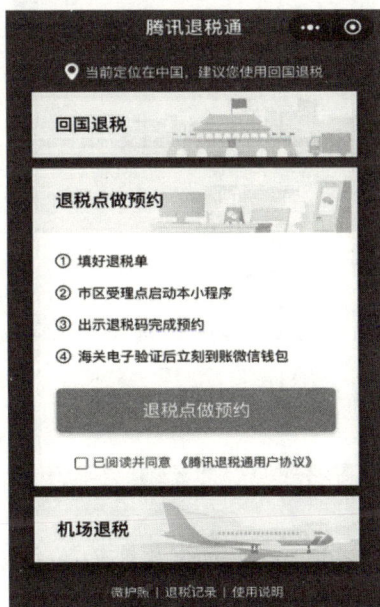

图 2　"腾讯退税通"小程序界面——退税点做预约

预约退税是指在一些支持电子海关盖章的国家，游客可以在闹市区的退税公司设立的预约点进行退税单的预审、登记支付方式等，以便离境时快速通过机器验证后即刻收款。该服务可以帮助用户合理分配时间，在机场时间匆忙的条件下尽量减少退税所占用的时间。目前仅"腾讯退税通"小程序支持境外市区退税网点预约退税，但已经覆盖了韩国 105 个市区预约点。

（三）机场退税

1. 用户购物时填写退税单。

2. 离境机场完成海关盖章。

3. 在合作的退税柜台交单后启动"腾讯退税通"小程序（见图3）。

4. 出示退税码立刻退税至微信余额。

图3 "腾讯退税通"小程序界面——机场退税

境外机场退税主要是针对完成海关盖章后，在机场的各个退税公司柜台办理退税的中国游客，提供微信扫码即刻以人民币形式收取退税款到微信零钱的服务。目前仅"腾讯退税通"小程序支持机场退税，已经覆盖了全球共19个国家的81个国际机场，支持5家以上的退税公司。

以上是退税通三个不同场景的退税服务，目前还在不断地新增合作的退税公司和覆盖的国家地区。退税通作为开放平台，会继续开放地与更多国家地区的合格退税服务机构一起合作，让中国游客扫码即可退税的体验覆盖更多的地区。2018年底，退税通平台上线境外店铺预先退税服务，让中国游客"边买边退税"，享受更极致的退税体验。

三、退税通产品优势

1. 支持多场景退税、基于位置推荐最优的方案。可以精准定位到境外市区预约点附近 500 米的位置，并根据用户所在位置来推荐不同的退税方案。未来，新增境外店铺预先退税能力后，还将继续优化打磨精准推荐方案。

2. 自研 OCR 识别护照能力，避免用户手动输入护照信息，实现一键确认，识别准确率高达 92% 以上。同时，考虑到出国人群中部分持有公务护照的人士回国下飞机即刻上缴护照等特殊情况，还做了区别性的特殊处理。未来，"腾讯退税通 – 微护照"功能还将用于境外店铺退税能力，帮助用户快速生成电子退税单，完全实现无纸化操作退税。

3. 境外机场退税流程更加便捷，减少了排队所耗时间。目前退税通已支持 19 个国家 81 个机场的实时退税，日后还将覆盖更多的国家以及机场。

4. 回国退税实现全手机操作、智能客服在线预审退税单、顺丰免费上门收件，用户足不出户等待退税款到账。

5. 退税金额不再是当地货币，而是人民币，并直接退税至微信零钱包。很多中国游客经常对快要起飞前收到的当地货币的退税款不知所措，换成人民币大大降低了用户的烦恼。

四、退税通的影响力

产品上线以来，获得了用户的青睐和合作伙伴的好评，很多合作伙伴主动推广这一新兴的退税支付产品。产品获得了境内外媒体的大量主动报道和转载，也收获了监管机构的高度好评。

2017 年韩国平昌冬奥会期间，退税通成为平昌冬奥会三个奥运村中的 OAP（Off the Airport Process）独家合作的移动支付方式，支持中国奥运健儿在奥运村提前完成退税款秒入账的体验，打造了专属中国运动员的 VIP 体验。

未来，腾讯退税通将基于不同场景，持续打磨各个场景的退税方案的用户体验优化。从极致的用户体验角度，"无纸化"和"全流程手机操作"

成为了下一个挑战，腾讯退税通会在条件成熟的国家或地区先进行小范围的全流程无纸化和纯手机操作的试点。与此同时，腾讯退税通还将探索如何把微信人民币钱包的退税服务，加快复制能力到微信港元钱包、微信马来币钱包等应用场景。

案例 4　连连银通支付汇兑产品

连连银通电子支付有限公司（以下简称连连支付）是国家高新技术企业，在移动支付和跨境支付业务领域深耕多年，主要面向 B 端客户提供支付解决方案。同时，连连支付近年来高度重视跨境支付业务，于 2013 年 12 月获得人民银行义乌市支行同意开展跨境人民币业务；2015 年 1 月人民银行杭州中心支行批复同意开展跨境人民币业务；同年 2 月，外汇管理局浙江省分局批复同意开展跨境外汇支付业务。目前，连连支付为中国跨境电商提供"一站式"的跨境收付款服务，已经累计服务了 20 多个行业的 30 多万跨境电商客户。

连连支付为满足从事跨境贸易商户的跨境资金需求困难，开发了一套"人民币支付 + 合作银行汇兑"解决方案［以下简称支付汇兑（跨境收单）产品］，专门为跨境商户提供跨境互联网支付所涉的外汇资金集中收付及相关结售汇服务，同时满足了众多国内消费者的国外消费需求。

一、支付汇兑（跨境收单）产品简介

针对国内消费者购买境外商户的产品或服务时无法直接使用人民币进行支付，境外商户无法快速拿到结算资金，资金回款慢等问题，可以通过该产品直接使用人民币购买境外商户的产品和服务，让支付步骤和境内网购相同，使消费者跨境购物体验得到质的提升，全面满足旅游、住宿、航空、留学类商户跨境支付需求。

二、支付汇兑（跨境收单）产品业务流程

支付汇兑（跨境收单）产品的基本业务流程为：买方发起支付请求，商户将交易订单信息和支付请求传递给连连支付；连连支付显示人民币价

格，买方完成付款；连连支付通知外汇备付金合作银行购汇；外汇备付金合作银行按照连连支付传输的支付指令将外币划至商户的境外银行账户，完成收单。

具体支付流程为：

1. 用户在商户网站或客户端选择产品或服务，创建提交订单；

2. 用户在商户页面输入付款银行卡号；

3. 商户保存用户订单信息，调用连连支付业务系统，用户在连连支付的支付页面输入用户的姓名、身份证、银行卡预留手机号等信息；

4. 用户点击获取短信验证码，连连支付业务系统验证输入要素有效性，验证通过后，向用户预留手机号发送短信验证码；

5. 用户回填短信验证码，连连支付业务系统验证短信验证码有效性；

6. 短信验证码校验通过后，连连支付业务系统上送银行渠道支付请求，并将支付结果反馈给商户和用户；

7. 用户收到支付结果通知，完成交易；

8. 连连支付进行人民币购汇，并按照商户的需求将外币结算给商户境外银行账户，同时完成国际收支申报。

❶ ·所用的用户均为商户的用户　❷ ·通过连连支付进行人民币扣款　❸ ·连连支付负责汇率查询、申报、购汇、结算付汇　·可为商户单独提供汇率查询接口　·提供大、小额的支付　❹ ·连连支付进行人民币购汇　·按照商户的需求将外币结算（付汇）给商户境外对公户

图1　支付流程

三、支付汇兑（跨境收单）产品功能

1. 人民币收款 + 资金汇兑功能

用户通过商户平台直接使用人民币购买境外商户的产品或服务，连连

支付按照商户需求将人民币购汇成外币资金结算至商户境外银行账户。目前支持多达 17 个币种，覆盖大部分主流外币。

2. 大、小额切换功能

根据不同应用场景，历史绑定的银行卡支持大、小额切换，解决商户的大额支付需求，支持全要素验证保证安全性。

3. 实时分账

分账的商户均需在连连支付开立商户号，用户的购买订单可以按照商户的需求进行实时拆分。

四、支付汇兑（跨境收单）产品特点

1. 实名制交易：核验用户银行账户开户人信息与客户身份信息的一致性。

2. 贸易真实性：只对真实服务贸易交易提供支付汇兑（跨境收单）服务，不开展无交易背景的支付和结售汇服务。

3. 国际收支申报：提供交易信息，对实际跨境收支进行还原申报。

4. 风险管理：专业的反欺诈、反洗钱措施，专业的移动支付风控系统。

5. 多币种：支持多达 17 个币种，覆盖主流外币。

6. 大、小额切换：根据不同应用场景，支持大、小额切换，解决特定商户的大额支付。

7. 结算资金到账快：1~3 个工作日到账。

8. 汇率灵活：支持一日一价和实时汇率。

五、支付汇兑（跨境收单）产品合作案例

（一）商户准入审核

连连支付严格根据跨境人民币业务和跨境外汇业务许可的业务范围，落实商户的业务审核。根据商户选择结算的币种，对于使用跨境人民币结算的，仅允许接入中国人民银行许可的经常项目业务；对于使用跨境外汇结算的，仅允许接入国家外汇管理局许可的经常项目下的留学交易、航空机票、酒店住宿、旅游服务四个项目。同时，连连支付在与商户开展合作

前，合规管理部、反洗钱中心和客户运营部会严格进行实名制审核和尽职调查，包括商户主体资质的审核、商户的实际控制人或受益人等关联人审核、业务场景的真实性和合规性审核、"黑名单"库筛查等措施。审核通过后，连连支付与商户签订支付服务协议，为其提供支付结算服务。在业务上线前，连连支付会再一次复核准入审核有关内容，在确保上线内容与原审核内容一致、无误后方可上线。

（二）业务真实性核查

连连支付反洗钱部门和反欺诈部门对商户的业务进行持续核查，通过交易监控、检查商户网站或客户端运营的业务、实地拜访等核查方式，严格落实业务模式的真实性和合规性。一旦发现商户开展不合法合规的业务或发现可疑交易，会对商户采取相关控制措施，包括要求商户进行业务整改、限制商户的业务权限、终止与商户的合作关系等措施。在交易时，考虑到跨境电商交易频次高、金额小、交易记录易保存可追溯的特点，连连支付会按照交易总量以及提现频率采取事后定期抽查的方式，要求指定用户按照约定及时提供每一笔收款对应的交易明细。

（三）反洗钱及反恐融资措施

连连支付反洗钱中心负责反洗钱及反恐融资工作，并建立了交易监控系统对商户的交易进行持续监控和核查。对于发现可疑洗钱或恐怖融资活动的商户，对其采取相关后续控制措施，包括向监管机构报送可疑交易报告、提高商户的风险等级并加强监控、限制商户的业务权限、终止与商户的合作关系等措施。

（四）反欺诈措施

连连支付风险管理部负责反欺诈工作，并建立了风险交易监控系统和商户事中巡检制度。风险交易监控系统对交易进行实时监控，对于系统识别的高风险或涉及"黑名单"的交易，直接终止交易；对于中低风险的交易，进行人工调查后决定是否终止交易。对于发现商户业务模式发生变更的，连连支付准入部门会根据商户准入要求，对其进行重新审核；对于发现商户业务模式不合法合规的，风险管理部对其采取管控措施，包括要求商户进行业务整改、限制商户的业务权限、终止与商户的合作关系等措施。

案例 5　环迅支付跨境支付项目

一、项目提出的背景及建设必要性

全球经济格局正发生着深刻的变化，新兴市场大力推动数字化经济和普惠金融发展。中国支付机构发挥电子商务支付产品及技术优势，服务广大境外客户和跨境企业，是践行国家"一带一路"倡议、推进金融基础设施合作、推动人才和技术输出的重要举措。

目前，越来越多的境外企业及国际贸易商借助电子商务方式实现便捷、高效的在线交易和支付，环迅支付先进的支付产品和账户系统，可以帮助客户更快更好地发展业务，对当地社会经济发展和普惠金融推进也有重要价值。

环迅支付从境外电商行业发展现状和需求出发，打造一体化的支付结算和账户系统，可以极大地减轻 B 端客户线上支付结算的后顾之忧，同时在完善 B 端应用场景的基础上延伸至 C 端用户，提供一系列完整的支付解决方案。特别是针对境外市场交易场景复杂、多方参与支付结算的平台型电商，对支付系统功能需求多，安全性稳定性要求高，一体化支付账户软件系统有着广阔的合作机会和发展机遇，有助于境外宣传和推广中国"一带一路"倡议，提升当地普惠金融和电子支付水平，推进当地经济发展和民生改善。

二、项目产品市场概况及需求情况

电子商务正在改变全球供应商与消费者之间的关系，推动新一轮的全球化和经济增长，特别是对于新兴市场，电子商务已成为推动社会变革和经济发展的重要驱动力量。然而"一带一路"沿线诸多国家和地区的电子商务市场尚处于起步阶段，特别是跨境贸易仍停留在传统的一般贸易方式阶段，阻碍着当地的经济发展和社会进步。电子支付是推动当地电子商务乃至普惠金融发展的重要基础性金融设施，但在"一带一路"沿线许多国家的发展现状差强人意，在支付系统、产品技术、人才、合规风控等方面存在关键性瓶颈：一是当地银行系统的互联网水平比较落后，电子账户覆盖率低，互联互通基础条件差；二是移动支付、电子钱包等创新支付尚处在起步阶段，客户体验不足，场景应用不广；三是支付技术基础薄弱，在分布式系统、云账户管理、支付安全加密、身份认证和生物识别、大数据风控等核心技术领域缺乏积累；四是当地金融支付行业人才匮乏，难以支撑电子商务互联网支付发展；五是当地支付行业发展时间较短，目前尚未建立起健全的合规风控体系，支付监管机制也未到位。

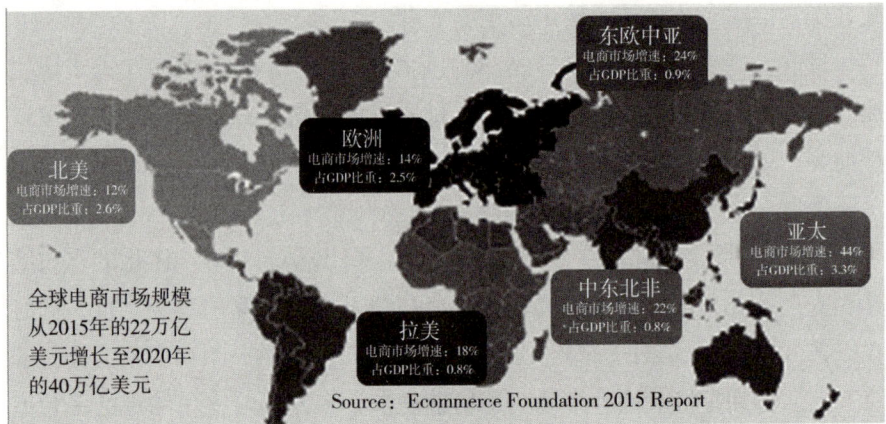

东欧中亚
电商市场增速：24%
占GDP比重：0.9%

欧洲
电商市场增速：14%
占GDP比重：2.5%

北美
电商市场增速：12%
占GDP比重：2.6%

亚太
电商市场增速：44%
占GDP比重：3.3%

全球电商市场规模
从2015年的22万亿
美元增长到2020年
的40万亿美元

中东北非
电商市场增速：22%
占GDP比重：0.8%

拉美
电商市场增速：18%
占GDP比重：0.8%

Source：Ecommerce Foundation 2015 Report

图1　全球主要电商市场规模增速及占 GDP 比重

中国在电子支付领域的发展成就举世瞩目，许多"一带一路"沿线国家希望借鉴和复制中国电子支付发展的成功经验，引入中国成熟的支付系统和行业应用模式，快速推动当地电商业务的发展。近期，东南亚、中东、中亚等国的电商企业积极与中国支付机构展开沟通合作，希望有实力的中国企业能提供一体化的电商支付系统，为电商平台提供聚合支付、账户系统、资金清结算等综合服务，为企业电商业务发展提供强大的支撑和保障。环迅支付自 2016 年开始大力拓展境外业务，目前已经和巴基斯坦、印度尼西亚、马来西亚等地电商企业进行了深入的支付账户系统交流合作，已经和巴基斯坦电商 Cheezmall 签订了合作协议，为客户提供支付账户系统，包括支付网关对接当地银行和电子钱包通道、账务系统完成平台对账核算、账户体系管理平台上下游合作商户等支付产品和服务。

三、项目产品的目标市场

图2 环迅支付聚焦境外电商支付市场

为了进一步拓展境外电商支付市场，环迅支付在现有成熟稳定的支付系统基础上，以模块化、嵌入式、私有云的模式为境外电商客户量身打造和部署新一代的支付软件系统，包括核心系统、前端支付通道及后端管理系统。核心系统集成交易管理、网关路由、对账结算、账户系统、商户管理等主要功能，前端对接境外当地的网络支付结算通道，后端按需定制客户化系统管理、统计分析、运维管理等功能，为境外电商客户提供一体化的支付软件系统解决方案。目标市场主要集中在"一带一路"沿线国家和地区，目标客户锁定为各类电商企业，特别是交易场景复杂、多方参与支付结算的平台型电商，对支付系统功能需求多，安全性稳定性要求高，一体化支付账户软件系统有着广阔的合作机会和发展机遇。经过前期市场调研，公司把目标市场主要聚焦在东南亚的印度尼西亚、马来西亚、泰国，以及南亚的巴基斯坦、孟加拉等国，当地具有一定的电子支付业务基础，具备成熟的移动网络覆盖，银行网络和电子钱包初具规模，电子商务蓬勃发展；另外普遍存在电子账户整体覆盖率低、分散割裂导致互联互通成本高效率低，移动支付创新和应用缺乏，电商平台痛点明显，是环迅境外业务主要的目标客户。

四、项目目标

项目整体目标是开发面向"一带一路"目标市场电商的支付账户系统，根据境外客户的实际需要开发一体化的支付账户解决方案，最终实现环迅境外支付产品的本地化交付和运营，项目周期内公司将统筹优势资源，开发 2～3 个目标市场的电商客户，通过实际项目和真实业务场景落地验证境外支付产品，完成产品的迭代升级和优化完善，形成公司支付系统在目标市场的电商行业领先优势。

产品技术方面，项目将完成境外支付系统的技术开发和验证，在智能路由引擎、一体化账户系统、超级虚拟钱包等方面发挥中国领先优势，提升境外市场的支付行业水平，同时实现和当地金融支付环境的良好兼容和适用。

五、主要内容及技术路线

境外电商支付软件系统主要为电商客户解决在线支付问题，满足各种场景下的资金收付及清结算需求，主要内容包括以下几点。

一是提供聚合网关功能，对接当地支付通道，通过智能路由引擎提升支付效率和成功率。利用支付方式、本代本优先、到账周期与额度限制等多维度的渠道属性和运营属性相结合，运用决策树和最小二乘法，建设完成智能支付路由引擎算法。

二是定制化平台账户系统，支持电商平台上下游企业虚拟账户管理，同时支持用户不同银行或电子钱包账户互联互通。实现金融级别的账户系统，从账户管理、分户记账、资金对账、审核划转、撤销冲正、冻结解冻、凭证录制等方面构建核心账户系统，支持高可靠性、高扩展性，满足复杂的电商平台交易场景。

三是提供虚拟电子钱包，为电商平台提供不同银行账户和电子钱包的互联互通"超级钱包",为客户提供便捷、高效、经济的跨账户的支付结算服务。

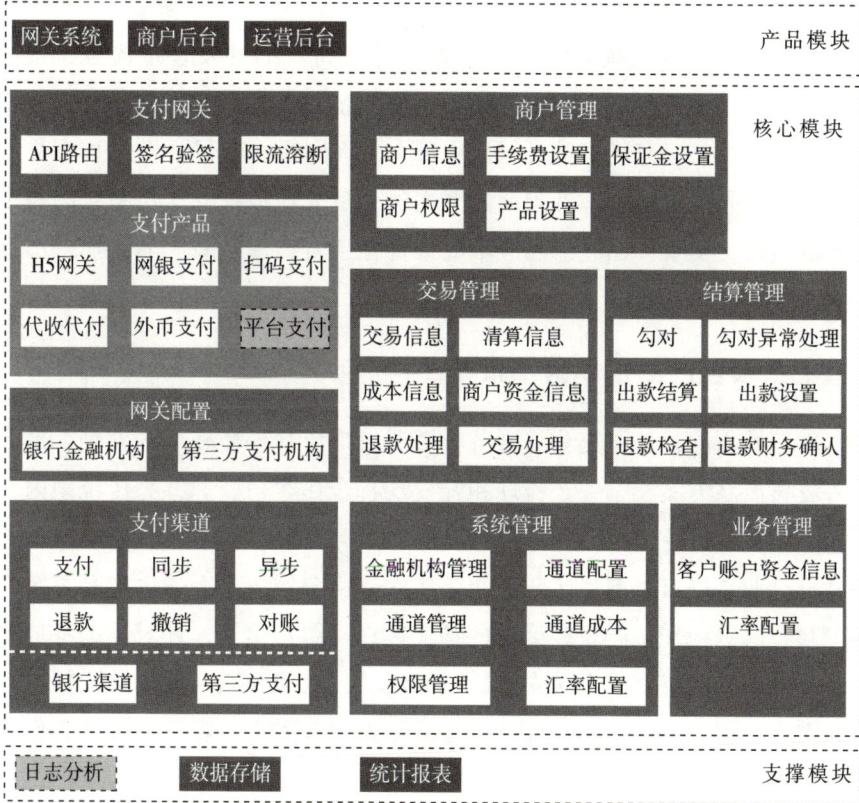

图3　境外电商支付软件系统模块

六、项目产品开发、生产策略

境外市场是环迅支付的重点战略方向,其基于多年在支付产品、系统、团队方面的积累沉淀,组建了专门的事业部和开发团队进行项目开发。公司高层领导全面统筹安排,从产品、业务、开发、测试、运维、风控等部门抽调有丰富经验的资深专家组成核心团队,并通过招聘、外包的方式以老带新,为梯队建设做好储备,支撑境外业务的长期持续发展。同时,为了更深入地理解境外市场和金融支付监管情况,公司业务、市场、法务、合规相关部门针对目标国家相关的金融、支付、外汇、电商等监管政策做深入研究，保证产品开发对目标客户有较强的针对性和适用性，为项目境外落地提供保障。

境外电商支付系统开发严格遵循环迅支付产品开发管理流程，按照ISO 9001标准体系管理产品开发全周期的需求设计、产品设计、编程开发、产品测试、运营维护等，保证项目交付。同时，项目开发过程中将结合支付行业先进技术和境外当地实践案例，最大化地提升支付系统的稳定性和安全性，实现产品性能和成本的最优化组合，保证新产品在境外市场的竞争优势。

七、项目产品市场营销策略

在营销方面，公司充分整合各方资源，广泛开展境外市场营销，推广境外支付产品方案。第一，梳理和开发现有合作客户资源，为传统国内商户和外贸企业的跨境电商业务提供产品和服务升级；第二，公司与跨境电商软件企业、进口电商代运营企业等建立战略合作关系，通过产品方案的深度整合，进一步拓展获客渠道，扩大客户来源；第三，针对性地参加各类跨境电商展会、全球金融支付论坛等活动，宣传介绍公司产品，扩大品牌知名度；第四，整合公司境外资源，与当地有渠道、客户资源的合作方深入交流合作，共同推进当地业务发展。

针对公司目标市场，公司结合实际资源和客户拓展情况，制订出相应的市场推广计划，目前已和一家巴基斯坦电商签订了战略合作协议，达成了电商支付系统的开发合作，正按步骤推进产品开发和测试。以巴基斯坦电商项目为切入点，重点突破印度尼西亚、马来西亚和泰国市场，进一步扩大产品销售，实现境外电商支付产品的区域化优势，进一步优化验证产品在不同国家和市场的适用性和竞争力，逐步实现"一带一路"市场的境外战略布局。

八、项目创新点

为满足不同国家和地区的业务需求，境外电商支付软件系统的创新点不仅体现在技术领域，运用先进的技术和灵活的实现方式，提升当地的电子支付技术；还体现在应用创新领域，将中国支付创新应用融入当地市场环境中，提升当地支付产业化应用水平。本项目将重点推进以下方面的创新。

（一）智能路由引擎：利用支付方式、本代本优先、到账周期与额度限制等多维度的渠道属性和运营属性相结合，运用决策树和最小二乘法，建设完成智能支付路由引擎算法。

（二）一体化账户系统：开发线上线下一体化、境内境外一体化的多币种、分级账户系统，并和支付网关、订单系统无缝融合。

（三）虚拟超级电子钱包：与巴基斯坦当地银行通道、电子支付钱包、OTC 线下渠道对接，实现不同电子账户的互联互通。

九、社会效益

项目成果在境外目标市场的推广应用，是中国"一带一路"倡议在推进金融基础设施合作、推动支付技术和人才管理输出的具体落地，有助于境外宣传和推广中国"一带一路"倡议，提升当地普惠金融和电子支付水平，推进当地经济发展和民生改善。

案例6 宝付跨境物流生态链在线协同系统

　　根据《国家外汇管理局关于开展支付机构跨境外汇支付业务试点的通知》（汇发〔2015〕7号）第十九条规定，支付机构办理跨境外汇支付业务时，应掌握真实交易信息，按照完整性、可追溯性原则采集逐笔交易的明细数据，并留存备查。2017年，外汇局提出外汇检查工作的总体思路应以真实性审核为重点，加大对各类外汇违法违规行为的处罚力度，加强外汇管理和对跨境资金流动有重要影响的机构、重点行业领域、重点主体和关键环节的检查等。

　　跨境支付机构为跨境电商提供支付结算服务，在跨境电商产业链中承担重要责任，有义务保证跨境电子商务资金流的真实性。支付机构应通过可靠的真实性审核方式，提高对跨境电子商务交易真实性、合规性审核的效率与准确性，着力防范跨境资本流动风险，维护外汇市场健康稳定。

　　实践中，一个跨境的商品由线上交易成功到最终到达用户手中，全链条中产生了资金流、信息流和物流三个相辅相成的系统。在整个跨境电商业务流程中，资金流是最为关键的一环，甚至可以说，信息流和物流都是为了辅助证明真实的资金流的存在。真实资金流的证明在实践中需要多种材料，"三单一致"是其基本要求。但是随着跨境贸易的多样化，尤其是跨境电商的发展，"三单一致"已经不能满足证明真实资金的要求，这时支付企业开始考虑将物流信息作为真实性核查的辅助材料。而在整个跨境电子商务贸易过程中，物流贯穿于整个过程，宝付设想通过对物流全流程的监控达到对跨境电子商务真实性、合规性的核查。

一、跨境电商真实性核查数据来源

　　（一）间接获取，即支付机构随机抽取数笔订单号，要求商户提供对应的订单明细。该途径主要适用于自建平台跨境电商，商户根据支付机构要求，提供的订单明细应为从系统后台截取的销售订单明细。

（二）直接获取，即支付机构通过系统接口，直接从跨境电商后台获取交易明细。该途径主要适用于入驻在大型跨境电商平台的商户，支付机构根据商户的授权，可直接获取销售订单数据。

二、跨境电商交易真实性核查

（一）贸易背景真实性
贸易背景真实性核查是跨境交易真实性核查的基础，主要采用业务流程合理性评估、跨境电商销售网站核查、仓储照片核查等方式。

（二）资金流真实性
资金流真实性核查包括对订单的真实性和业务数据合理性核查两方面。

（三）货物流真实性
物流单号核查是对货物流真实性核查的主要方式。通过查询物流单号，核查货物的发货、流转运输及签收过程，确认是否为跨境货物贸易。

（四）货物流、资金流与通关信息一致性（"三单一致"）
通过将销售金额、发货数量、收货人信息及报关信息进行匹配，判断货物流与资金流的一致性，防止商户虚报跨境资金金额，违规购付汇。

三、跨境电商物流信息真实性核实难点

（一）物流信息获取途径较少
跨境物流涉及多段物流，包括国内段、跨境段和境外段。三段物流的物流信息分散在不同的物流服务商处，支付公司很难从公开网站或与第三方合作中查询到三段物流的全部信息。

（二）获取的物流信息与真实交易不匹配
因跨境物流整个流程较为复杂，存在物流服务企业、货运代理等多种服务角色，且为了节约成本，存在拼箱、集中运输等方式，因此在三段物流信息单据上，往往存在物流信息单据与真实交易不匹配的情况。

（三）人为规避因素

货主因逃税等因素，特别是在转运模式下，存在物流信息中的物品名称与实际物品不一致的情况，但支付公司无法进行现场核查确保实际物品与物流信息中的物品一致。

（四）物流信息存在黑色产业链

1. 将一般贸易伪造成跨境电商交易。利用他人的海淘额度，让不少本应全额缴税的外贸货物蒙混过关，享受"跨境电商零售进口"的税收优惠。

2. 虚假境外物流信息。一些快递代收点公开提供异地上线服务，还专门构建虚假境外物流查询系统，让消费者误以为自己购买的商品来自境外代购。

为进一步了解并核实客户经营真实性，以及客户订单和信息的完整性、准确性，达到监管对跨境电商交易真实性核验的要求，宝付正在努力整合物流生态的上下游资源，形成多维度生态链，为跨境电商、电商平台、外贸进出口商家和海淘买家提供全球仓储配送、全球落地配送、跨境联运、集货转运、进出口通关等一系列服务。

经过不断研究探索，宝付计划推出产品，力求打造一套专业的跨境物流生态链在线协同系统。该产品实现了物流平台与商流平台的整合，形成信流 API 交互、电商物流业务嵌入以及客户服务同步嫁接等紧密绑定。而物流平台与配送渠道整合，电商 ERP 的整合可以实现库存同步、订单同步、单号回流。在整个业务环节中的重要单证均通过系统进行管理控制，实现单证文件的外部跟踪、内部跟踪及批量流转管理。

1. 关键功能

（1）操作环节中的重大或非常规事件进行记录：海关/检验检疫局查验需求和结果、安检未通过事件记录、危险品鉴定、保险、出具保函（销保）等。

（2）单点或多点包板、包舱、包量业务数据进行多层管理，结算环节成本可以根据提前设置的模型做智能分摊。

（3）货物在途跟踪：起运港提/送时间、装车时间、抵达机场时间、头程航班时间、结关时间、二程三程四程航班时间、落地时间、目的港提/送货时间等。

（4）出口业务货物到港以前的所有状态，操作平台自动记录每个状态的时间，货物到港后的时间。

2. 业务流程介绍

以亚马逊出口业务为例，货物从发出到签收，需经历国内端货物的委托、国内仓入库、出关，中间端的国际运输，国外端的清关、境外仓入库及末端配送。跨境产品可涵盖整体业务流程，整合从不同端口获取的信息（见图1）。

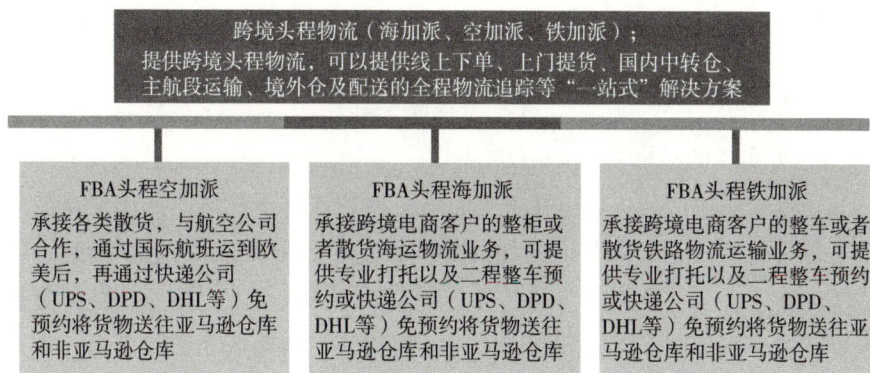

图1　跨境物流业务流程介绍

3. 跨境物流产品案例

跨境物流产品案例见图2。

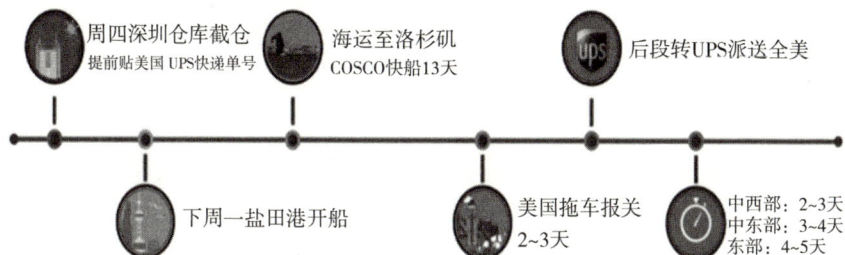

图2　跨境物流产品案例

在线协同案例见图 3。

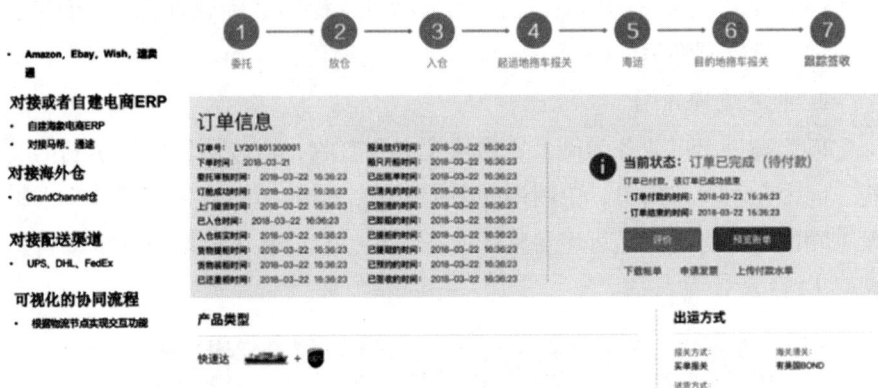

图 3　在线协同案例

4. 可实现的目标

通过采用该产品，可以在整个跨境电商业务环节中利用系统对重要单证进行管理控制，实现单证文件的外部跟踪、内部跟踪及批量流转管理，并实现物流平台与商流平台的整合，形成信流 API 交互、电商物流业务嵌入以及客户服务同步嫁接等紧密绑定；而物流平台与配送渠道整合，电商 ERP 整合，已达到库存同步、订单同步、单号回流。由此，跨境支付资金流真实性核查的数据来源将更丰富、更可靠、更便捷，将大大提高跨境支付真实性核查的准确度与效率。

案例7 联动优势跨境支付收结汇及收银台产品

联动优势跨境支付收结汇产品

随着留学、旅游、劳务等人员的跨国流动，小额跨境汇款需求快速上升；跨境电商的高速发展、"走出去"与"引进来"的双向开放程度提升，跨境支付业务需求不断增长。从2014年到2018年，中国对"一带一路"沿线的出口占全球出口的比重逐年上升，顺差规模扩大，随之而来的跨境支付业务需求也十分迅猛。2016年跨境电商总体交易规模6.7万亿元，同比增长24%，出口电商交易规模5.5万亿元，进口电商交易规模1.2万亿元。2017年跨境电商总体交易规模8.06万亿元，增长20%；出口电商交易规模6.3万亿元，增长14.5%；进口电商交易规模1.76万亿元，增长46.7%。

出口电商因其对外贸格局的重大战略意义，获得国家层面的多项政策支持，在国家政策的推动和市场大环境利好的情况下，大量的中国工厂和创业先锋正在积极拥抱跨境电商，消费电子、户外运动、家居玩具等产业借跨境电商的东风迎来新一轮革命，Amazon、Wish等境外电商平台越发受到产业青睐。

越来越多的人从事出口业务，但是由于产品理念、受众服务、生产计划、营销推广与进口业务有着诸多不同，每一位出口参与者都需要不断优化自己的知识结构，从而更加合理化地运作出口业务，但随之而来的是企业最为重要的资金周转问题越发突出。如何低成本、安全规范地回笼资金，作为跨境电商健康长期发展的核心问题，依然困扰着很多从业者，以往想要接收自身在境外电商的外币结算款大费周折，并且要交纳高达1%～1.3%的手续费用。由于此前从事此项服务的多是境外机构，中国卖家日常使用系统问题、结算款未到账等问题很难在第一时间得到专业客服人员的帮助，往往资金回流极慢，经常出现资金缺口。

鉴于此，联动优势推出跨境收结汇产品，在降低手续费的同时实现币种转换及人民币快速到账，该产品在进/出口双方向开展业务也实属北京第一先例，是在北京开展出口业务的唯一一家支付公司。

一、联动优势跨境支付产品简介

联动优势作为境内第三方支付机构，于2015年先后获国家外汇管理局北京外汇管理部跨境电商外汇支付试点许可以及人民银行跨境人民币支付试点许可，可为各类开展电子商务的境内、外商户和境内、外电子商务平台提供外币和人民币支付结算整体解决方案；并且服务范围分布至货物贸易、留学、机票、酒店、话费充值服务、旅游、运输、软件服务、国际展览等行业，根据国家外汇管理局信息，目前共有10个省（区、市）的32家第三方支付机构获得跨境外汇支付业务试点资格，在获得外汇试点范围内的支付企业中是最多的，可提供15个结算币种，覆盖全球239个国家。联动优势跨境支付产品包括购付汇、收结汇、跨境收银台。

二、收结汇产品定义及流程简介

（一）收结汇产品定义

收结汇产品定义为境外平台类电商网站向其境内合作商户付款提供服务，同时也可为境内电商商户收取境外合作商户打款提供服务。联动优势以从事13年的国内支付业务为基础，依托跨境外币、跨境人民币双牌照，为中国卖家和境外电商提供了创新性的跨境收结汇服务，不仅在费率上从1%降至0.4%，为中国卖家最大限度地降低了手续费成本，更使中国卖家可以享受到外币转换为人民币直接结算至境内银行账户的便利服务，也为境外电商平台提供了结算通道。

（二）收结汇产品流程

中国卖家入驻跨境电商平台出售商品，境外购买者下单购买，电商平台寻找收单机构代收境外购买者的外币支付款项，收单机构结算给电商平台，电商平台按照自身与卖家协定好的结算周期，将支付款项通过联动优势结算至中国卖家银行账户中（见图 1）。

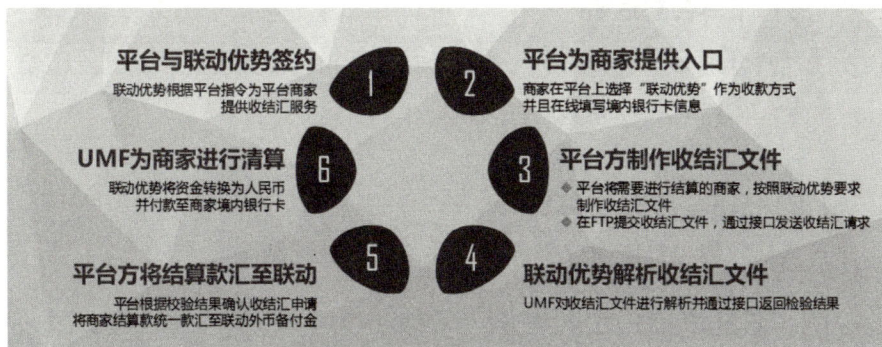

图1　电商平台与联动优势合作收结汇业务流程

当结算周期来临时，电商平台通过 API 接口向联动优势发起收结汇请求，收结汇请求中不仅包含中国卖家的收款信息，还包含出售商品的订单信息，并具有将中国卖家的收款信息以及售出商品的订单信息按照国家外汇管理局要求传输至联动优势，根据《国家外汇管理局关于开展支付机构跨境外汇支付业务试点的通知》，在国家外汇管理局允许范围内开展跨境外汇支付业务的支付机构，按照真实合法的货物或服务贸易交易背景，以逐笔还原交易信息的原则，可集中为出口电商办理结售汇业务。

当联动优势处理电商平台收结汇请求，并对订单信息进行核查后返回处理结果以受理此次收结汇请求。电商平台根据联动优势返回的处理结果将要付至中国卖家的款项集中以国际汇款方式付至联动优势的外币客户备付金；联动优势在收到外币资金后的 T+1 日内完成收汇、结汇（外币转换至人民币），并根据电商平台上的卖家收款信息向卖家进行人民币付款。

三、收结汇产品优势

（一）处理及资金到账时效

1. 结汇处理时效：收到外币资金后 T+1 日进行结汇。

2. 境内付款到银行卡：对私实时到账；对公每日安排 3 个批次的付

款，T + 1 日内资金到账。

（二）双通道

跨境人民币、跨境外币双渠道，为客户提供更多选择。

（三）汇率合规透明

客户可在线查看结汇汇率，实时关注到账情况。

（四）全天候客户服务

7 × 24 小时在线电话客服。

（五）灵活的手续费配置

可灵活收取境外电商或境内卖家手续费，并定制卖家收取费。

四、收结汇商户实际案例

联动优势与境外电商"Wish"① 签约，服务其平台上的中国卖家（见图 2）。

图 2　联动优势入驻 Wish 平台为中国卖家提供服务的页面展示

联动优势与境外机构的最大区别是本土化，联动优势更加贴合中国卖家，更加知道中国卖家出口的需求，不仅在 Wish 平台上为众多服务商提供了便捷填写银行账户功能，免于卖家需要在支付公司注册自己的账户体

———————

① 2013 年 Wish 正式进军外贸电商领域为用户提供超值产品的分享、购买服务。经过近 4 年的发展，Wish 目前已成为北美最大的移动电商平台和全球第六大电商平台，创造了无数互联时代的新高，成为全球第五家 4 年内 GMV 达到 30 亿美元规模的互联网公司。同时 Wish 也入围了由全球知名创投研究机构 CBInsight 发布的独角兽排行榜。

系，并为卖家提供了 7×24 小时中文客户服务，不仅降低了卖家与境外机构需要邮件英文沟通的门槛，还使客户的问题得到最快的响应及解决。

五、未来展望

在国内进口蓬勃发展的同时，出口业务正在加速发展，联动优势不仅在已有的进口业务上为商户提供优质的服务，也势必在出口业务上帮助更多的中国卖家"走出去"，真正地做到货达全球，让卖家更安心地专注于出口业务本身，不再为资金问题担忧。

联动优势跨境收银台产品

随着国民收入的不断增加，中国民众对跨境电商、出境旅游、留学等跨境业务的需求不断增加，另外，国家政府相关部门针对第三方支付机构开展跨境支付业务放宽了监管要求，将跨境外汇支付试点业务拓展到了全国，为第三方支付机构开展跨境支付业务创造便利条件，跨境支付业务已经成为第三方支付业务新的增长点。

伴随着互联网技术的发展与成熟，国内网民规模及渗透率稳步提升；基于全球各个产业互联网化不断加深以及普及率的提升，境外消费者与中国消费者对于在线消费的需求不断上升，从而需要进一步稳固跨国消费的客户基础。

传统国际贸易中间交易环节的复杂也促进了跨境电商的发展，在传统的国际贸易模式下，一国产品从售出到另一国消费者手中需要经过多个环节，复杂的中间环节大幅提升贸易的时间成本与费用。

据统计，2016 年跨境电商总体交易规模达 6.7 万亿元，同比增长 24%；其中出口电商总额为 5.5 万亿元，进口电商总额为 1.2 万亿元。2017 年跨境电商总体交易规模 8.06 万亿元，同此增长 20%。其中，出口电商规模 6.3 万亿元，增长 14.5%；进口电商规模 1.76 万亿元，增长 46.7%。预计 2020 年中国海淘用户将达总人口的 25%，网购用户约 8.9 亿人，规模将达到 14 万亿元人民币。海淘用户将占整个网购用户的 50% 以上，一线城市近 1/4 电商用户将通过境外电商平台购买产品。

　　跨境进口电商的交易模式主要有贸易模式（B2B 模式）以及零售模式（C2C 模式）。从传统 B2B 贸易模式的兴起，发展到境外平台型 B2C 跨境电商，国内自营 B2C 也受到国家政策鼓励而逐步发展，在全球"去中心化"大潮的影响下，小额跨境 B2B 贸易也在不断地发展壮大，我国跨境贸易已经发展成四种主流模式并存的局面。在此背景下，第三方跨境支付也随着跨境贸易的不断发展而逐渐壮大。同时，随着国内消费者的个性化消费需求增加，B2C 进口零售交易模式已经逐渐后来居上，成为主流。

　　随着进口电商的快速发展，相应地也带来了一些问题，如跨境母婴电商蜜芽宝贝、海淘乐、网易考拉和京东全球购等这样的国内电商平台，如何将中国买家支付的人民币方便地转换成外币，并支付给境外的供货商呢。

　　联动优势于 2015 年先后获国家外汇管理局北京外汇管理部跨境电商外汇支付试点许可、中国人民银行广州分行关于与中国银行广州分行合作跨境人民币支付业务批复及 2018 年获得中国人民银行广州分行关于与平安银行广州分行合作跨境人民币支付业务批复，可为各类开展电子商务的境内、境外商户和境内外电子商务平台提供外币和人民币支付及结算的整体解决方案。不仅提供了跨境购付汇、跨境收结汇服务，还推出了跨境收银台产品，解决了境内消费者在进口电商平台线上以人民币支付商品价格需求，并将资金转换为外币结算至电商平台境外账户。

一、跨境收银台产品定义及流程简介

（一）跨境收银台产品定义

　　联动优势向境内、境外商户提供包括 B2C 银行卡支付（网银支付和快捷支付）、B2B 网银支付、微信支付和支付宝支付的集合支付通道，联动优势为商户收单并进行购付汇的同时对有报关需求的商户提供将支付订单实时报送海关服务，然后将商户结算交易款项汇至境外收款方账户。跨境收银台分为前台模式和后台模式，商户可自行选择（见图 1）。

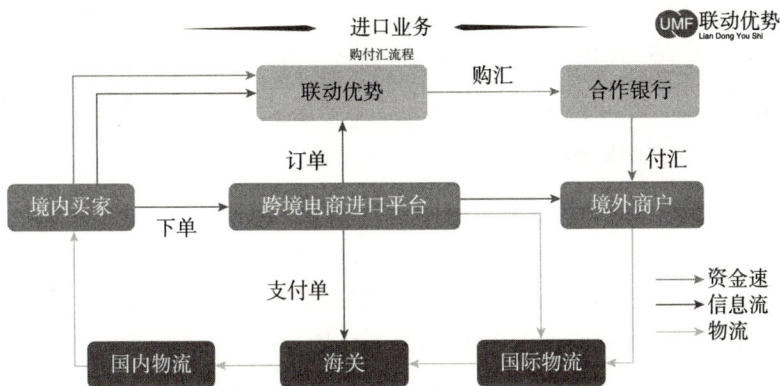

图 1　跨境收银台进口业务购付汇流程

联动优势同时提供其他增值服务：海关支付单服务，为跨境电商平台向海关推送支付单进行"三单一致"的通关服务；身份验证服务，提供身份信息验证接口验证消费者姓名和身份证号码是否真实有效。

（二）跨境收银台产品流程简介

联动优势跨境收银台产品提供前后台接入方式，并集成人民币支付＋实时汇率＋报关、实名认证＋外币结算＋两种接入模式＋实时风控七大功能模块。

1. 人民币支付

联动优势支持 64 家信用卡快捷支付、7 家银行借记卡快捷支付、18 家银行网银支付和融合支付，为人民币银联卡持卡人提供便捷的支付服务。

2. 实名认证

支付时实名认证个人身份信息，提供独立实名认证服务，可认证购买人身份，为货物商家提供支付单申报海关支付人身份信息实名认证。

3. 实时汇率

由于跨境收银台的业务特殊性，部分进口电商平台使用外币标价，境内消费者看到美元价格，这时联动优势将合作银行推送的银行实时牌价（现汇卖出价）实时展示并自动核算出人民币金额，方便支付人下单进行购买。

4. 外币结算

提供 14 个结算币种，覆盖全球 239 个国家，服务范围分布至货物贸易、留学服务、机票服务、酒店服务、话费充值服务、旅游服务、运输服务、软件服务和国际展览等行业。

5. 接入模式（PC 端和移动端）

前台接入模式（Web 模式）：商家对接联动优势收银台，由联动优势为商户提供支付页面，商户按照联动优势提供的标准支付接口，用户直接在联动优势收银台界面即可完成支付。

后台接入模式（API）：商家按照联动优势提供的收银台标准接口，自主设计用户前台支付页面，用户在整个下单页面无须跳转到联动优势页面即可完成支付，提供灵活、多样的接入方式。

6. 实时风控

通过风险策略、数据模型，全方面、多角度实时对交易进行监控；建立建设风控系统，欺诈风控引擎系统；根据商户行业特性、业务规则定制风控策略；基于时间、地理位置、限时限次动态管理，最大限度地保障用户的支付安全，利用专业团队受理风险事件。

7. 报关

目前实时申报已经支持的海关包括广州海关、深圳海关、郑州海关、北京海关、重庆海关、宁波海关、青岛海关、上海海关、杭州海关、福州海关、平潭海关、成都海关（对接中）、佛山海关（对接中）。对接的国检为广州南沙和广州黄埔。联动优势后续还会持续对接更多海关为广大商户提供更全面快捷的报关服务。

二、跨境收银台产品能力一览表

（一）银行卡支付流程

1. 用户在商户下单后选择支付方式支付；

2. 用户点击确认支付后，商户将订单信息后台传至联动优势；

3. 联动优势接收并处理订单信息；

4. （API）用户在商户平台填写卡信息，（收银台）用户在联动优势收银台填写卡信息；

5. 联动优势向用户下发短信验证码；

6. 用户支付后，联动优势将接收的支付结果后台通知商户；

7. 商户根据接收的支付结果向用户展示并发货；

8. 联动优势在 T + 1 日完成购汇操作，达到与商户约定的最低结算金额后，结算至商户的境外账户。

（二）扫码支付产品流程

1. 用户在商户下单后选择支付方式支付（如微信支付）；

2. 用户点击确认支付后，商户将订单信息后台传至联动优势；

3. 联动优势接收并处理订单信息；

4.（API 模式）商户根据联动优势回传的 URL 转换为二维码，（收银台和直连模式）联动优势处理并展示二维码；

5. 用户扫码支付，联动优势将支付结果后台通知商户；

6. 商户根据接收的支付结果向用户展示并发货；

7. 联动优势在 T + 1 日完成购汇操作，达到与商户约定的最低结算金额后，结算至商户的境外账户。

三、未来展望

联动优势将依托于国内的支付环境，将融合支付、收银台、快捷银行卡支付能力与跨境购付汇相结合，为境内消费者与跨境电商提供最基础的支付结算需求，伴随 AI 人工智能的发展，完成交易的支付及风控手段应更加趋于无感和安全，未来可能通过指纹认证、人脸识别、人工智能技术让消费者体验无缝连接、无感支付完成交易，让用户的支付更便捷、更安全。未来希望可以通过以下几个手段和机制来完善和解决跨境支付带来的一些问题。

共享"黑名单"：通过定期沟通机制，将国际反洗钱"黑名单"进行共享，作为支付企业对风险企业事前管控的依据。

建立数据分享机制：目前跨境支付行业的发展数据仍然比较封闭，希望能够通过行业交流机制建立数据分享机制，促进行业发展的良性循环，应建立数据报送机制，由行业协会定期发布行业数据。

建立定价机制：目前跨境支付行业缺少价格定价机制，仍然处于恶性竞争的阶段，各家机构争相拼低费率破坏了服务体系。未来希望支付协会能够牵头建立价格服务标准，促进企业间的良性竞争。

协助推进发展建议的反馈机制：适当放宽跨境业务的范围、交易限额，尤其是 B2B 类交易限额，更好地服务"一带一路"的相关企业，推进人民币的国际化进程。

案例 1 中国工商银行 e 支付
聚合支付收单产品

一、背景情况介绍

（一）移动支付高速发展

近年来，移动支付已经成为银行卡、现金之外最常使用的支付方式，中国银联、苹果、互联网巨头引爆移动支付竞争格局。2015 年 12 月 12 日，中国银联联合 20 多家银行共同推出"云闪付"（HCE）。2015 年 12 月 18 日，苹果公司和中国银联宣布合作，在中国推出 Apple Pay 移动支付。腾讯集团以"QQ 钱包"和"微信支付"双轮驱动作为在移动支付领域的重要战略。阿里巴巴以支付宝为依托，不断抢占市场，是国内移动支付领域的巨头。

（二）商业生态互联网场景化发展

随着移动互联网和移动支付的发展，线下商业和线上商业逐渐融合构成闭环的商业生态，消费场景存在多元化的趋势，商户对收单机构能否支持受理微信支付、支付宝等第三方支付工具越来越重视，一些知名商户如物美、家乐福、屈臣氏、麦当劳、汉堡王等纷纷接入微信支付、支付宝等市场主流移动支付产品。

（三）市场主体创新发展

为响应 2017 年《中国人民银行关于持续提升收单服务水平　规范和促进收单服务市场发展的指导意见》（银发〔2017〕45 号）相关要求，面对银行商户市场对聚合支付的强烈需求，工商银行加快与中国银联、微信支付、支付宝开展条码支付业务合作，先后聚合银联云闪付、微信支付、支付宝支付等移动支付产品，为商户提供了"一揽子"收单服务，满足了客户使用银联云闪付、微信及支付宝等 APP 服务商户的支付需求。此外，为向工商银行（以下简称工行）客户提供更便利的转账取现服务，工行还开通了自有体系内的扫码转账及取现业务。

二、产品业务流程介绍

（一）业务开通

1. 客户开通：持智能手机等移动设备的银行卡客户，可通过注册并登录融 e 联、融 e 行等工行 APP，申请开通已有银行卡的工银二维码支付业务。其中，工行银行卡客户由工行验证客户身份信息，他行银行卡客户通过银联通道验证客户身份信息。身份信息验证无误后，请客户阅读、签订相关协议，并预留支付密码（可用指纹替代），即可完成业务开通。

2. 商户开通：商户需向工行申请开通聚合支付受理业务，经审批同意后，工行为商户提供商户收单业务服务，支持多种支付结算收款场景。

（二）业务场景

1. 线下进店类场景支付

线下进店指商户具有线下实体店或具有实体自助售卖机，个人客户前往商户实体店进行消费后支付场景，或个人客户通过自助售卖机购买商品后支付场景。

（1）主扫场景

主扫商户二维码：个人客户进店消费后，使用工行 APP、银联云闪付 APP、第三方支付 APP（微信、支付宝）的"扫一扫"功能，扫描工行签约商户的二维码完成支付。

主扫订单二维码：如个人客户使用商户的自助售卖机具完成商品选择下单，或个人客户使用医院自助挂号机具完成就医挂号选择下单；商户或医院程序调用工行 API 服务生成订单二维码，显示在自助机具上；客户使用工行 APP、银联云闪付 APP、第三方支付 APP（微信、支付宝）扫码完成支付。

（2）被扫场景

被扫场景是由商户去扫消费者的付款码，由商户来输入支付金额，一般会配有智能 POS 机或扫码枪等硬件设备，商户使用扫描枪扫描工行 APP 或银联云闪付 APP 或第三方支付 APP（微信、支付宝）的付款码完成支付。该场景支持商户安装工行 POS 机具或对接 MIS 系统的模式，也支持使用商户自有扫码枪，无须单独安装工行 POS 机具或对接 MIS 系统。

（3）二维码自助下单支付

个人客户进入商户实体店后使用第三方支付（微信、支付宝）的"扫一扫"功能，扫描商户 H5 自助下单网站地址二维码。扫码后进入商户页面，在商户页面选择商品并下单（如点餐），在线完成支付。

（4）苹果 iPhone 手机扫码支付

个人客户打开苹果 iPhone 手机"相机"模块后，扫描工商银行商户二维码，呼起工银 e 生活 APP 完成支付（若客户手机未安装工银 e 生活 APP，则进入引导下载页面）。此场景支持 Apple Pay（默认）和工银 e 支付两种方式。

2. 在线支付类场景

在线支付类场景指商户具有商户 APP、微信公众号商城、支付宝生活号商城、微信小程序商城或网站商城，个人客户在以上场景购买商品或服务时的支付消费。

（1）调用 APP 或 H5 移动在线支付收银台

SDK 移动在线支付：个人客户打开商户 APP，选择商品并下单，工行 API 服务与商户 APP 和移动端网站服务紧密结合，商户 APP 侧通过调用工行 SDK 完成支付。工行支付 SDK 聚合支持银联卡快捷支付、微信支付、支付宝。

H5 移动在线支付：个人客户使用商户 APP 或者商户移动端网站进行交易，跳转至工行 H5 版收银台，完成线上支付。此场景支持银行卡快捷支付。

（2）微信公众号和小程序支付、支付宝生活号支付

个人客户进入微信公众号商城、微信小程序或支付宝生活号商城，选

择商品下单后，选择特定支付方式完成支付。此场景支持银联卡快捷支付、微信支付（微信公众号、小程序）、支付宝支付（支付宝生活号）。

（3）网站商城条码支付

商户调用工行 API 生成订单二维码，显示在商户 PC 网站上，然后客户使用工行 APP、微信或支付宝 APP 扫一扫，输入密码，验证通过后完成支付。

（三）资金清算

工行将在 T＋1 日汇总常规银行卡交易、二维码交易，也包括银联云闪付、微信支付、支付宝支付交易金额，自动扣除商户回佣，为商户进行交易资金清算，同时为商户提供清算交易清单，支持商户通过企业网银或商户之家平台进行对账处理。

（四）商户管理

为加强商户收单业务管理，工行下发《关于印发〈商户收单业务管理办法（2017 年版）〉及相关细则的通知》（工银规章〔2017〕175 号），对新型（二维码）商户按照《新型（二维码）商户收单业务管理细则》进行规范，明确新型商户应具有固定营业场所，遵循本地化经营和管理，不得跨省（自治区、直辖市）域开展二维码（条码）支付受理业务。各分支机构应当遵循"了解你的客户"原则，确保所拓展的新型商户是依法设立、从事合法经营活动的商户，并承担新型商户收单业务管理责任。实施新型商户风险评级、交易风险监测等管理要求。根据新型商户风险评级、类型及业务需要，对新型商户设置合理的单笔、日累计交易限额。对新型商户每年独立开展至少一次现场检查。

三、产品推广效果

（一）全面服务实体经济发展

工行坚持服务实体经济，力求改善大众消费环境，使工行的支付网络既广泛覆盖大零售、大酒店、大集团这样的"大动脉"，又密集延伸至便利店、咖啡馆、蛋糕店、个体工商户这些"毛细血管"，切实将金融服务触角广布社会民生的各个领域，有效提升中小商户和个人客户的服务水平。

（二）商户规模持续扩大，交易规模指数级增长

截至 2018 年 10 月末，工行二维码商户总量突破 320 万户，相比 2017 年底增长 60 万户，已连续两年实现高速增长。全行二维码商户日均交易金额已达 4 亿元以上，累计交易金额达 700 亿元，相比 2017 年增长了 10 倍，2018 年以来月均环比增长 55%，呈现出快速发展的良好势头。

（三）全面打造工行 e 支付商户收单品牌

工商银行以"付的放心、收的省心"为品牌定位，依靠过硬的产品、精准的营销、广泛的传播，通过质量锻造、服务锻造、广告锻造三个步骤，逐步打造有知名度、有美誉度、有影响力的收单服务品牌——e 支付，e 支付宣传广告于 2018 年 8 月 13 日正式亮相 CCTV1 与 CCTV 新闻频道，有效提升了工商银行 e 支付品牌的市场知名度与品牌影响力。

（四）全行创建 e 支付惠民示范街

工行积极贯彻人民银行移动支付便民示范工程的工作精神，借力 e 支付聚合支付产品，持续在城市文化、旅游、休闲购物街区创建 e 支付惠民示范街，开展爱购扫码"满额立减"及"随机立减"活动，大力推广移动支付便民场景，借助微信公众号、朋友圈和新闻媒体资源广泛宣传，取得了良好的示范效果。

案例 2　中国光大银行条码支付创新收单模式

光大银行充分发挥电子银行业务创新优势，积极开拓思路，结合收单业务特点以及商户需求，探索新型收单业务模式，通过收单市场调研、同业对比，紧跟新型支付结算市场发展机会，强化以支付结算服务拓展核心客户的方式。自 2017 年 5 月起，光大银行在全行范围内开始启动条码支付创新收单模式，力争为对公、大零售业务双线做好服务，同时为其线下收单特约商户提供更易用的便民服务，促进收单市场健康、有序的发展。

一、业务模式介绍

光大银行条码支付创新收单模式，属于行内自建模式，其主要应用条码技术，通过二维码交互方式，借助移动设备，实现特约商户与客户之间的资金收付。客户可使用银联、微信、支付宝、QQ 钱包等多种主流支付方式，通过主动扫码，可同时受理实体二维码、电子二维码，以及被动扫码，包括"POS 机 + 扫码枪"、智能 POS 机等多种扫码方式进行小额、线上、线下、无现金、无卡片的便捷消费，消费款项直接进入对公、对私商户在光大银行开立的结算账户中，进而提升公私业务核心存款规模以及中间业务手续费收入。

光大银行上线的条码支付收单模式，以聚合支付方式为亮点，通过一码聚合多种收款应用，为收单特约商户提供便利的收款服务，该业务上线以来，受到了收单特约商户的一致好评，也成为光大银行收单业务获客的主要渠道。

从光大银行条码支付收单模式的产品展现形式来看，大致分为以下几类。

(一) 固定二维码支付

固定二维码支付方式是收单特约商户和客户最容易接受，也是最简单、易用的条码支付产品之一，其优势主要体现在银行端、特约商户端都无须进行任何硬件和收单机具的投入，极大地减少收单成本，仅需通过一张纸质二维码单页，特约商户即可借助此二维码完成客户消费的收款。

固定二维码支付方式接入快速简便，非常适合小微商户使用，而且支持聚合支持模式，即一个二维码可同时支持微信、支付宝、QQ 钱包等多个条码支付形式，同时支持多人同时进行扫码支付，提高特约商户的收款时间，改善客户支付体验。因此，固定二维码支付方式成为光大银行在推广条码支付业务时的一款标配产品，提供给线下收单特约商户使用。

(二) 条码支付 APP 收款应用

为完善不同线下收单特约商户的收款需求，光大银行在推广固定二维码支付方式的同时，考虑到较大型的特约商户有交易流水查询、资金管理等需求，对于部分大型商户来讲，还有多个收银员、多个连锁店等，那么，对于收款来说，一个简单的固定二维码便不能满足这类收单特约商户的需求。因此，光大银行大胆尝试创新，联同合作软件服务商，专门设计开发了一款条码支付 APP 收款应用，同时支持安卓、苹果系统，并且分为手机版和电脑版两个版本，可根据商户的不同需求，向其提供不同版本的收款应用。

此条码支付 APP 收款应用，同时支持主扫模式和被扫模式，主扫模式的表现形式是通过动态二维码作为核心展现，客户通过自己的手机终端，扫描收单商户收款应用终端上显示的动态二维码，同样可支持银联、微信、支付宝、QQ 钱包等多个支付形式。被扫模式的表现形式是收单特约商户用其条码支付 APP 收款应用的摄像头扫描客户的手机终端上展现的支付二维码，进而完成支付。

对于使用电脑版条码支付收款应用的收单特约商户来说，可通过外接扫码枪的方式，扫描客户手机终端上展现的二维码，操作起来易用性也更强。

由于此条码支付产品是以 APP 的形式进行收款，APP 上叠加了多种查询功能，例如交易流水查询、交易金额查询、交易笔数查询等所有的收款信息；另外，还可对收单特约商户使用银联、微信、支付宝等不同的应用进行交易区分，在数据管理上，提供分析功能。从大数据的角度，为收单特约商户提供更多的数据分析增值服务，对其客户消费使用习惯等层面进行更进一步的分析，进而可企划适合的客户营销活动。

从光大银行的角度来讲，不仅能为其线下收单特约商户提供收款、查账等管理功能，完善收单服务，同时银行也可借助此条码支付 APP 应用，将其打造为银行的业务宣传基地，例如金融广告页面推送、缴费、融资等金融产品的叠加等。

（三）其他条码支付类型

除以上列举的两种常用的条码支付形式外，光大银行分别在公众号支付、手机 APP 应用支付、线上网上商城扫码支付等领域，也上线了条码支付功能。此外，对现有大型商场使用的 ERP 收单管理系统、POS 机收单系统进行改造，同时上线支持条码支付的收款模式。

光大银行根据不同收单特约商户类型的需求，结合其行业特点，为其收单特约商户提供不同的条码支付产品。同时，借助条码支付收单产品，全方位地为线下收单特约商户提供综合收单服务解决方案。

随着光大银行多种条码支付产品的线下收单市场推广，为线下收单市场的发展带来了越来越多的机遇，进而带来的就是优质收单特约商户、核心存款、中间业务收入等实实在在的业绩体现。

二、积极落实执行监管要求，合规发展业务

2018 年以来，为全面贯彻落实《中国人民银行关于规范支付创新业务的通知》（银发〔2017〕281 号）和《中国人民银行关于印发〈条码支付业务规范（试行)〉的通知》（银发〔2017〕296 号）等文件精神，光大银行积极与中国银联协同，加强与中国银联的战略合作，继续促进条码支付收单模式在线下收单市场的便民综合应用和推广，为其线下收单特约商户提供更具创新、安全、便捷和优质的收单服务。

2018 年以来，在中国银联的大力配合下，光大银行于 4 月 1 日首家完

成了条码支付业务断直联转接清算工作。此次断直连工作意义重大，通过中国银联的转接，清算流程更加规范，客户的资金走向也更加安全。

同时，为进一步促进银联标准二维码在线下收单市场的应用和推广，光大银行于 6 月上线了银联标准二维码收单业务，银联标准二维码是按照中国银联标准提供的具备标准化、兼容性和统一性使用的二维码。银联标准二维码收单业务的上线，不仅丰富了光大银行条码支付收单产品，而且借助中国银联的品牌和服务优势，业务上线以来光大银行的条码支付收单业务更是在便民服务方面拓展了更多的应用场景。

三、优化产品服务，发挥业务优势

一直以来，光大银行以满足收单特约商户需求为出发点，结合连锁收单特约商户收款资金统计和管理需求，借助现金管理业务，为连锁收单特约商户提供了母实子虚的条码支付应用，即为特约商户的每个门店均配置子账户，收款资金实际入账母公司账户，但在子账户中有收款金额的展示，母公司可对旗下分店进行收入考核。这一便民应用的上线，受到很多连锁收单特约商户的欢迎，成为光大银行拓展连锁收单特约商户的有力抓手。

与此同时，为满足条码支付特约商户收款分润需求，光大银行上线了账款分账功能，满足多方参与收款分润，支持按固定百分比、固定金额、动态金额分润的三种分账方式。该分账产品的应用场景极为广阔，而且分账业务具备较大的灵活性，可根据特约商户需求进行个性化配置，选择适合其业务场景的收款分账模式，有效解决特约商户的分润痛点，提高分账参与方的资金使用效率，加快资金回流，帮助特约商户实现账务管理。

光大银行在条码支付业务推进过程中，秉承以特约商户为中心，协同中国银联，在满足监管机构各项要求的前提下，不断优化条码支付收单产品服务功能，发展特色服务，力争为收单特约商户提供更贴近收款场景的服务，为其提供便民收款。

截至目前，在光大银行总分联动、分分协同、分支配合下，已拓展条码支付收单特约商户 29 万户，带动年日均核心存款达 259 亿元。在特约商户应用方面，已涉及地产、医药、交通、学校、超市、旅游等多个大型收单场景。下一步，光大银行将继续协同中国银联，加大力度持续推进条码支付便民应用，力争拓展更多的服务场景，为支付便民服务贡献光大银行的力量，发挥其金融作用。

（数字金融部　杨兵兵　吴　昊　魏　利）

案例 3　邮储银行二维码取款和刷脸取款案例

一、项目背景

随着互联网金融的快速发展，国内各大股份制银行、城市商业银行都在尝试运用先进的网络技术和信息化成果，整合服务渠道，大力创新服务方式，努力为客户提供智能化、优质高效、方便快捷的金融服务。伴随着移动互联网技术的发展，银行 ATM 取款方式也在逐渐发生变化，"无卡取现"俨然已经成为这两年银行布局的重要方向之一。根据同业银行发展情况，结合自身发展需求和邮政储蓄银行（以下简称邮储银行）以"客户为中心"的理念，进一步融合线上和线下渠道的联动服务，开发了二维码取款和刷脸取款两项无卡取款功能，以此提升对客户的综合服务能力，提高客户体验满意度，增加客户黏性，更好地吸引和留住客户。

二、产品简介

（一）二维码取款

作为移动互联网入口，二维码以其有效连接线上线下的优势，成为深受广大客户喜爱的服务方式之一，广泛应用于支付、营销、宣传、服务等各个场景。2017 年 3 月，邮储银行利用二维码技术，在遍布城乡的 ATM 上正式推出二维码取款功能。客户无须使用实体卡，只需使用邮储银行手机银行客户端，扫描 ATM 屏幕上的二维码，即可轻松完成取款交易。

（二）刷脸取款

伴随着人工智能的快速发展，人脸识别、语音识别、指纹识别、机器人等 AI 技术已被各个领域广泛应用。邮储银行通过引入人脸识别技术，对传统的业务办理流程进行改造，在 ATM 上实现全新的刷脸取款模式，充分体现客户办理业务的快速、便捷、高效，让客户体验轻松无卡出行。

刷脸取款在真正意义上实现了"无介质化"，用户无须带卡和手机，只需站在 ATM 前，看一眼摄像头，再输入手机号、交易密码等，ATM 就会自动吐钞，全程仅需 20 ~ 30 秒，操作简单快捷。

邮储银行刷脸取款采取红外双目摄像头活体检测技术，精准识别，有效防范照片、视频等诈骗风险。与传统取款相比，由于不再使用银行卡，还可以防范伪卡盗刷风险，用户在享受便利金融服务的同时，安全也更加有保障。

三、产品业务流程

（一）二维码取款业务流程

1. 客户在邮储银行 ATM 上选择二维码取款。

2. 客户打开邮储银行手机银行客户端，扫描 ATM 屏幕上的二维码。

3. 客户在手机银行客户端进行取款金额预约。

4. 客户在 ATM 上确认，进入预约取款信息确认界面。

5. 客户确认预约取款信息后，输入密码，完成取款。

（二）刷脸取款业务流程

1. 客户首次使用本功能，先通过手机银行客户端完成刷脸签约。

2. 手机银行刷脸取款签约成功后，客户可到 ATM 上进行刷脸取款。

3. 客户选择刷脸取款后，进入人脸拍照提示界面。

4. 客户完成拍照后，再输入签约手机号码。

5. 后台比对成功后，ATM 会进入刷脸取款账户选择界面。客户可自己选择取款账号。

6. 客户选择取款账号后，进入取款界面。

7. 客户输入金额后，再输入交易密码，完成取款。

四、功能应用特点

(一) 二维码取款

由于互联网金融的竞争、科技的创新,银行亟须加大金融科技在零售业务中的创新应用。二维码取款正是利用二维码技术,将移动金融服务与传统 ATM 相结合,为客户提供无卡取款服务,是邮储银行加强科技应用的一个方面。二维码取款既能给客户提供便利,还能提高邮储银行的获客能力,有效增强客户黏性。二维码取款通过线上手机银行客户端和线下 ATM 互动,为那些没有携带银行卡或者现金,但又急需使用现金的客户提供了一种全新、安全、便捷的现金取款服务。同时也让客户充分体验邮储银行提供的多渠道联动服务,让手机成为客户真正的贴身钱包。

二维码取款不仅让客户享受与第三方支付产品一样便捷的支付体验,而且能拥有银行级别的安全保障。二维码取款具有以下优势:一是客户体验好,线上线下信息可实时共享,无缝对接,交互体验良好;二是安全性高,采用了手机银行认证和 ATM 验密双重安全屏障,能够有效保障客户资金安全,行内单卡日累计取款限额可由客户自行设定,最高可达 2 万元;三是受理范围广:邮储银行全国 9 万多台 ATM 将陆续开通二维码取款,逐步达到全国乡镇级别全覆盖。

(二) 刷脸取款

人脸识别,作为一种高精度、易于使用、稳定性高、难仿冒的生物识别技术,在公安、交通、金融、社保、医疗等行业和部门,存在广泛的应用。人脸识别技术的发展,给我们的生活带来了很多新的可能,同时也带来了服务水平的升级。预计人脸识别有望迅速替代指纹识别成为被社会大规模使用的主流识别技术模式。刷脸取款使用人脸识别最大的优点在于"非接触性",相较于指纹识别、虹膜识别等生物特征识别方式,可以大大提升系统响应速度,带给客户更便捷的交易体验。

同时,刷脸取款的安全性也要高于实体卡取款,因为刷脸对应的是唯一的人脸,必须本人才能进行交易;与之相比,实体卡丢失、密码被盗、伪卡盗刷的概率要大很多。刷脸取款技术应用了"三维成像技术",即便是双胞胎也能识别，刷脸取款拥有三层安全防护，除了人脸识别技术本身，还搭配一些传统的身份确认方式，包括手机号码验证、密码验证。通过多重验证，刷脸取款的安全性甚至比插卡取款还多一重保障。

五、推广应用情况

截至2018年10月底，全行已实现9万多台ATM开通二维码取款及刷脸取款功能，累计交易量约700万笔，交易金额达90亿元。

案例4 快钱条码支付聚合产品应用

快钱公司将条码支付聚合产品应用作为移动便民示范的重要支付工具，与万达商圈无缝对接，在各类商户、支付场景下，投放固定POS机、智能POS机、电子台卡、扫码设备外设等相应设备，为各类商户提供最为适合其支付场景的解决方案。对于连锁门店企业，除在受理方式上提供丰富选择外，还可以通过系统对接，完成总部财务自动对账，交易数据无缝对接。以宝贝王、万达电影商户为例，在其固定收银台采用固定POS机+扫码外设的方式，让其能够完成受理银行卡刷卡、微信、支付宝、银联二维码、云闪付等主流支付方式的聚合受理。在外场、水吧、小食品售卖等场景，提供移动智能POS机进行聚合支付受理。并通过和总部财务的对接，完成每日系统自动对账，在解决商户前端多样化支付受理的同时，在后端财务对账、资金管理方面为商户提供更为先进、便捷的支持服务。让商户在支付受理范围上获得全方位升级的同时，优化内部财务管理，降低运营资金风险及运营投入成本，让支付升级为企业带来增值服务及运营能力的提升。

在项目实际推进过程中，快钱公司克服了重重困难。首先是地域广、商户多。广场、门店均为线下实体消费场景，且地域跨度大，改造推进全国同步、现场实施，快钱公司成立"快钱万达受理项目组"，由项目组合理协调各地资源，制订周密实施计划，全方位开展商户培训，将每个实施细节精细化。在短短3个月时间内，与各业态商户紧密配合，完成了万达广场、万达宝贝王、万达百货等业态的银联云闪付、二维码支付受理覆盖与服务升级。

其次是万达广场的云闪付改造难度尤其突出，不是服务一座广场、一

131

家商户，而是覆盖全国 31 个省市，涉及近 200 个地级市的百家广场、万家商户。只有具备标准化、规模化的执行方案与流程，才能实现统一目标，保障全国范围内可执行可落地。通过快钱与万达广场商管同人、商户的共同努力，在中国 3 个月内完成了所有的商户改造，同时积累了大量的宝贵经验。

一、优化组织实施方案，提高科学管理水平

在现场实施管理中，始终把科学管理、优化方案放在项目管理的首位，不断地研究和探讨适合现场实施项目，且可操作性强的实施方案，以满足项目需要和商户需求。在每次实施方案的制定中，持续根据项目的特点、难点，进行多次论证，并运用科学的态度，加大组织方案的科技含量，延伸方案中的科学管理渠道。

二、严格质量管理，争创优质项目

"质量第一"是永恒的主题，更是自我追求的目标。在多次实施中，快钱公司自始至终把质量放在首位，坚持用质量赢得企业信誉，来满足商户需求。

（一）落实质保措施，提高监控到位

坚持在项目上，做好各项质量文字交底和质量交接记录。确保每项质量施工都有文字交底，以便更好地指导实施人员按标准、按要求去操作。应主动给予项目上的专职质量员一定的权力，使其主动搞好质量，进一步做好质量监控预案，并协助整体在基础上搞好本项目质量管理的分工，确保质量监控无空白点。

（二）重点部位，重点监控

对于项目易出现质量问题的实施部位，例如商户机具使用一对一培训。坚持设专人把关，做好监控管理，发现问题及时解决。与万达广场商管同时协商安排，在广场现场进行一场商户集中培训以及多次一对一的巡场商户培训，完成从面到点的商户培训，通过 PPT、实际操作等多途径解答商户在支付方面的问题，保障广场每一家使用快钱 POS 机的商户对快钱

后台以及 POS 机都能理解并会操作使用。

对于金额较大、容易出现意外纠纷的黄金珠宝类行业，安排工程师驻店保障。产生问题后，直接当场处理。如遇解决不了的，直接上报项目经理，由项目经理协调各部门值班专人协助处理。

（三）严格规范，提高实施水平

在质量管理中动员大家要严格按规范去验收，要把项目的标准落实到操作面，使实施人员都知道项目的标准。

每项工作都有专项验收报告，由项目经理、广场商管和广场商户共同评定实施质量。如有不达标的，当场安排实施人员到店，重新按标准实施。

商户线下环境复杂，且软硬件基础不同。有些门店设备老化，硬件接口不匹配，人员 IT 水平参差不齐。项目组及时投入新式受理设备、配件，制作 PPT、视频，通过系统推送通知、公众号发布消息、网站播放视频等方式，让商户方便快捷地熟练掌握设备使用方法，实现新旧设备的快速替换。

2017 年底，在万达百货、银联、快钱公司的共同努力下，全国 37 家万达百货门店完成银联二维码受理升级，并开展了银联百货"双 12"联合营销活动。

2018 年 2 月，ETCP 千家车场也同时完成银联二维码、线上 ApplePay 受理升级，并与银联开展停车优惠活动，打造智慧停车，实现停车有位、自动付费的功能。完成了购物中心闭环消费体验，带来生活场景的消费新体验。

2018 年 3 月，万达院线全国影城也完成了受理覆盖与服务升级，截至 2018 年 6 月完成万达影院全国"500 +"影城的线下聚合支付受理，并提供移动收银、统一对账、多渠道营销等能力，帮助商户提升了资金及管理效率，也为消费者提供更加快捷、方便的购票与观影体验。

2018 年随着万达广场的盛大开业，无论是工作日还是节假日，快钱公司都会为每家开业广场商户，完成现场实施、培训服务，持续推广条码支付使用方式，让收银员、店员了解，支持消费者使用银联云闪付、各大银行 APP 出示的二维码付款。保障新开业的万达广场，同样拥有方便的条码支付受理环境。

伴随商圈商户的整体改造，中国银联、万达广场、快钱公司开展了针对万达商圈的营销活动，为消费者带来实实在在的优惠，增加了消费者对银联云闪付、二维码的认知与使用度。2018 年 5 月，全国万达广场借助劳动节契机，开展"银联扫码天天惠"活动，共有近 2 万家商户，涵盖衣食住行吃喝玩乐各领域，周大福、老凤祥、耐克、阿迪达斯、李宁、百丽、苹果、华为、DQ、大渔等知名品牌积极参与活动。2018 年 6 月和 8 月，公司分别开展了基于各地万达广场的银联云闪付营销活动。快钱公司继续积极与各机构对接，在万达广场、万达宝贝王、万达院线、万达百货、停车等业态开展便民优惠活动，为广场、商户、消费者带来了实实在在的独家福利。12 月还在各地区，以及万达宝贝王、院线开展"双 12"活动，继续推广银联云闪付的使用与活跃度。

截至目前，快钱公司的支付服务已覆盖全国 31 个省级行政区域的 200 座万达广场、37 家万达百货、90 家万达宝贝王早教、200 家万达宝贝王游乐、500 家万达影城、3000 家便利店、5000 家 ETCP 停车场。支持全部主流支付方式，并提供外场移动收银、统一对账、多渠道营销等服务。降低了商户的管理及运营成本，进一步提升消费体验及移动支付的便民服务水平，形成了以万达商圈 3 万余家商户为中心，为全国消费者提供贯穿生活消费，集吃、喝、玩、乐、出行为一体的移动便民支付服务。

案例5 银联商务宁波智慧出行云闪付应用案例

一、项目背景

近年来，随着银行卡产业不断发展，金融 IC 卡应用已全面渗透到交通、医疗、教育及公共事业缴费等各个民生领域，给市民日常生活带来极大的便利。随着中国银联与各发卡银行推出金融 IC 卡免签免密支付功能后，金融 IC 卡小额支付交易在便捷性上取得较大突破，现已基本满足小额、快速的公交应用场景需求。

而在全国其他地区，金融 IC 卡联机支付方式凭借其安全、快捷、无须充值、全国通用的优势特点已相继落地在各个行业中，取得了良好的使用反馈。宁波大交通行业现状是使用宁波市民卡进行脱机支付，需要进行充值、圈存等烦琐的操作。而金融 IC 卡联机支付的方式正好与宁波市民卡应用形成有效互补，使乘客出行支付更加多元化，公共交通领域管理更加智能化，进一步加快城市信息化建设，方便民生、服务百姓。

为全面配合人民银行提出的建设 100 座移动支付示范城市、实现中国银联切入大交通生态领域的战略目标，抢占小额高频支付的高地，考虑到该行业"先入为主"的特性，宁波银联商务有限公司（以下简称宁波银联商务）全力以赴开拓地铁、公交支付受理业务的市场份额，将扩大支付受理服务领域覆盖率作为工作重点。

截至 2018 年 10 月底，实现宁波辖区全覆盖（包括市内海曙区、鄞州区、江北区、北仑区、镇海区及其下辖宁海县、慈溪市、象山县、奉化区、余姚市），已上线终端规模数量达 7405 台，市场占有率达 100%。公交方面，已实现银联 IC 卡闪付、手机闪付、二维码支付及市民卡支付，银

135

联移动支付日均交易达 3.7 万笔；地铁方面，已实现宁波轨道交通银联 IC 卡闪付、手机闪付及二维码支付等移动支付全产品系列应用，覆盖全市所有站点所有闸机支持 IC 卡闪付、银联手机 Pay 及二维码扫码过闸，银联移动支付日均交易达 1.5 万笔。

二、项目基本情况

作为全国首批金融 IC 卡的试点城市之一，宁波地区在 2014 年就已实现了银联电子现金应用在大交通领域的全覆盖。为紧跟移动互联网金融飞速发展的步伐，人民银行宁波中心支行结合普惠金融项目落地工作，多次与当地行业主管部门就公共交通领域的移动支付应用进行磋商，推进了行业单位对银联云闪付应用的合作认知。

2017 年底，在人民银行宁波中心支行的参与支持下，银联宁波分公司协同宁波银联商务先后与宁波轨道交通、宁波市民卡公司、宁海县公共交通有限公司、慈溪市城乡公共交通有限公司就公交与地铁的银联云闪付合作达成意向。根据人民银行宁波中心支行的要求，银联宁波分公司、宁波银联商务与行业方联合建立项目组，确定了合作内容、主要实施方及建设周期。在实施过程中，以周例会的方式定期沟通协调，有效地推进了各方面问题的解决和项目如期上线。

项目上线重大事件如下。

公交项目：

（1）2017 年 6 月上旬，拟定公交项目初步方案，出具项目会议纪要；

（2）2017 年 6 月中旬，确定项目方案，各责任方落实项目经费计划，各方完成协议审批流程并签订业务协议；

（3）2017 年 6 月底，完成商户入网、终端；银商及设备厂商根据公交技术需求完成技术联调测试工作，SIM 卡采购方完成 SIM 卡采购工作；

（4）2017 年 7 月初，设备程序调试完成，先行由宁海县一市和桑洲两条线路试点上线试运行；

（5）2017—2018 年，项目对外公布，正式推广，各县市区逐步上线并同步开展营销宣传活动。

地铁项目：

（1）2017 年 10 月 24 日：完成轨道交通用户需求书的初稿；

（2）2017 年 11 月 30 日完成轨道交通测试工作；

（3）2017 年 12 月 31 日底实现宁波轨道交通 1 号线、2 号线银联 ODA 应用试点上线；

（4）2018 年 4 月，全面实现宁波轨道交通 1 号线、2 号线银联 ODA 应用全覆盖。

三、项目实现方式

（一）公交项目

由于宁波公交的设备终端投入使用时间较久，无法支持联机支付方式，为使用户支付体验得到进一步提升，改造需要重新更换终端设备。该项目采用了支持金融 IC 卡联机应用的 POS 机刷卡新型车载终端，此种设备较原设备及金融 IC 卡电子现金支付方式具有支付多元化、易于宣传及营销活动开展、交易处理更加稳定可靠的优势。设备改造后可以支持以下几种支付方式。

1. 金融 IC 卡闪付应用。支持所有银行金融 IC 卡联机和脱机闪付双应用，采用联机应用时用户无须圈存，直接挥卡支付（部分银行借记卡需开通免密功能），在信号差的地区交易会切换到 ODA 模式，具备交易延迟上送功能，提升用户交易体验。

2. 移动支付应用。支持现有各种 Pay 类使用，包括不限于 Apple Pay、三星 Pay、华为 Pay、小米 Pay 及其他可穿戴设备应用等，覆盖主流智能手机、设备。

3. 市民卡应用。支持宁波市民卡公司发行的新版市民卡应用，满足当地个性化支付需求功能。

4. 二维码支付。可支持现有所有银行二维码及银联二维码等支付方式。

5. 其他支付应用。终端将预留交通部标准、当地行业卡以及其他第三方支付接口，方便未来新应用叠加。

（二）地铁项目

宁波地铁项目由于 ODA 改造的特殊性，需要完成闸机终端改造，同时还涉及轨道内部五层架构系统的全面优化，工作内容极其复杂。改造过程中涉及轨道内部多部门，包括运营分公司、建设分公司、智慧地铁以及优城地铁；涉及改造厂商包括上海华宏、浙大网新以及上海华腾等多个公司，为此，银联宁波分公司、宁波银联商务与轨道集团采取定期周例会沟通方式，每周反馈进度，发现问题后及时商议对策，并适时邀请银联总部专家常驻参会。改造后实现的支付方式包括闸机 IC 卡闪付、移动支付、市民卡过闸、二维码支付等功能。

四、项目营销方案

原有的电子现金方式限于其产品特性，宣传和营销活动都较难开展，不利于业务后期快速发展。采用联机方式，可直接通过后台系统配置各类规则营销活动，业务发展更具灵活性。

项目上线后，为了让市民拥有更为便捷、优惠、安全的智慧支付与出行体验，提高持卡人金融 IC 卡闪付、云闪付 Pay 类和云闪付二维码等支付产品的知名度，培养持卡人的使用习惯。在人民银行宁波中心支行领导的支持下，银联宁波分公司联合当地各发卡行开展了"一分钱坐车"的营销活动，活动方案如下。

（一）公交营销活动

1. 使用云闪付 APP 扫码或银联手机闪付享 1 分钱乘车，单用户单日限享 2 次，单笔优惠封顶 2 元。

2. 使用银联 IC 卡闪付享 5 折购票，单用户单日限享 2 次，单笔优惠封顶 2 元。

（二）地铁营销活动

1. 使用云闪付 APP 扫码或银联手机闪付享 1 分钱乘车，单用户单日限享 2 次，单笔优惠封顶 5 元。

2. 使用银联 IC 卡闪付享 5 折购票，单用户单日限享 2 次。

在营销活动推广期间，各方通过微信媒体、公交场站、地铁车厢等多种渠道,广泛宣传公交、地铁银联云闪付便捷支付业务。"一分钱坐车"活动期间,移动支付日均交易量高达 10 万余笔。

五、宁波大交通项目亮点

(一) 采用最新银联移动支付技术

宁波公交采用最新银联移动支付技术,以实时联机交易为主、延时 ODA 交易为辅的"双通道"公交受理模式。交易速度控制在 800 毫秒以内,并且在车上网络环境不稳定时,车载终端能够自动切换为 ODA 模式。乘客与司机不会感到任何异常,为市民提供了真正安全、便捷、高效的公交支付体验。

宁波地铁考虑到该场景人流量大、交易速度要求高的特性,将用户体验放在首位,则直接采用 ODA 技术,交易速度可控制在 500 毫秒以内,完全符合行业标准,同时实现用户"先乘车,后扣款"功能。

(二) 支付产品覆盖面全

宁波地铁出行场景已实现银联移动支付产品全覆盖,用户可以使用金融 IC 卡闪付、手机闪付及二维码支付方式进行购票或直接过闸;宁波公交也已实现金融 IC 卡闪付、手机闪付应用上线。

六、社会效益

宁波公交、地铁项目在人民银行宁波中心支行、中国银联宁波分公司领导的支持下,宁波银联商务联合各县区市场人员积极主动与当地人行及公交公司联系沟通,确保业务按时并顺利上线。项目的快速推广不仅令宁波广大市民和外地游客充分体验到银联手机闪付的便捷、安全、无区域限制,在增强用户黏性的同时,也培养了大批中高端优质持卡人的支付习惯,而且获得了当地人民银行、成员机构、社会各方的一致好评,为银联手机闪付业务全面推广夯实了基础,赢得了当地政府、行业主管部门、人民银行对银联工作的高度认可。

目前,银联的支付应用产品已逐步占据宁波大交通客流量 16% 的份额,极大地丰富、便利了宁波市民的出行。对于公交地铁方,支付方式的多元化，符合未来公交地铁支付的发展趋势，完善公交后台智能化建设，实现客流实时分析及统计，实现公交大数据应用。同时，IC 卡联机支付应用的上线，杜绝了交易漏失和不上送等问题，确保了公交地铁方的公司利益。

案例6 天翼电子"钱到啦"聚合支付平台

为了响应国家大力发展移动支付的政策，以及给广大用户带来便利的移动支付体验，天翼电子商务有限公司作为中国电信的全资子公司，顺应移动支付潮流，大力发展移动支付业务。移动支付的优势主要体现在以下几方面。

1. 随身携带的移动性，消除了距离和地域的限制。结合了先进的移动通信技术的移动性，随时随地获取所需要的服务、应用、信息和娱乐内容。

2. 不受时间地点的限制，信息获取更为及时，用户可随时对账户进行查询、转账或进行购物消费。

3. 基于先进的移动通信技术和简易的手机操作界面，用户可定制自己的消费方式和个性化服务，账户交易更加简单方便。

4. 以手机为载体，通过与终端读写器近距离识别进行的信息交互，运营商可以将移动通信卡、公交卡、地铁卡、银行卡等各类信息整合到以手机为平台的载体中进行集成管理，并搭建与之配套的网络体系，从而为用户提供十分方便的支付以及身份认证渠道。

另外，随着移动钱包在支付市场的迅猛发展，多码多终端的现象比较普遍，给商户形成了一定的不便，为此天翼电子商务有限公司大力发展聚合业务。聚合的优势主要体现在以下几方面。

1. 高效率支付

高峰时间商家的客流量增多，使用传统扫商家二维码转账付款无疑会降低效率，而且消费者需要自己输入金额，用户体验下降。

"钱到啦"APP智能扫码，只要调起手机的摄像头往消费者的二维码上扫一下就能完成支付，简单快捷，用户的体验感较好。

2. 粉丝营销

传统二维码转账商家是无法吸引粉丝的，仅仅只是付款，并且无法产生二次营销。

"钱到啦" APP 扫码，可以促使消费者自动关注商家公众号，这样商家有活动或者优惠时，可以直接推送给消费者，大大地增加了消费者二次消费的概率，也提高了商家自身的营业额。帮助商家发行会员卡，实现支付即会员的效果。

3. 大量优惠活动

传统转账，无法享受微信或者支付宝提供的优惠活动，不利于营销。

"钱到啦"特约商户，既可以享受微信、支付宝、翼支付提供的优惠活动，还可以享受"钱到啦"的会员补贴，另外"钱到啦"商户与电信套餐完美结合，支付 + 通信的体验（商户金卡）提升了商家的便利性并缩减了商户成本。这既帮助商家节约了成本，也可以帮助商家吸引更多的消费者进店消费。

4. 随时随地后台查账

个人支付月末查账账单混乱，无疑增加月末查账的工作量。"钱到啦"具有"一站式"的管理平台，商家的实时流水都有记账，财务对账轻松方便。

"钱到啦"是天翼电子商务有限公司开发的聚合支付平台，利用技术和服务集成能力聚合支付宝、微信、翼支付三大主流支付账户，提供丰富的商户管理功能，"一站式"解决多平台支付方案。

"钱到啦"客户端是旨在方便商户在线开店的商户综合收款的 APP（支持主流钱包支付目前是支付宝、微信、翼支付等），主要流程是在线提交资质，经过审核人员审核通过之后签约产品，完成线下扫码收款（分为扫一扫收款和二维码收款），并给商户提供了经营数据分析，实时退款等基本功能，也提供了保险 + 理财的增值服务，实现移动端开店，无纸化入驻，集交易与管理功能于一体。"钱到啦"的商户分为有证商户和无证商户，支持个人商户登录、企业商户登录以及门店登录。为商户收银提供

"一站式"的服务方案。

主要功能包括以下几点。

1. 主扫功能。在"钱到啦"APP 上生成 500 元人民币限额的静态二维码,用户打开翼支付 APP、微信钱包、支付宝钱包的扫一扫功能,扫描二维码,输入金额和密码后(需要身份验证),完成支付。

2. 被扫功能。商户打开"钱到啦"APP,打开扫码收款功能,并输入金额,唤起手机自带摄像头后,扫描用户的付款码(翼支付、微信、支付宝等钱包生成的)完成支付。根据用户对小额免密的设置,确定用户是否需要输入密码。若超出免密限额,需要用户输入密码,校验正确后,完成支付扣款。

3. 交易查询。对商户收款的交易实时查询,并语音播报对应金额,支付以商户订单为准。交易完成后,APP 会形成交易笔数、交易金额汇总及手续费汇总。商户可以针对订单查询与账单,并选出疑问订单,让客服受理。

4. 语音播报。对商户来说,需要对用户交易完成及时接收,并作出即时的响应。而对于用户完成主扫交易后,会有语音播放的功能。

5. 退款。商户对于当日的交易,可以操作退款。退款在原交易的基础上进行操作,需要商户校验密码及余额后才能进行退款处理,处理后立即改变订单的状态。

6. 会计记账。"钱到啦"针对小微商户提供了会计记账的功能。支持商户手工录入凭证、扫描录入凭证,自动生成财务报表、税务报表,以及一键报税。

7. 保险。基于甜橙理财提供重疾险、意外险、补充医疗险等服务,对于商户 B 端而言,也是必不可少的需求。

8. 理财。基于甜橙理财提供活期理财、基金购买、黄金购买、定投等理财服务,使商户在收款的同时,享受理财的福利。

9. 小贷。基于安逸花及大树金融的产品实现商户贷款的服务,主要提供分期贷款,帮助商户经营,提供金融小贷服务。

10. 电子发票。基于航信科技等主流开票厂商的合作,满足商户开票需求。主能功能包括通过订单实时开票、商家信息添加及查询、商品信息的添加及查询、已开发票的查询、用户扫码、自助开票等功能。

11. 打印小票。针对有智能 POS 机的商户，特别定制打印小票功能。在商户扫顾客的场景下，商户扫码用户的主流钱包付款码后，"钱到啦"显示支付完成的页面；若支付失败，则显示支付失败的原因。若支付成功，在智能 POS 机上打印小票，目前仅支持优博讯的机型。

另外，天翼电子商务有限公司积极响应央行监管，第一批实现银联、网联通道的接入，商户基本信息及基本交易信息接受央行监管，透明化经营。目前"钱到啦"APP 利用电信体系通信支付模式构建出重要产品。打造出了商户金卡、泛渠道、撬资源平台化等相关产品及服务。于商户，提供了商户收款、对账的收银利器；于代理商，提供了聚合的合规通道，加强了支付、退款、进件的能力；于收单机构，提供了翼支付账户侧的开放能力和立返、立减的用户营销补贴；提供了手续费分润的代理商补贴；提供了特约商户的手续费补贴。最终带给商户较好的服务体验和产品便利。

【典型案例】

1. 安徽省公司，公司翼支付团队先后多次赴宣城绩溪县长安镇，通过"钱到啦"及全省翼支付宣传矩阵进行营销推广，借助翼支付粉丝的力量进行传播。帮助贫困户销售羊河山茶 5333 份、金丝皇菊 2427 份，直接拉动扶贫产品销售额近 50 万元，实现了精准扶贫。

2. 河北省公司张家口地市，通过"钱到啦"与电信的业务渗透，成立聚合商户攻坚组。包括政策包装、营销资源配备（专属号段或合规靓号资源等）。宣传统领聚合商户接入二维码配备，进行线上、线下的活动宣传。通过省公司的大力推进，实现了较好的效果。

3. 福建省公司，厦门金鸡社区周边有 100 余户商户，该社区精品店老板作为网络经营者，以翼支付商户金卡套餐为切入点，以"电信精品店"为物理中心，探索打造"物业＋菜市场＋微生活圈"社区生态。聚焦商户通信需求和日常经营需求，以"办理金卡套餐，每月返通信费，还可获得翼支付营销成本支持"为卖点，辐射周边社区商户。一个月累计新增 30 家金卡商户。截至第三季度末，累计拓展 3762 户商户，其中"钱到啦"1000 户。金卡商户 317 户，累计新增号卡 1780 部。

案例7 乐刷连锁型综合超市及餐饮行业解决方案

连锁性综合超市行业解决方案

随着移动支付的普及，越来越多的中小微商户产生了特殊的需求：通过一个系统工具在满足客户所有的便捷支付的同时，以业务服务系统为依托，实现商户与消费者线上线下互联互通，同时叠加库存管理、会员管理、营销管理、财务管理、数据分析、金融服务等功能，帮助商户实现店铺的高效管理，扩大盈利增长点，最终实现效益提升。乐刷针对行业需求，深入考虑基于条码支付搭建行业解决方案，解决商户经营中的各项需求，助力商户快速发展。平方超市便是乐刷行业解决方案的受益者。

一、解决商户账务管理，优化客户支付体验

超市在经营过程中，通常都会遇到高峰期间收银台排队过长的问题。消费者会使用现金、微信、支付宝等不同支付方式付款，收银员会根据消费者的支付方式逐个结算。这一方面会导致商家因多种支付方式场景而核账难，另一方面因支付方式的切换、店员的不熟练操作等原因出现结算过慢的现象，客户因等候时间过长而不满，放弃消费。

乐刷公司在行业解决方案中为其提供了聚合支付，一码搞定所有支付方式，微信、支付宝、云闪付等都可以通过主扫或者被扫，快速完成收付。规避因支付方式过多而导致账目混乱，系统后台可以自动生成财务报表，不会因为多途径支付方式产生的交易记录导致账目核对困难，管理者方便查询到收银的每步操作及整单商品取消和删除记录，收银员的所有操

作日志一目了然，从而解决了超市收款时长问题，提升支付效率和支付体验。更重要的是，乐刷支持离线收银，即使收银台与服务器离线，也不会影响收银业务。

二、综合性商品管理和智能型记价体系

平方超市地处居民区，为满足附近居民的生活需求，经营上千种商品，从日常所需至大宗商品均有涉及。因此商品管理（理货）特别耗费人力和物力。单纯的系统并不能满足需求，不能进行分级，更不能做到毛利合算。上千种的货品管理单纯靠人工实现，还会造成商品过期，导致经济损失。

乐刷为其定制的行业解决方案，在支付基础上置入库存管理系统，可以帮助商家快速理货，智能入库，支持蔬果分品级销售管理，商品的信息在系统后台可以便捷地进行查询，实现智能化管理。针对蔬菜果品等商品，还有智能打秤等功能，商家不用再额外使用其他设备，也为商家节省了成本。

系统会对商品进行失效期管理，临近保质期的商品会有提示，也会对蔬菜水果类商品智能计算库存，商家可以设定折扣、分时段自动加大折扣等功能，让超市不留隔夜菜，从而减少因商品过期和蔬菜水果不新鲜造成的损失。

三、完善的支付数据分析促进优质商品管理

销售数据对于超市来说，也是很重要的部分。经营者需要通过数据了解经营情况，销售产品的类型、周期等要素将是经营者最好的切入点，避免传统的核算方式，节省大量的数据分析时间，避免遗漏的信息等。

乐刷为其提供的解决方案，在支付基础上置入数据分析系统，可以让经营者随时随地查看当天销售数据，了解当天的经营情况，细化到每个商品的销售数据，能清晰地知道哪些商品畅销，哪些商品滞销，哪些商品受季节、天气等外在因素影响大，从而调整进货数量，让畅销品卖出更多，减少滞销品的进货，提升销售额。

对于平方超市这样的连锁超市，还可以查询其他店面的库存数据，便于商品调配和多店面的联合运营，整体上提升营业额。

四、多元化的营销手段和优质的会员管理体系

在自媒体时代，营销变得必不可少，"酒香不怕巷子深"的传统理念显然已经不适应当今商业的发展。超市经营也同样需要营销活动来吸引消费者，战胜周边的对手，减小竞争的冲击。乐刷提供的行业解决方案，在支付基础上提供全新的精准营销方式，开启"支付才是开始"的营销模式。首先搭建会员营销功能，实现支付即会员，帮助商家快速完成会员注册，一并打通线上线下会员体系，商家可设置相关主题的营销活动，让会员第一时间了解商家动态，实现线下订单，享受送货上门或自提等服务；其次为商家搭建营销活动后台，商家可以通过运营后台自行设置推广活动，支持自定义优惠券，商户只需要在后台设定好金额、使用类别、使用权限等，就可以按要求发放给会员。系统也会支持卡券核销功能，会员在使用卡券时，系统自动根据算法规则核销，商家不用担心产生错误而导致损失。这些功能让商家在举办推广活动时，省时省力；最后，免费为商家量身定制精准广告，商家在发布广告后，会通过系统向优质会员展示，以此为商户提供更多的流量入口，吸引更多的消费者。这些功能满足了平方超市对于营销的专业需求，通过各种营销活动，获得会员，树立好口碑，增强用户黏性，促进消费者的购物欲望，提升营业额。

综上所述，乐刷科技有限公司在市场移动便捷支付的大趋势下，全面提升技术，针对社区日常生活需求，以社区综合商超支付为基础，基于条码支付的综合应用，致力于解决商户的核心问题，在服务商户的过程中，乐刷科技非常清楚地认识到，支付不仅是交易的连接，同时也是商户与消费者关系建立的纽带，开启"支付才是开始"的服务模式，提供全方面的支付解决方案。乐刷在夯实支付业务的基础上，注重科技创新，本着移动便民支付的社会需求，精准定位社区综合服务商超，解决商家综合性问题，最终满足人民大众的支付需求。

乐刷基于条码支付叠加的定制化解决方案，为商户带来了直观的经济

效益，商户对乐刷的信任和依赖也日益增强。乐刷针对不同行业，提供定制的解决方案，已经服务了数百万商户，就目前取得的成绩来看，这是一项可以持续发展的健康的市场战略，参与其中的每个角色都能够获益。乐刷也会持续创新，以科技手段为广大线下中小微商户提供服务，助力经营，提升效益，实现多方共赢。

餐饮店行业解决方案

移动互联网的飞速发展和大众支付习惯改变，使得越来越多的商家需要便捷安全的支付工具协助其经营。乐刷正是顺势而为，深挖中小微商户需求，搭建更多便民服务场景，为商户提供更全面的综合应用服务。针对不同行业的不同需求，乐刷提供定制化的解决方案，助力商户解决经营中的难题，实现高效运营。

随着人们生活水平的提高，消费者对就餐的体验要求也提高了。对于餐饮商家而言，在传统的餐饮管理模式下，就餐时间集中，顾客扎堆，商家管理很容易手忙脚乱。点餐不及时、上菜不及时、结账出问题等差错时常出现，影响顾客的用餐体验。由此可见，商家要满足消费者日益提升的多元消费需求和极致体验，按照传统餐饮管理模式，就会逐渐走入各项人工成本费用不断攀升，而实际效果却未达成的尴尬境地。

在推进移动支付使用场景时，乐刷了解到这样的情况，为其定制了行业解决方案，以期能够实质性地帮助餐饮商家解决运营问题，达到节省人力，提升效率，最终提升营业额的目的。上海的人气餐厅 Beefman 日料店智慧餐厅便是受益者。

一、解决餐厅开台需求，优化客户就餐体验

客人进入餐厅时，服务员第一个面对的问题就是如何安排客人的位置。在传统的服务模式下，开台全部靠人工，在最后结账的时候，也需要人工核对台号。通常会看到服务员之间互相喊话，询问台号，无形之中降低了消费者的体验。如果是在用餐高峰期，还可能会出现遗漏或反应不及时的情况。

在接入乐刷提供的定制化解决方案后，服务员只需要在手机或者前台设备上一点，就可以轻松标记好客人的位置。同时，店内是否有空余桌位也可以通过后台快速查询到，节省了客户及服务员双方时间，避免增加服务员的工作负担，同时避免给消费者造成不好的体验。

二、优化餐厅点单服务，菜品智能化管理

客人入座后随之而来的就是点单的问题。常规的点餐模式，通常是服务员拿笔记下，通过纸质或人工传递给厨房和收银台，厨房进行制作，收银进行核算。如果这个过程中全靠人力，就会出现漏点、点餐不及时等情况。而且在信息时代，点餐形式也需要与时俱进，需要智能点单的系统来提升餐厅的定位，为客户提供更好的消费体验。

乐刷的解决方案为其提供了多种点餐模式，消费者可以自行微信扫码点餐，也可以让服务员用手持设备点餐。完成点餐后，信息直接传输到系统，厨房可以同步打印订单，收银台也可以直接收到菜单信息。这样的智能点餐模式避免了高峰期的点餐不及时，漏点错点等情况，点餐效率得到有效提升，消费者体验也明显提高。

使用智能点单还有一点好处，如果菜品有更新，在后台也是可以轻松添加，实时展示在前端菜单上，摆脱了传统定制菜单更新菜单的局限，提升效率。还为商家节省了制作菜单的费用，一举多得。

三、优化商户账务管理，提升用户支付体验

就餐后的埋单也是一道难题。以前的支付模式以现金和刷卡方式为主，速度相对比较慢。在二维码支付出现后，微信、支付宝等通道多样，收银台就变成了各式二维码的展位，这种支付方法为消费者提供便利，但是在核算账务的时候，就会让商家头疼不已，支付通道太多，核算耗时费力还会出错。同时因为二维码标识过多，收银台并不显美观，反而因杂乱影响餐厅视觉效果。

针对这样的情况，乐刷推出了聚合支付，实现"一码聚合，通收通付"，一改传统支付模式，消费者只需持智能手机等移动设备，通过主动

扫码或被动扫码的方式直接支付，节省了交易时间，提升了支付效率。商户也不用为同时使用多个渠道带来的对账难的问题而担忧，系统后台会自动为商户生成结算报表，每一笔交易都不会出错，商户对账时可以一目了然，为经营者财务统计解决很大问题。

四、全面数据分析，促进优质的餐品管理

传统的餐馆没有对菜品的直接统计，如果靠人工统计又会是一项耗时的事情。经营者一般只能靠每天的财务流水和客人订单，大概了解经营情况，无法展开更多的经营活动。

通过乐刷为其定制的行业解决方案，可以在后台查询详细的运营数据，辅助其分析经营情况。数据可以详细到每个菜品的销售量，商家可以直观看出销售比较多、比较受消费者欢迎的菜品，从而将其打造成爆款或者主打菜品，从而进行营销活动。同时可以对菜品进行库存管理，如果菜品短缺，可以及时进货或者在后台做标记，避免客户点了菜却无法上菜的尴尬。

五、连通外卖平台，提高餐厅销量

移动互联网的发展，也慢慢改变了人们的就餐习惯，如今叫外卖的人越来越多。如果缺少外卖这个渠道，对于商家来说是很大的损失。所以系统打通了外卖平台，帮助商家拓展客户流量，线上线下同时销售，增加销量提升营业额。

六、多元化的营销手段，优质的会员管理体系

Beefman 智慧餐厅的经营者还看重系统的会员营销功能，会员营销可以让更多消费者变成"回头客"。而在这之前，会员功能很单一，消费者通过手机号码注册成为会员，会拿到一张会员卡，可以用来充值、积分、打折等。但是商家并不能基于其会员系统进行营销活动，产生的价值很有限。

乐刷提供的基于条码支付的会员营销功能，便可以满足经营者的需

要。"支付即会员"的简单模式，可以帮助商家快速完成会员注册，商家就可以根据实际情况设置相关主题的营销活动，如满减优惠、领取优惠券买单立减等让利活动。系统独有的结合微信卡包开展的各种营销活动，包括储值、集点、折扣、满减等方式，让商家可以十分便利地操作。商家还可以编辑美食信息，吸引会员来餐厅就餐，也可以让会员传播出去吸引更多的消费者。会员通过商家的活动，得到了实实在在的优惠，也感受到了就餐的方便，无形中就会给餐厅一个好评，介绍更多的朋友来用餐。这样的口碑营销是餐厅经营者最钟爱的方式。

乐刷的餐饮行业解决方案，通过便捷的支付和创新科技形式，帮助餐厅改进传统管理模式的弊端，帮助商户实现日常运营的高效管理、智能管理，从而提升服务水平，增加营业效益，为向智慧餐厅的转型升级奠定了坚实基础。餐厅经营者和消费者能实实在在地感受到解决方案带来的好处，消费体验提升，运营便捷高效，乐刷也自然而然受到了商户和消费者的喜爱和信任。

在移动支付开始普及的时候，乐刷便着手布局商户服务，希望能从服务上帮助商户经营，通过一个系统工具在满足客户所有的支付方式的同时，实现商户与消费者线上线下互联互通，同时叠加库存管理、会员管理、营销管理、财务管理、数据分析、金融服务等功能，帮助商户实现店铺的高效管理，扩大盈利增长点，最终实现效益提升。基于条码支付，推出了定制化的行业解决方案，真实有效地为商户解决了经营上的问题。

乐刷推出的行业解决方案，具备多渠道、多场景整合、提供差异化服务、商户信息和交易数据自主可控等多项特点。这是基于信息科技发展的支付创新，为广大中小微商户提供了便捷、安全、通用的线上线下一体化全新支付服务。

战略决定核心竞争力。乐刷在夯实支付业务的基础上，注重科技创新，本着为广大中小微商户服务的初心，为商户运营效率提升提供有效助力，潜心解决不同行业商户的不同需求，不断叠加新的功能，让商户可以更好地服务移动互联网时代的消费者，帮助商户实现高效经营，提升营业利润，在同业竞争中占据优势。

　　就目前取得的成绩来看，乐刷已经服务了数百万商户，证明这是可以持续发展的健康的市场战略。而且在这个过程中的每个参与其中的角色，都能够获益，达到多方共赢的效果。乐刷会把这个模式持续发展下去，拥抱政策，合规经营，为广大线下中小微商户提供经营助力，打通更多行业的使用场景。

案例8　合利宝全渠道扫码支付终端

一、背景说明

现代社会，支付已触及商业经营和人民群众日常工作生活的方方面面，是夯实金融服务领域的重要基础，在发展普惠金融、有效提高金融服务可得性的工作中扮演着不可或缺的角色，而近年来兴起的第三方支付，是整个支付体系中的补充者，在承担小额便民的职责上发挥着越来越重要的作用。

合利宝成立以来深耕 B 端市场，为航空旅游、智慧零售、金融科技、电商、教育、跨境六大产业的上下游企业提供创新支付技术和专业服务。其中，智慧零售是合利宝的重点战略板块，坚守小额便民的宗旨，把支付能力和 ISV 解决方案赋能给小微商户，让支付回归本质，助力实体经济增长。

二、"合利宝全渠道扫码支付终端"需求背景

一直以来，面向零售、餐饮等行业的软硬件技术厂商较为注重的是销售的单次达成，而不是产品和服务的持续更新。这种经营理念在行业环境急剧变化的时期里，并不能满足零售、餐饮商户的需要。零售、餐饮作为主要的移动支付使用场景，其支付等经营环节在技术方面升级改造需求尤为迫切。因此，如何在行业客户的需求变化时，通过技术研发实现产品、技术、服务的迭代升级就是合利宝要解决的首要问题。这样既能够提升商户的经营效率，又可以优化人民群众的支付体验。

合利宝针对小微商户经营痛点和需求，经过实地调研，成立项目组进

153

行产品设计和技术开发，快速制定智慧零售支付解决方案，推出了全渠道扫码终端产品，同时兼顾 POS 机、智能 POS 机等设备。全渠道扫码终端已通过中国银联二维码终端 QPOCL1/L2UPTS 2.0 安全规范，满足金融 POS 机认证需求，保障终端交易安全。终端由新大陆生产，型号为 ME62。合利宝支付对终端进行技术开发和系统灌装，支持银联二维码、微信、支付宝，实时生成动态二维码，可广泛应用在餐饮、零售、住宿、服装等行业。

三、产品功能及特点

1. GPRS 和 Wi – Fi 无线通信。我国幅员辽阔，广大小微商户散布在城乡各个区域，在实际场景中，有线通信线路迁移和铺设会面临问题。移动支付，支付订单信息联通和反馈是基础，为适应地域环境特征和小微商户的收款需求，合利宝选用 ME62 无线支付终端设备。ME62 采用无线通信方式，支持 GPRS 和 Wi – Fi 两种通信方式，通过无线手机信号和无线局域网实现连接，商户可以在任意环境下使用移动支付终端。

2. 全渠道移动支付。合利宝全渠道扫码终端支持银联、微信、支付宝、挥卡闪付、手机 Pay 等多种支付方式，农村地区居民可以基于使用习惯使用银行卡、微信、支付宝和 NFC 便捷支付，也为商户提供多种收款方式，防止因单一的收款方式影响居民消费。

3. 双屏显示和交易提醒。合利宝全渠道扫码终端拥有双屏显示功能，主屏 2.4 英寸彩屏，显示汉字、字符、二维码等信息，次屏显示金额，商户和居民实时同步交易金额。

4. 外观时尚。合利宝全渠道扫码终端通体呈白色，工业设计立面横切，底座立体平稳，整体设计时尚简洁。为客户提供艺术设计之美。

为确保交易资金安全，合利宝后台对全渠道扫码终端进行管理和监控，保证一机一户，拦截异常交易。居民交易时，POSP 推送交易请求，带上订单号和交易号，平台调用二维码校验接口，校验动态码的合法性，确认后显示在终端，居民支付完成。

四、农村地区推广应用

当前我国农村金融服务缺口大、需求大，但长期以来整体市场处于被抑制的状态。一方面，与城市高度发达的金融服务体系相比，农村金融服务基础相对落后；另一方面，农村信用体系建设尚未完善、小额分散、缺乏标准抵押物，较难得到金融机构的支持。为积极支持农村地区金融服务发展，第三方支付企业应当充分发挥自身的技术和服务优势，助推农村金融服务的发展。

为全面贯彻落实党中央、国务院关于金融普惠乡村、振兴乡村的要求，进一步落实人民银行关于移动便民支付工程的工作，合利宝在农村地区推广和布放全渠道扫码支付终端，扩大农民生产、生活圈的金融服务网络，助力农村现代化发展。合利宝支付深入研究农村金融环境，以惠农利农为出发点，制定支付服务推广模式。

布放渠道策略方面，合利宝深入调研农村市场，全渠道扫码终端的布放渠道以农资品（化肥、农具）集散地、服装百货、乡镇级电信运营商营业点、饭店、理发店为主，切实满足农民的支付需求。同时，合利宝本着服务农业就是服务社会，就是支持经济社会发展大局，以社会效益为先，低于成本价将全渠道扫码终端给到商户，减轻商户负担，降低其接入门槛，切实让农民群众享受到移动支付带来的生产、生活的便利。

宣传推广方面，合利宝制定长效机制，进村入户，持续性地开展全方位、多层次的移动支付知识宣传，对潜在农村商户和村民进行支付宣传和现场培训，讲解支付方式的优越性、操作流程、安全管理等注意事项，使商户和村民感受移动支付的安全和便利，进一步培养农村地区的移动支付习惯。

五、业务开展成果

目前，该项业务推广工作以珠三角为腹地，重点布局珠三角核心城市及周边区县的农村和城中村，并辐射粤东、粤西和粤北地区，同时将此次活动在广东取得的初步成果打造成可复制的案例样本，用以复制、扩大活动范围，在全国已完成展业报备的分公司同步作业，将惠民支付服务于更多的农村地区。目前，合利宝将"支付＋农业"作为公司重要的发展战略，在农业产品流通过程中，完整的支付解决方案、农业商品流通产业链的重塑、农业商业模式的创新都与支付发展密切相关，合利宝将通过金融与科技赋能振兴农村经济，在实现农业产业链闭环、促进农业金融多样化、丰富农业金融支付手段上发挥积极作用。

合利宝2018年积极响应人民银行监管要求，大力发展移动便民支付业务，助力广大小微商户在智慧零售等方面不断提升市场竞争能力，累计服务小微商户30余万户，截至2018年10月底，小微商户年度交易总额超过145.67亿元，总交易笔数达2.93亿笔。

服务小微、服务普惠，合利宝还有更大的拓展空间。作为新金融科技企业仁东控股的核心企业，合利宝除了立足支付，扎根垂直细分行业，还将整合更多集团的金融生态资源，专注于服务实体经济、服务国家战略，积极探索产融结合新方向，助力广大城乡小微商户发展。

案例1 工银e支付小额免密产品

一、背景介绍

在国内互联网金融和新技术爆发式发展的背景下，我国金融正处于进入深化改革的关键时期，数字经济、普惠金融等新理念、新业态不断涌现，移动支付以其安全性和便利性的优势快速渗入大众生活中的各种场景。据艾瑞咨询数据显示，2017年第三方移动支付交易规模达到120万亿元，同比增速104.7%，占整个第三方支付的比例达75%，客户支付行为从PC端转向手机端的趋势明显，客户金融消费习惯已经实现从线下到线上、从标准化到个性化的转变。同时随着生物识别技术、OCR识别技术以及风险防控手段的不断升级和完善，目前移动支付正在向脱离手机支付的无感支付转变，智慧零售、智慧出行时代正在到来。

为适应移动支付的变化趋势，更好地响应中央供给侧改革中对银行服务实体经济的要求，抢抓消费升级带来的市场契机，贯彻"互联网＋"金融发展战略，工商银行主动拥抱互联网，利用先进的技术平台优势、清算结算优势、渠道服务优势和创新产品设计优势，全新推出工银e支付小额免密产品，全力服务各行各业场景化建设。

二、申报产品及支付流程介绍

工商银行于2017年6月推出工银e支付统一支付品牌，运用新技术和新方法打造了一个大额小额支付全支持、本他行客户全覆盖、线上线下流程标准化、支付工具聚合化、商户对接高效化、风险监控实时化的互联网支付产品。为了更好地对接无感支付，工商银行基于工银 e 支付产品统一品牌，于 2018 年 4 月推出工银 e 支付小额免密产品，复用工银 e 支付 2 亿客户的体系，为客户提供"快捷绑卡＋无感免密支付"的服务，为工商银行抢占移动支付市场提供有力支持，并成为带动其他业务联动发展的重要入口和纽带。

从具体产品流程上来说，对 B 端商户而言，对于有无感支付需求的停车场、无人超市、公共出行等合作方，只需在工商银行建立统一商户档案，开通小额免密支付功能，后续即可调用工商银行 API 开放接口为客户提供无感支付服务。对 C 端客户而言，需要在合作方渠道先绑卡签署工商银行小额免密协议，在支付过程中，客户无须输入密码即可享受真正的快捷支付。下面以已经上线的某个商户作为典型案例来介绍该产品使用流程。

场景需求：客户希望每次进入小区可以快速通行，先通过再扣费。

（一）签约（以无感通行为例）

客户首先关注物业公司的公众号，然后在公众号中点击"停车缴费管理"，进入无感停车开通页面。客户选择需要绑定无感支付的车牌，点击进入"工商银行小额免密支付"的绑定页面（见图 1）。

图 1　工商银行小额免密支付绑定页面

客户继续输入银行预留手机号，然后点击"获取验证码"并在页面中输入工商银行发送的短信验证码，进入小额免密签约页面。界面上会展示小额免密协议，客户点击"工商银行工银 e 支付小额免密支付功能"可查看协议内容。点击"确定开通"后进入验证页面，客户输入在工商银行预留的六位支付密码，验证通过后即签约成功（见图2）。

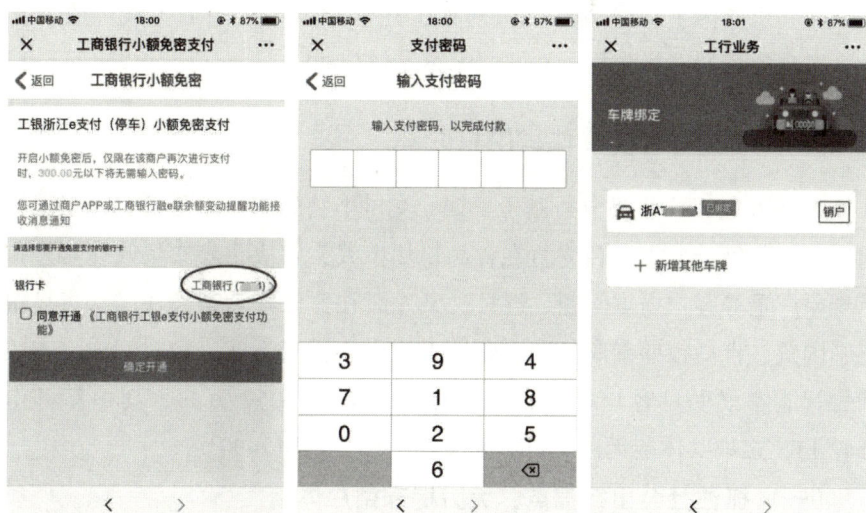

图 2　工商银行小额免密支付开通界面

（二）支付

客户绑定车牌后，通过闸机时，可直接通过栏杆进入。后续商户调用工商银行提供的小额免密扣款接口向工商银行发送扣款指令，工商银行判断客户是否签订过小额免密协议后，完成协议扣款，并通知客户完成支付。

三、场景应用亮点

（一）无感付产品

个人客户首次须先签订免密协议，通过扫描静态二维码，跳转 H5 界面，输入车牌号、手机号、银行卡号，完成免密支付协议的签订。在车辆驶离停车场时，无须停留，停车系统通过向工商银行查询免密协议，对协议有效的车辆直接放行，工商银行后台完成扣款动作，从而实现离场不停车，自动扣款的功能，客户只需签订协议即可在停车场完成无感通行。

（二）停管＋产品

浙江保利物业为了满足业主需求，在经过设备改造后上线停管＋产品，实现停车费在线支付，浙江保利物业旗下所有项目合计 65 进 65 出计划全部使用停管＋产品实现线上缴费。

义乌机场为了提升智慧支付建设，在经过设备改造后上线停管＋产品，实现停车费在线支付，并开通无感支付功能。

四、应用落地打造社会出行亮点

2018 年初工行青岛分行基于工银 e 支付小额免密产品开发的"工银瞬付"停车场智能收费项目先行在青岛机场上线，解决了停车场收费难、排队现象严重等客户痛点问题。近日，又先后在鑫江物业拉菲庄园、青岛银盛泰国贸、青岛银盛泰商务港、青岛青铁中心投产上线。短时间内，工银瞬付智能停车项目客户端（C 端）已签约客户 1.57 万户，其中新开卡 5542 户，客户共体验无感支付业务 1841 次，消费 17490 元。

（一）抓住社会出行痛点，大力提升用户体验

1. 发现痛点，提出需求。青岛市私家车已近 300 万辆，越来越多的人选择驾车购物、出行。目前绝大多数停车场仍采用人工收费、二维码支付的模式，该模式对体验要求越来越高的消费者来说已远远不够。不少人抱怨出场排队，备零钱麻烦，扫码支付无法识别二维码的问题，大多数商超、停车场又不具备自行开发停车 APP 的能力，停车场资金管理、现金缴存也为日常管理工作带来不便。针对停车场收费难、排队现象严重、账务核对烦琐、资金回笼不畅等客户痛点问题，青岛分行设计提出了"工银瞬付"停车场系统项目方案。

2. 明确合作目标，快速上线。工商银行首先选择了客流量高的青岛流亭国际机场作为合作单位，青岛流亭机场车位数量近 2000 个，胶州新机场将达到 5000 个车位，目前车辆日流量为 1.4 万左右，客流量较高，且无购物抵扣、会员免费等优惠措施。同时机场停车场影响面广，客户质量相对较高，与其他类型停车场相比在合作上具有较大优势。在总分行各部门的全力配合下，经过多次与机场的沟通洽谈，确定了合作方案。

（二）完善机制，激发活力

1. 明确职责，逐项目组建柔性团队，严格按照制定的任务书、路线图、时间表、责任状，推进"工银瞬付"的落地实施。"工银瞬付"涉及与对公客户的合作谈判、系统的开发对接、账务的对账清分、开发运营资源的投入等诸多环节，各部门协同做好项目的需求分析、立项、投产测试、应用推广工作。

2. 引入项目管理机制和团队奖励机制。根据具体场景项目建设情况，在项目投产及投产后的营销推广两个阶段给予一定的奖励，兼顾场景的效率和效果，激发场景共建的活力。"工银瞬付"智能停车项目荣获分行"业务发展创新奖"，同时被青岛市金融团工委授予第五届"双提升"金点子方案优秀奖。

（三）多措并举，深化合作，全面提升"工银瞬付"应用成效

1. 注重运营，加强推广。机场投产"工银瞬付"后，为使该项目能够快速推广，分行制定了"工银瞬付"业务简介和操作流程，通过广播、微信图文、95588 短信等线上渠道对工银瞬付进行集中宣传推广；统一设计印制了"工银瞬付"宣传海报和折页，在机场、网点等张贴宣传，并调动机场收银员和大堂经理的积极性，积极向机场停车客户和到网点办理缴罚的客户宣传推介工商银行"工银瞬付"。同时策划了"工银瞬付绑卡送优惠券"，凡首次绑卡客户，均赠送 10 元停车优惠券，全力做好这一场景的营销推广工作。

2. 联合第三方拓展 B 端商户，带动发展 C 端客户，提升场景应用和落地成效。虽然在机场已经实现了"工银瞬付"，但单一的停车场无法满足客户的需求，也不能形成拓展 C 端客户的强大合力，为进一步扩大"工银瞬付"无感通行停车场的覆盖范围，工商银行分行确定"联合优质停车服务商拓展 B 端商户、借力发展海量 C 端客户"的发展思路，采用直接与红门、捷顺、华通、隧 e 通等较大的停车场系统开发管理企业洽谈合作批量获客、网格化营销支行签约等方式大力拓展"工银瞬付"停车场 B 端商户。提升社会大众出行体验，进一步打造社会出行亮点。

五、创新实践亮点

工银 e 支付小额免密是基于工行、客户、商户三方签约的小额免密支付协议。在功能上有以下亮点：一是支持银行卡范围广，支持多达 69 家银行卡，借贷记卡全支持；二是绑定流程简单，只需手机号 + 支付密码即可完成绑定，操作便捷；三是支付时采用 token 标记化，避免了客户卡号泄露导致的资金盗刷风险，妥善保证支付全流程的安全可靠；四是额度灵活可控，可以按照商户维度自定义小额免密限额，满足高速等特定场景大额扣收的需求；五是灵活的场景服务能力，未来可复制到高速通行、无人超市、地铁公交等多个领域，具有极强的推广价值。

支付领域与锐意创新关联紧密，工商银行支付通过技术与业务的紧密结合形式，紧跟市场变化，以敏捷迭代开发的方式推出工行小额免密支付服务，充分发挥科技创新驱动作用，打造工商银行支付开放化服务，与合作方共建支付新形态，满足市场上多种多样的支付对接形式，提高了商户对接经营效率，构建了金融合作新生态，为客户提供了便捷安全的支付体验，为商业银行在金融科技领域的发展总结了经验。

下一步，工商银行将继续发挥在政府、医院、军队等机构领域的合作优势，利用创新的小额免密服务，积极开展场景化建设，通过细分市场划分交通出行、智慧零售等多个行业领域，选取重点分行典型场景进行试点拓展，进一步加速将产品创新成果转化成市场效益，为广大客户提供更加便捷的移动支付服务，也为工商银行产品带来良好的社会声誉。

案例2 中国建设银行无感
支付案例

一、案例背景介绍

随着人民生活水平的不断提高，汽车日益普及，开车出行尤其是在停车缴费方面的不便问题越来越显著，如何提升停车缴费效率、完善停车管理、改进停车服务成为一个智慧城市首先要解决的问题。建设银行经过实地体验和了解，发现停车场存在以下主要痛点。

（一）停车缴费拥堵。很多大型停车场设置了取卡进场、还卡出场，这都需要车辆停下来操作，进而形成拥堵。部分停车场在车辆入场时通过摄像头自动识别车牌，解决了进口处的问题，但在出口处缴费时还是会形成拥堵。部分商场停车场在服务台处预先缴费，但很多消费者到了出口处发现未缴费又需重新到服务台缴费，造成拥堵。

（二）缴费方式不方便。部分停车场只支持使用现金缴费，有些车主因没随身携带现金造成不便。另外，一些商场虽然推出了网络缴费，但需要先关注不同商场的微信公众号或下载APP，操作较复杂，对消费者来说仍然不够方便。

（三）拥堵产生停车费纠纷。有些停车场由于缴费环节受堵而导致后续急于离场的车主无法及时离开，产生了不必要的停车费纠纷。

针对以上问题，亟须研发一套既能保证消费者信息及结算安全，又能提高通车效率的智能化停车缴费系统，以提升客户满意度，降低停车场管理公司的运营成本。

二、产品服务功能及业务流程

建设银行在分析客户需求后，为提升停车场出入口的通行效率，同时提高车主的使用体验，不必再为缴费排队而烦恼，创新推出了基于车牌识别的无感支付，将车牌识别技术与银行卡快捷支付技术相结合。车主首次使用前，通过手机签约绑定银行卡账户与车牌号，在进出签约停车场缴纳停车费时，停车场通过图像识别技术识别车牌号码后，直接从该车牌绑定的银行账户扣款，无须车主手动缴纳费用，极大地提升停车场出入口的通行效率，同时提高车主的使用体验，不必再为缴费排队而烦恼（见图1）。

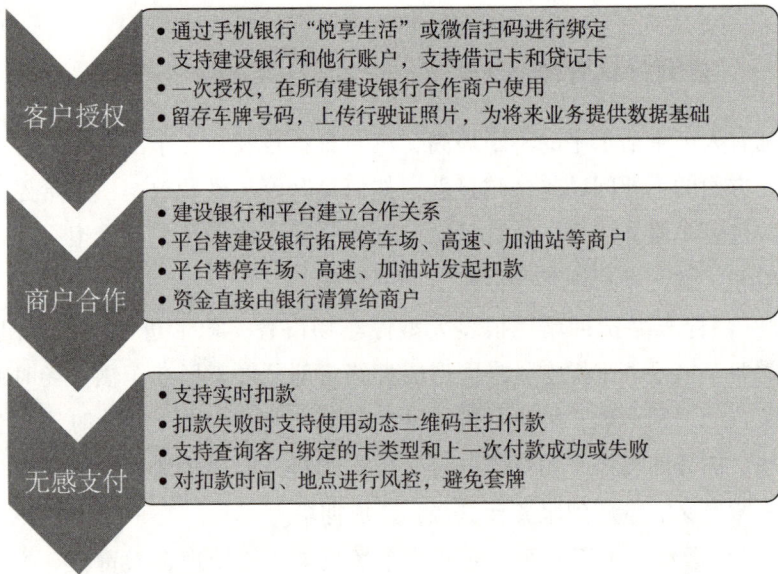

客户授权
- 通过手机银行"悦享生活"或微信扫码进行绑定
- 支持建设银行和他行账户，支持借记卡和贷记卡
- 一次授权，在所有建设银行合作商户使用
- 留存车牌号码，上传行驶证照片，为将来业务提供数据基础

商户合作
- 建设银行和平台建立合作关系
- 平台替建设银行拓展停车场、高速、加油站等商户
- 平台替停车场、高速、加油站发起扣款
- 资金直接由银行清算给商户

无感支付
- 支持实时扣款
- 扣款失败时支持使用动态二维码主扫付款
- 支持查询客户绑定的卡类型和上一次付款成功或失败
- 对扣款时间、地点进行风控，避免套牌

图1 需求实现方案

（一）客户开通无感支付流程

1. 扫码下载并打开建设银行 APP。

2. 点击"龙支付"—"无感支付"或"悦享生活"—"无感支付"。

3. 根据提示绑定"车牌号"，同时授权建设银行在一定的支付限额内扣费，即可完成无感支付绑卡开通。

（二）停车支付业务流程

1. 在车辆进场时，停车场扫描到客户的车牌号后，将车牌号发送到建设银行系统进行查询，判断该车辆是否已开通无感支付，并标记。

2. 在车辆离场时，停车场识别到该车牌已开通无感支付，实时向建设银行系统发起扣款请求，在收到扣款成功后，抬杆放行车辆离场。

3. 对于扣款不成功的车辆或未开通无感支付的车辆，停车场可以提供辅助的扫码支付手段，车主可以使用建设银行龙支付、银联云闪付、支付宝、微信等多种在线支付工具进行付款，付款成功后放行车辆离场。

业务流程如图 2 所示。

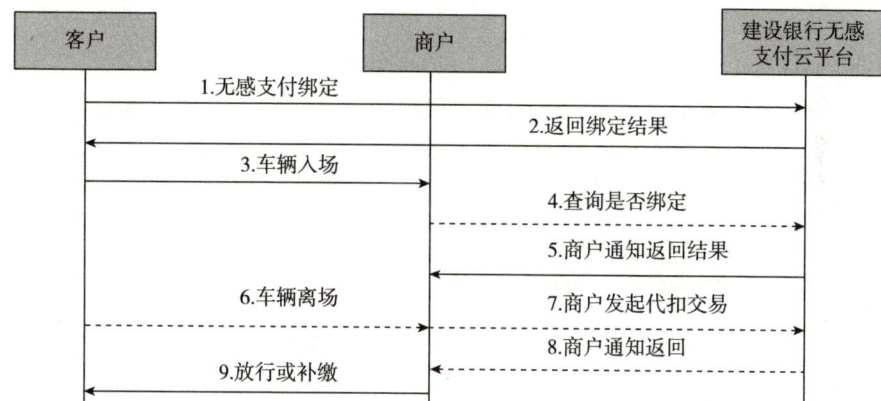

1.客户在建设银行进行无感支付绑定授权　　2.建设银行返回客户绑定处理结果
3.客户车辆进入商户的停车场　　　　　　　4.商户识别车牌后，向建设银行发送查询信息
5.建设银行返回商户该车牌是否开通无感支付　6.车辆离场，商户识别车牌生成订单
7.商户向建设银行发起代扣交易　　　　　　8.建设银行返回商户处理后的信息，若失败返回原因
9.商户接收通知后，成功则放行，失败则通过其他方式补缴

图 2　停车支付业务流程

（三）适用场景

1. 停车场无感支付：车辆出入停车场时，车牌识别系统通过视频 OCR 智能识别车牌号，对于已签约的用户将从其绑定账户中自动扣除停车费。

2. 洗车无感支付：车辆出入智能洗车场所，车牌识别系统智能识别车牌号，对于已签约的用户将从其绑定的账户中自动扣除洗车费用。

三、产品服务应用特点及创意

信息安全方面："无感支付"对扣款频率、金额进行控制，对交易时间、地点进行风控，有效避免套牌风险。建设银行支付渠道能够很好地保护车主结算账户信息不会泄露给第三方，保证客户资金安全。

产品体验方面：车主只需一次绑定授权，就可以在全国的建设银行无感支付合作商户使用，无须重复操作，体验良好。在停车缴费时，无须客户进行单独操作，车牌识别成功即可完成扣款支付，做到"免停车、免刷卡、免扫码"，真正实现无感。

开放共享方面：建设银行无感支付绑定账户支持各家符合银联标准的银行卡，具有较好的开放共享性，方便广大客户使用。

资金安全方面：车主在付费成功后会收到短信提醒，也可以通过建设银行手机银行主动查询消费记录，充分保障消费者的知情权。

财务对账方面：财务收款明细清楚明了，方便财务对账。建设银行提供给商户的商户管理后台具有完善的交易查询统计分析功能，并支持线上快捷退款。

四、产品服务推广情况

截至2018年10月底，全国已有2000余个停车场管理系统与建设银行实现对接，有近20万客户开通了建设银行无感支付，实现交易量5万余笔，包括三亚凤凰机场、乌鲁木齐机场、西安咸阳机场、合肥火车站、莫高窟景区等一批当地的地标设施，起到了良好的宣传效果和示范效应。

（一）从有影响力的停车场入手，以点带面拓场景

以某市为例，建设银行注意到该市某体育中心停车场车流量大，出入口道闸已改造完毕，已具备识别车牌的能力，同时该停车系统的服务商具有较强的系统开发能力，非常适合建设银行无感支付的对接。建设银行立即成立了包含产品经理、技术人员、客户经理在内的营销小组，与该停车系统服务商进行洽谈。对方对建设银行的产品也十分满意，立即同意合作。该停车场成功上线建设银行无感支付产品后，成为当地首家实现无感支付停车缴费的停车场，在当地形成了一定的影响力，当地电视台也为建设银行无感支付进行了宣传报道，这为该地区其他停车场无感支付合作树立了标杆。

（二）加强产业合作，优势互补推动业务发展

市场上存在部分科技公司开发的停车场管理系统已在多个停车场上线使用，这些停车场管理系统已经拥有较为完善的停车场管理功能，唯独缺

少支付收款的模块。建设银行无感支付产品的出现恰恰解决了这一痛点。建设银行通过与此类科技公司进行系统对接合作，一方面可以为停车场提供一套完整的停车综合服务方案，另一方面可以借力科技公司已有的市场，快速将建设银行无感支付嵌入，迅速推广应用。如建设银行与东部某省会城市科技公司对接上线无感支付功能后，实现了该市城区所辖80多个停车场开通无感支付功能，大大方便了当地市民出行停车。

（三）加强营销宣传，吸引客户体验使用

在无感支付推出之后，建设银行持续加大宣传力度，开展了以"乐享无感支付，体验智慧停车"为主题的营销活动，吸引了大量客户开通无感支付，取得了较好的推广效果。

五、营销经验介绍

无感支付应用范围广，一是可对政府机构、大型商场的停车场进行营销推广；二是可对中石化、中石油等加油站点进行无感支付加油缴费营销；三是可对高速公路公司进行无感支付交费营销；四是可对银行有无感支付适用场景的存量商户、有资质的第三方平台进行推广营销。

六、案例启示

据公安部公布的数据，截至2017年底，全国汽车保有量已达2.17亿辆，目前，仍在持续快速增长，停车、加油、洗车等是车主客群日常的刚性需求，这些场景衍生出的支付需求业务量巨大。建设银行无感支付产品以其不依赖银行卡、不依赖手机、不依赖扫码、无须客户验密的特点，全程实现用户"无感"，一方面解决了传统现金、扫码等支付方式存在的通行效率低、用户体验较差的痛点，另一方面有助于停车场、洗车店、加油站等经营场所实现无人值守，降低经营成本。

对银行而言，通过无感支付产品：一是助力商户扩展，加快银行优质商户发展进程；二是助力个人客户扩展，通过个人客户绑定无感支付，协助银行对优质客户进行精准营销，同时获取车主信息，为车贷、信用卡等业务提供数据支撑；三是增加存款沉淀，通过与网络特约商户和优质个人

客户的合作，有效增加银行存款沉淀，提升经济效益；四是提升产品覆盖度，通过网络特约商户及优质个人客户的拓展，提升银行产品市场覆盖度，提升市场占有份额。

随着物联网技术在移动支付领域的应用日益深入，以无感支付为代表的新型支付方式将成为趋势。下一步，建设银行将在总结前期实践经验的基础上，进一步加强新兴技术应用探索与民生场景拓展，为移动支付行业创新发展作出更大贡献。

案例3 中国建设银行龙支付米动手环

一、案例背景介绍

随着移动支付的快速普及，个人支付结算市场急剧变化，商业银行需要以开放的心态，拥抱技术革命，面对市场变化，不断进行产品创新，以重塑支付结算的主体地位。同时，随着金融科技的不断发展，支付结算已经经历了去现金化、去银行卡化的蜕变，在物联网概念冲击下，去手机化也将成为现实，已经可以看到越来越多的可穿戴设备出现在日常生活中。通过万物万联的创新科技手段带动金融服务方式升级，将会为客户带来更加差异化的应用和服务体验。

从客户需求分析来看，"快乐工作、健康生活"已然成为当代人的生活潮流。在这样一个快速发展的智能时代里，生活节奏越来越快，身体的"亚健康"状态成为现代人们的普遍问题，客户对于健康管理的需求越发凸显且表现迫切。于是，越来越多的人开始崇尚跑步、健身等运动，并装备各类智能穿戴设备，比步数、晒里程、秀健身已成为朋友圈的一道风景线。其中，智能手环作为一种可实时追踪客户运动、睡眠、心率等日常活动和身体多种信息的设备，以其便携小巧的突出特点，吸引了众多人士的喜爱。

因此，运动已不仅仅是一个话题，更是一个越来越庞大的客群，更形成了以运动为爱好的社交圈。在如今竞争激烈的移动支付大背景下，随着各类手机Pay产品的逐步问世和二维码支付的普及，如何在满足客户对运动健康管理需求的同时，将金融便捷与支付的功能有机融入，并且兼顾爱好运动的人群对移动支付功能的需求，有针对性地解决人们在运动健身中的现实困扰，打造一款具有金融支付功能的智能可穿戴手环设备的研发创想应运而生。

二、产品服务功能及业务流程

龙支付米动手环（以下简称龙米手环）是建设银行结合多方面需求，联合华米科技、上海交通卡公司打造的首款集金融支付、交通出行与健康运动于一体的智能可穿戴设备，切实解决客户在运动、出行等场景中的小额高频支付需求，并能成为用户贴身、便捷、安全的健康管家和支付管家，是建设银行在金融移动支付领域，通过跨界合作打造便民利民工程的一项重要突破。

（一）金融支付功能：手环与建设银行手机APP配对后，通过用户手机与手环间的蓝牙通信，完成银行移动支付空中发卡。手环可以与带有银联云闪付标识的硬件设备进行互动，用户可以很轻松便捷地在POS机上"刷手环"消费，并能在ATM上"刷手环"取款。

（二）公共交通功能：龙米手环还是一张公交卡，用户佩戴手环后就能在上海地铁、公交、轮渡等所有公共交通工具上轻松抬腕支付。用户还可以通过"随芯用"APP，用绑定的云闪付卡向上海公交应用账户充值，或进行账户余额查询、订单查询及管理等操作。

（三）运动管理功能：龙米手环支持计步、睡眠监测、来电提醒、闹钟等功能。

三、产品服务应用特点及创意

龙米手环加载有建设银行IC借记卡的金融应用与上海地区公共交通应用芯片，并预制有上海公共交通卡账户。龙米手环充分利用建设银行新一代系统和手机银行APP客户端，通过用户手机与手环间的蓝牙通信，完成银行移动支付发卡和交通卡蓝牙方式的充值，是实现双方在已有产品和已有业务合作基础上的又一项重大创新突破产品。项目亮点简要概括为以下四个方面。

（一）功能创新：龙米手环在同行业内首创了金融支付、公共交通与可穿戴设备的结合，满足公交出行、闪付购物、抬腕取现等日常消费需求，支持在所有银联云闪付标识的设备上通过手环方式便捷支付，解决客户在运动、出行等场景支付不便的痛点，是打造便民工程、落实普惠金融的有力措施。

（二）技术创新：龙米手环在金融领域首创利用蓝牙技术实现云闪付空中发卡、交通卡空中充值的功能，突破了手机型号和 NFC 功能的限制，普适性地适用于所有智能手机，独创的蓝牙通信加密技术已经申请发明专利。

（三）体验创新：只需通过三步绑卡和充值流程，客户无须至柜面，就可以通过手机 APP 和蓝牙通信，实现空中绑卡和公交账户充值，达到"即买、即开、即充、即用"的极致体验。

（四）性能外观创新：龙米手环的外观设计荣获 2017 德国红点设计大奖，手环新增超大液晶宽屏和隐藏式按钮，具备所有防水、防尘、防刮、防紫外线的"四防"功能。一次充电 20 天续航的超长待机时间在同业同类产品中首屈一指，为金融应用和交通支付提供了可靠支持。

四、产品服务推广情况

龙米手环发布后，建设银行在善融商城和小米运动商城先后开展了龙米手环的首发优惠抢购活动，宣传攻势火爆、客户参与热烈，引起社会媒介高度关注，活动宣传广告受到热烈转载，客户阅读量突破百万，在广大客户中引起了关注和轰动。首发 4000 个手环瞬间被秒杀，第一批定制的 2 万个手环也快速售罄，截至目前，总销量已经突破 3 万个。龙米手环荣获上海市政府授予的 2017 年度上海金融创新成果奖、上海市银行同业公会颁发的 2017 年度上海银行业创新奖和第一财经颁发的 2017 年度金融科技设备创新奖。

目前龙米手环已实现了建设银行借记卡的手环绑卡，后续通过系统开发，可以进一步拓展贷记卡绑卡以及他行卡申请二类户进行手环绑卡，将对复制推广产生积极的作用。由于目前各城市、各地交通卡行业应用以及运营模式存在各异，龙米手环的公交应用加载与当地交通卡对接后，可快速在全国进行推广复制，目前已在部分省市落地对接中。

五、案例启示

龙米手环揭开了建设银行试水金融物联网的序幕，通过跨界合作、异业结盟，以技术发展引领产品创新的方式，为普惠金融以及移动支付便民工程打开了新的窗口，创造了新理念。建设银行也将积极顺应时代趋势，结合智能科技、金融安全、移动互联等创新理念，携手各界合作伙伴，持续开拓金融服务边界，在智慧手表、智慧家居、智慧健康、智慧出行等领域，为用户提供更加无缝对接的综合解决方案。为了人民的美好生活，建设银行将在金融科技和普惠金融的道路上昂首前进。

案例4　中国建设银行虚拟借记卡产品

一、案例背景介绍

移动互联时代，在互联网企业、电商平台等新兴行业的引领下，越来越多的企业将互联网渠道作为销售的主战场之一。以电商行业为例，2017年电商占零售业比例已超20%，其中移动端电商业务在整体电商业务中的占比达到了73%。银行作为网络商业行为核心的支付结算服务提供方，对行业方金融服务的外延拓展具有巨大潜力。个人银行账户分类管理制度以及后续政策的出台，为商业银行进一步向行业方和消费者提供与外部场景融合度高、功能定制化能力强的账户服务，推进深度合作和客户共享提供了政策支持。同时随着支付业务监管的不断趋严，支付业务进一步走向规范，公平、有序、合规的社会支付体系为商业银行开展外部合作、推进账户服务和金融产品为行业赋能提供了良好条件。

建设银行借助金融科技创新，进一步提升个人金融服务对外输出能力，依托自身雄厚的金融科技基础以及专业的账户管理经验，根据某互联网公司逐步用银行个人账户体系替代自有钱包账户体系的需求，实现建设银行账户服务的输出，为行业方提供以个人账户为核心的综合服务解决方案。

二、产品服务功能及业务流程

(一) 产品意义

产品合作方为某互联网公司，该公司主要经营高端智能手机、电子周边等产品。通过在其平台上输出建设银行账户体系，充分运用银行Ⅱ类账户解决平台实名认证、虚拟账户、支付结算、资金监管、理财、贷款、风险控制等诸多方面的问题，打通平台用户与银行账户，给客户带来便捷体验。该互联网公司的平台注册用户上亿，客户群体以年轻人为主，且大多分布于三线及以下城市，是潜力巨大的客户群体。通过业务合作可以为银行带来客户资源和消费信息，从而带动资金沉淀和产品覆盖。

（二）服务功能

1. 虚拟借记卡在线开立

根据行业方的需求定制专属账户，由建设银行专门设计虚拟借记卡，该借记卡只在行业方拓展的场景内使用，以Ⅱ类账户为主。

2. 消费支付服务

以虚拟借记卡为基础，打通该互联网平台的电子钱包与银行账户功能，客户通过虚拟借记卡在企业互联网平台自有场景内进行支付消费。

3. 投资理财服务

以虚拟借记卡为基础，与平台合作通过将建设银行产品输出，支持建设银行发行的投资理财类产品销售。

4. 消费信贷服务

借助客户在企业互联网平台的消费行为和交易数据的大数据分析，确定消费信贷额度，向虚拟借记卡个人客户提供快贷或信用卡分期等信贷产品服务。

5. 民生服务消费场景输出

通过将建设银行民生服务类场景服务输出，增加个人客户在企业互联网平台上以虚拟借记卡体验建设银行生活缴费等服务。

（三）业务流程

虚拟借记卡是在符合人民银行规定的前提下，将建设银行自身的系统与企业互联网平台进行对接，用户通过平台开立建设银行Ⅱ类账户，该账户的开户流程和账户功能均符合监管机构账户管理的相关要求。

与该互联网企业的合作接入采用接口模式，在该企业互联网平台的电子钱包输出建设银行Ⅱ类账户开户接口，客户通过实名认证流程，开立建设银行Ⅱ类账户。为保证客户使用的安全性，建设银行负责输出联网核查、鉴权通道、人脸识别等科技能力，由企业的互联网平台调用。建设银行与企业方在符合监管规定的前提下共同商定专用账户各类场景支付限额以及账户余额限制标准。依据人民银行的规定，客户在企业互联网平台上的场景中，专用Ⅱ类账户非绑定账户转入资金、存入现金日累计限额合计为1万元，年累计限额合计为20万元。

金融服务输出客户端接入模式包括SDK接入和H5页面接入两种模式。SDK接入方式是第三方应用使用建设银行提供的SDK包进行相关的客户化开发，通过调用建设银行SDK包中提供的接口完成相关的安全、认证、金融服务等功能。H5页面接入是第三方应用在其客户端中嵌入建设银行提供的H5页面，客户在操作时通过跳转到相关H5页面完成金融服务功能。客户可根据业务需求选择接入模式。

三、产品服务应用特点及创意

（一）提升客户金融在线服务体验

企业互联网平台客户群以年轻人为主，主要分布在二、三、四线及四线以下城市，学识层级高，已养成在线支付、理财等金融习惯。在该企业互联网平台上直接开立虚拟借记卡，有利于提升客户体验，加强四线以下城市金融服务能力，延伸金融机构服务半径。

（二）增加双向客户引流，保障个人客户资金安全

对商业银行和行业合作方来说，用户和浏览量是互联网平台的价值基础，也是行业方借力金融服务输出的重要资源，因此银行与第三方平台进行合作、相互借力引流，势必成为行业方和商业银行业务共同发展的重要突破口。同时，以银行个人账户体系替代第三方平台自有账户体系，对于客户资金运营安全性提供有效保障。

（三）适应个人客户服务场景化、个性化需求的创新产品

顺应新时代产品数字化、服务场景化、客户脱媒化趋势，针对行业需求推出的创新定制服务，支持全方位金融功能和类金融功能，发挥建设银行在客户、账户、资金等多方面的运营能力，借助互联网平台双向引流和

场景互嵌，在虚拟空间打造获客新模式，挖掘客户维护新手段，与行业方共同推进客户关系的新建、促活和固化。

四、产品服务推广情况

建设银行与合作方公司双方通过资源叠加、宣传渠道叠加及场景应用叠加，共同组织宣传促销活动，以在企业互联网平台上场景应用或消费交易为导入口，实现个人客户自主选择产品使用。以虚拟借记卡在电子公交卡充值营销宣传活动为例，个人客户使用虚拟借记卡支付一元可以得到两张 20 元公交充值券（包括但不限于抵扣公交开卡费）。每名客户使用虚拟借记卡进行第一笔公交卡充值时，可使用一张 20 元公交充值券进行抵扣；用虚拟借记卡进行第二笔公交卡充值时，可使用另一张 20 元公交充值券进行抵扣。

五、案例启示

近年来，随着移动支付的快速发展，支付去介质化、去场景化已成为趋势，同时人民银行出台了一系列支持银行账户创新的制度文件，为商业银行账户创新提供了政策支持。建设银行积极顺应市场需要及监管要求，利用自身金融科技优势，与外部互联网公司合作，创新推出了虚拟借记卡产品，赢得了市场的良好反响。另外，在开展产品创新及外部合作过程中，建设银行提前制定风险预案，针对业务流程的各个环节逐一评估，严守法律合规底线，确保风险可控。

案例 5　中国光大银行基于"云闪付"的手机银行服务创新

金融与科技的结合，已成为银行业的发展方向。通过构建全新的移动金融生态体系，光大银行提出了"一部手机、一家银行"的移动金融发展策略，并加大科技投入，为移动金融插上科技的翅膀，以满足人们美好生活的需要。

在移动互联网时代，移动支付已成为各商业银行的新兴的主流支付方式。对客户而言，通过手机支付、二维码支付等付款方式消费，不仅可以降低介质成本、提高便利性，同时还可以增强支付安全性，极大地便利客户出行。而对商业银行而言，银行的 APP 也不再局限于单一的金融服务，逐步从单一的金融服务模式走向金融+生活的一体化服务模式。移动支付业务已随时代发展开始迅速崛起，将互联网金融的价值推向了新的高度。在人民银行的积极扶植和推动下，移动支付技术标准正式确立，为国内移动支付业务发展指明了方向，伴随着金融 IC 卡迁移工作的深入，移动支付爆发式的增长指日可待。为了进一步推动国内移动支付产业发展，促进金融 IC 卡的普及使用，践行商业银行服务于民的理念，光大银行积极推动并参与移动支付业务的创新工作，并将其作为移动金融战略布局的重要组成部分。

移动支付其实质为支付介质的电子化、芯片化、移动化，即用移动设备与电子账户或实体账户的组合，升级传统银行卡介质，拓展支付渠道，简化支付方式，提升支付效率。移动支付主要分为近场支付和远程支付两种，所谓近场支付就是通过移动设备替代银行卡刷卡的方式完成现场快速消费，如手机闪付或者二维码交易；远程支付则是通过移动设备 APP 及移动互联网完成在线商品选购、支付及营销推广。

177

2018 年，光大银行在手机银行推出全方位的支付体系，该体系重点在手机银行的营销功能、渠道联动、支付功能和权限管控方面进行了全面的提升。打破传统的纯金融服务概念，将支付趋于场景化、无卡化，为光大银行用户带来更加智能、健康、便捷的消费体验。

其中最突出的是光大银行手机银行联合银联云闪付 APP，在光大银行手机银行推出云闪付内容共享功能。该功能即银联将云闪付 APP 已具备的扫码支付、营销与权益（优惠券、立减、抽奖和激励金）、银行卡特色服务、场景支付（公共事业缴费、智慧停车、征信查询和党费缴纳）等功能和能力通过 H5 的方式全部输出至光大银行手机银行 APP，形成与银行 APP 的扫码支付产品无缝结合，形成一套支付标准化服务体验，帮助合作机构迅速获得银行业统一标准的支付能力、营销能力以及应用场景，保持统一的用户体验。同时解决了客户"哪能用，哪有优惠"的问题，进一步加强了商业银行和银联的联动，有效地提升了支付产品体验。

云闪付用户共享功能详细产品流程如下。

手机银行开通云闪付服务只需三步。

（一）用户可通过光大银行手机银行 APP 付款码功能右下角"享优惠"或"全部功能—支付—云闪付"功能，进入云闪付 APP 授权页面完成授权验证。

（二）对于已存在云闪付账户的用户，选择对应账户，验证登录密码后关联成功；对于未开通云闪付账户的用户，则会通过授权传输信息开通新的账户。

（三）最后一步验证预留手机号开通/关联成功并进入服务窗。

云闪付用户共享功能产品功能。

（一）扫码付：扫码付可快速地跳转到手机银行的付款码功能，能够让客户在找到想要的优惠的同时快速切换到支付页面完成支付流程。

（二）享优惠：享优惠功能包含了云闪付用户共享功能里的营销功能模块。包括红包的查询和领取，激励金的领取和查询，以及周围地区活动商户的查询功能，有效快捷地帮助客户定位最优惠的商户。

（三）卡管理：卡管理功能提供了客户绑定、查询、解绑云闪付账户已绑定卡片的功能。通过光大银行手机银行开通云闪付账户的客户，系统会默认绑定手机银行前三张卡片（至多），并会默认开通首张卡片的在线支付功能（仅支持借记卡），有效免去了客户在开通账户后还需要另行绑卡的烦恼。

（四）支付能力：在提升手机银行营销能力的同时，光大银行还进一步加强了手机银行支付能力。其中包括支持银联二维码的主扫消费功能、被扫消费功能、二维码扫码取款和无卡支付一键开通功能。

1. 主扫二维码功能支持客户可以通过手机银行进行小规模商户的支付场景，进一步将小超市、小商户和线上商户纳为服务对象，有效扩大了手机银行服务范围，同时也提升了客户体验。

2. 被扫二维码功能支持客户可以通过向商户出示付款码进行商户消费，该模式主要支持大型商户、饭店、酒店以及部分公交等行业码场景，有效提升手机银行支付能力。

3. 二维码扫码取款功能支持客户通过扫描自助设备展示的二维码进行扫码取款服务，同时该功能还支持在银联标准码的银行进行跨行取款，实现了行业标准统一化，优化用户体验。

4. 除此之外，光大银行还在手机银行上线了无卡支付一键开通功能，支持包括微信、支付宝、京东、美团等常用支付公司的一键开通绑卡功能。进一步增强了功能联动性，同时提升了客户体验。

（五）支付安全：在提升支付能力、拓展支付场景的同时，光大银行手机银行同时还进一步完善了支付安全管理功能。

1. 新增无卡支付协议管理功能，该功能使客户可以通过手机银行对已绑定第三方支付机构的快捷支付卡片进行协议查询、协议暂停和协议恢复等操作，有效提升客户卡片的安全性，完善光大银行整体支付体系的生态结构，进一步提升客户易用性。

2. 增加二维码支付管理功能，通过该功能客户可以对二维码功能进行签约、解约、绑卡、解绑等操作，有效提高客户对于二维码功能的管理能力，提升账户安全性。

随着高科技的发展及生活质量的不断提升，人们在追求智能化生活的同时，也更加注重健康、便携、简单的生活方式。这使得云闪付逐渐成为主流的支付方式，也使得光大银行与银联的合作更加具有里程碑意义。

2018 年，金融机构进一步提升移动金融的战略高度，不断优化手机银行产品，通过深度融合各种移动互联网技术和整合各类移动互联网支付方式，打造更加个性化、智能化、极简化的开放式综合移动金融平台。在移动金融业务场景方面，金融机构将适应消费升级和经济转型的需要，积极向消费金融领域渗透，通过成立消费金融公司、与垂直平台加强合作，改造贷款流程和创新信贷模式来提升移动金融的服务能力。非银行支付机构将依托其 Ⅰ 类、Ⅱ 类、Ⅲ 类账户与金融机构的 Ⅱ 类、Ⅲ 类账户开展更加广泛和多样化的合作，不断整合线上线下资源，拓展应用场景，进一步扩大消费金融和类虚拟信用卡等金融业务产品的使用范围，并将消费金融业务与信用卡等传统业务结合进行产品创新，与金融机构的消费金融业务形成差异化。

2019 年，光大银行将进一步加强与银联、非银行支付机构的产品联动，从以下几个方面提升服务模式。首先是进一步拓展专属支付场景，光大银行将选取重点商户进行合作，开展重点营销场景，打造专属支付品牌。同时，将进一步和银联联合拓展行业码的发展，在云闪付用户共享功能里拓展缴费、停车场、ETC、公交地铁等场景的应用，加强手机银行应用场景，提升手机银行对客户的产品黏性。其次是进一步提升客户体验，在易用性方面实现支付功能的全面整合，实现银联产品、银行产品的标准化体验。在安全性方面将进一步整合权限和限额，达到客户管理简单、支付安全的目的。未来，在普惠金融市场的影响下，光大银行将建立更为完善的移动支付全景生态，进一步为光大银行用户提供全方位的便民服务。

（数字金融部　熊福林　卢　涛　吴一楠）

案例6 中国银联"碰一碰"标签支付项目

"银联碰一碰"标签支付项目创新地运用了 NFC 电子标签技术，在商户受理标贴中内嵌入 NFC 标签并存储商户信息，用户使用 NFC 手机碰触标签即可进行付款。"银联碰一碰"的原理是 NFC 手机在"读卡器模式"下，与 NFC 标签交互读取标签中存储的数据后，通过手机调用支付流程完成付款。"银联碰一碰"付款为商户特别是小微商户提供低成本、易操作的收款方案，同时也为广大的持卡人提供更快捷、安全的支付选择。

目前"银联碰一碰"已经进入规模推广阶段，与全国主要大型收单机构均已开展商户拓展合作，并且与各大手机厂商也开展了手机用户侧的推广和营销活动，整个项目具备良好的市场前景。该项目能进一步推动银联移动支付业务的全面发展，并提升银联在移动支付领域的品牌和知名度。

一、项目背景

中国移动支付市场日新月异，目前银联为 2000 多万大中型商户提供线下支付服务，然而由于成本原因，POS 机和线下被扫方案无法应用于广大的小微商户，另外，当前流行的二维码支付方案在安全方面和部分支付场景有一定的限制。在这些市场需求的推动下，银联创新提出了标签支付的解决方案。该方案基于 NFC 技术实现，具备安全性高、操作便捷等特点，是银联现有移动支付解决方案的重要补充。

"银联碰一碰"与市场上现有的各类其他支付方式形成差异化竞争，且能够与市场现有的生态系统兼容共存，共同发展。

二、产品方案和业务流程

"银联碰一碰"依托银联最新的标签支付技术，在商户受理标贴中嵌入 NFC 标签存储商户信息，使用云闪付 APP 或指定型号手机直接碰触标签就可以完成付款（见图1）。

"银联碰一碰"付款为商户提供低成本、易操作的收款方案，为持卡人提供更快捷、更安全的付款工具。

图1 "银联碰一碰"付款产品示意

NFC 手机在"读卡器模式"下，与 NFC 标签交互读取标签中存储的数据后，在手机上通过线上支付流程完成付款。这套读卡器自动感应机制集成到手机操作系统层面，使得支付过程变得十分快捷（见图2）。

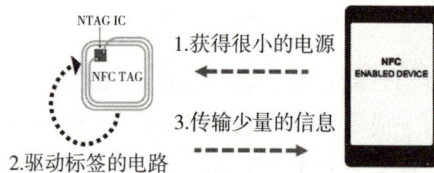

图2 "银联碰一碰"的付款原理

"银联碰一碰"标贴里的标签数据具备防复制、防篡改的优点，用户选择"银联碰一碰"付款时，支付过程受到手机内置安全芯片的保护，可以有效提高用户付款的安全性；在结合手机 Pay 支付时，还可以运用 token 技术，极大地提高了移动支付的安全性，大大降低了用户敏感信息泄露的风险。基于这些安全特性，"银联碰一碰"付款目前暂无交易额限制，业务合作机构可依据自身风险策略定义交易限额。

目前市场上可以支持"银联碰一碰"的手机型号如下。

1. 苹果手机：iphone7 及以上（iOS11 及以上）。

2. 华为手机：包括 P20 系列、P10 系列、Mate20 系列、Mate10 系列、Mate9 系列、Mate RS、Mate S、Nova 2S、荣耀 10、荣耀 V10、荣耀 9（不含青春版）、荣耀 V9、荣耀 8（不含青春版）、荣耀 V8（全网通）等。

3. 三星手机：S8、S8＋、S7、S7 edge、S6、S6 edge、S6 edge＋、Note8、Note5、W2018、W2017、G9298、C5、C5 Pro、C7、C7 Pro、C9 Pro、A5、A7、A9、A9 Pro、Star。

4. 小米手机：米 5/5s/5s plus 系列、米 Note2、米 MIX、米 6、米 Note3、米 MIX2。

5. 其他手机：支持 NFC 功能的安卓手机。

目前市场上基于手机 NFC 功能的应用逐步丰富，如手机支付、门禁、文件传输。这些应用也将反推各个厂商在后续的高中低端机型中都集成 NFC 模块，使标签支付的用户基数在未来几年进一步增加。

在用户端，手机用户使用各类手机 Pay 进行"银联碰一碰"支付，操作简洁，用户体验好，以下是两个使用场景的使用流程。

1. 使用 Huawei Pay 支付流程

在华为手机上，只需在亮屏解锁的条件下将手机靠近支付标签，系统自动感应并调起交易流程，用户输入金额后确认即完成支付。对于定额标签，甚至无须输入金额，真正做到了一键支付（见图 3）。

图 3　Huawei Pay 支付流程

2. 使用云闪付 APP 支付流程

对于暂时没有在操作系统集成"银联碰一碰"功能的手机，通过银联云闪付 APP 也可以快速调起对应功能，快速完成支付（见图4）。

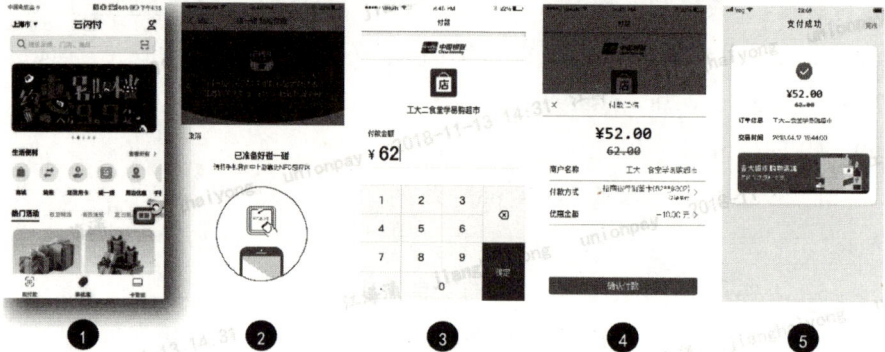

图4　云闪付 APP 标签支付流程

商户服务及交易结果通知。

使用"银联碰一碰"的商户可以选择"云闪付商户通"APP 以及微信公众号的方式进行商户管理，包括商户自助入网、店铺管理、交易结果通知、账户信息管理、交易分析等。"云闪付商户通"APP 也可以提供语音播报的交易结果通知，极大地方便了小微商户的业务开展（见图5）。

图5　云闪付商户通和微信公众号提供商户服务

经过 2018 年下半年的试点，标签物料的生产和标签数据的管理已经形成了完整和规范的流程，"银联碰一碰"标签生产和管理按照以下流程进行：

第一阶段，芯片厂（如复旦微电子、恩智浦）将 NFC 芯片生产交到标签厂；

第二阶段，标签厂将 NFC 芯片制作成 NFC 标签后交到印刷厂；

第三阶段，印刷厂将 NFC 标签制作成“银联碰一碰”标贴后交给商户。

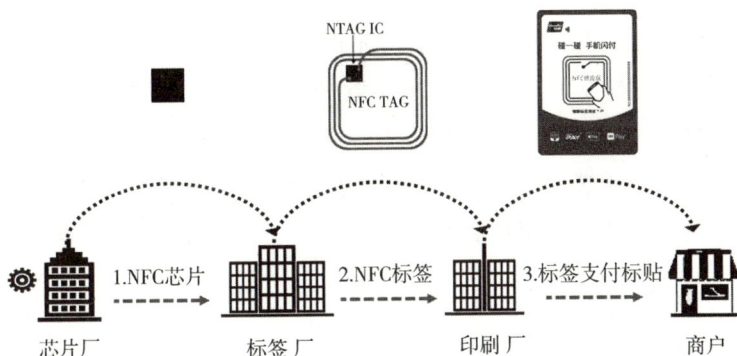

图6 “银联碰一碰”标贴生产流程

收单机构可以按照图6流程批量制作标签。

收单机构登录银联商户服务平台批量导出标签数据，并提供给印刷厂。印刷厂将标签数据写入后制作完成“银联碰一碰”标贴。具体操作步骤如图7所示。

商户在线申请　　NFC标签制作　　NFC标签寄送　　NFC标签支付测试

图7 印刷厂统一制作流程

“银联碰一碰”付款时，如果使用银联手机闪付产品进行付款，单笔1000元人民币以下的一般交易，目前即可享受4折优惠费率，单笔1000元人民币以上的交易，则是按照标准费率处理；如果使用银联快捷支付（无卡支付），则是按照现有无卡交易定价处理。目前只支持 T+1 日清算，计划 2018 年下半年将支持 T+0 日清算功能。目前，收单机构可自行向合

185

作商户提供支持 T +0 日到账服务。数据格式遵照《中国银联 NFC 标签支付编码技术指引》处理。

针对不同收单机构的业务模式，银联还提供了后台接口和 APP SDK 供各类机构在不同场景下开展商户拓展。例如，对于收单机构自己提供地推 APP 的情况，可以集成银联提供的 SDK，在地推的过程中灵活地为商户现场制作标签提高效率。

在成本方面，NFC 技术经历了多年的稳步发展，在物流和智能卡等领域已经广泛应用，技术成熟，产业链完备。在成熟的产业链上进行应用的创新，无疑会给方案提供较高的成本竞争力。按照目前产业发展的水平，每个"银联碰一碰"标签的制作成本价格在一元人民币以下，非常符合广大小微商户成本敏感的需求，另外标签制作的流程可以结合普通二维码打印工艺，可进一步降低附加成本。

三、解决方案亮点

标签支付作为一种创新的支付媒介，与市场上已有的方案相比，具备以下优点。

（一）支付安全性。标签支付使用的芯片中通过不可逆加密的方式标识了全球唯一的 ID，标签数据一经写入，无法篡改。标签在发生交易的过程中必须经过银联系统的校验，杜绝了伪冒的风险。

（二）产品稳定性。标签的实质是电感线圈和芯片，设计寿命在 10 年以上，可以适用于无人值守以及室外恶劣自然环境。

（三）服务灵活性。不同于二维码对于尺寸和外观的严格要求，标签可以设计成多种形态和外观，可以为商户提供多样化增值服务。

作为一个端到端解决方案，"银联碰一碰"系统的部署对各方而言都是简单易行。

用户：自由选择，二维码主扫或 NFC 标签支付，也可同时布放。

发卡：无须任何改造，NFC 标签支付与线上支付相同。

收单：新增支付工具，提升商户收单服务，而且可以利用标签外观多样性的特点为商户提供增值服务。

商户：一次入网，到账通知模式与扫码相同，无额外工作。入网流程简单，在银联现有系统的支持下，可以自助入网，自助管理商户和交易信息。

由此可见，"银联碰一碰"与市面上流行的扫码支付形成了差异化竞争，补全了支付场景，丰富了支付选择，对于市场生态是一种有益的补充。

四、产品持续创新

除了已经成功试点的无源标签（标签支付1.0版本），"银联碰一碰"系列产品正在开发中的还有有源双面电子标签（标签支付2.0版本），在快速定额支付、室外无人值守等场景具有独特价值。目前已经在研发中的产品包括"银联碰一碰"电子秤、"银联碰一碰"无人充电桩、"银联碰一碰"tap box收银机等。这些创新产品的推出将更加扩宽"银联碰一碰"的受理范围，给用户带来全新的支付体验。

五、项目前景和商业价值

"银联碰一碰"主要面向对交易安全较为关注的市场，以及对部署成本敏感的市场；与QR、POS机等产品形成差异化竞争；优先考虑已经反馈有需求的境内外市场，以及手机Pay、云闪付计划落地的市场，用于面向对机具成本敏感的中小微商户、增加云闪付APP的线下受理渠道、增加手机Pay的受理场景。

目前"银联碰一碰"付款正在上海、天津、青岛、大连、成都、福建、合肥、内蒙古等地区开展试点，未来将扩展至全国范围的适用商户。同时，针对境外标签受理的解决方案也已经进入最后的开发阶段，预计2019年可以上线投产，届时，"银联碰一碰"的解决方案可将相同的标签受理标准在全球范围内使用，向境外的支付市场输出源自中国的创新应用。

目前"银联碰一碰"付款的适用商户包括但不限于早餐店、水果店、小吃摊、打印店、流动小商户等采用人工收款的小微商户。银联后续也将计划对"银联碰一碰"商户提供更具有吸引力的受理接入方案。作为一个开放的生态系统，银联也提供了各类银行 APP 支持"银联碰一碰"的解决方案。为提供用户更好的使用体验，建议银行 APP 在支持"银联碰一碰"标签读取功能前，先开通银联手机闪付受理及线上小额交易免密功能。开通上述功能后，银行 APP 可以按照《NFC 标签支付银行 APP 开发指引》完成改造即可支持"银联碰一碰"付款（见图 8）。

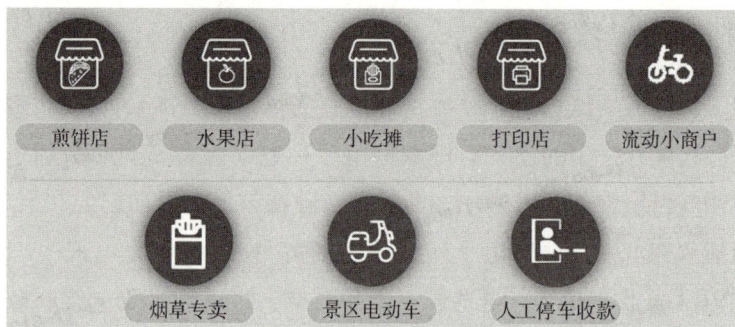

图 8　"银联碰一碰"适用商户

作为移动支付生态建设的一部分，标签支付可以应用在公交地铁、公缴医疗、商超校园等各类场景，未来可服务于当前银联体系内的 900 万小微商户（见图 9）。

公交地铁场景

菜场及15分钟周边生活圈场景

食堂场景

自助场景

校园场景

餐饮/超市便利店场景

医疗健康场景

公共事业缴费场景

交通罚款场景

图 9　"银联碰一碰"应用场景

在市场推广方面，国内多家主流手机厂商、各大收单机构均对"银联碰一碰"产品表现出极大的热情。经过半年的试点，方案逐渐成熟，该产品即将进入规模阶段。结合手机厂商在手机用户侧的大力宣传和各大收单机构在商户受理侧的规模部署，"银联碰一碰"必将成为未来支付市场的一股新兴力量。

总而言之，"银联碰一碰"项目能进一步推动银联移动支付业务的全面发展，提升银联在移动支付领域的品牌和知名度。

案例7 中国银联卡码合一 支付方案

一、背景介绍

在手机支付领域，基于 NFC 技术及手机安全芯片 SE 技术的手机闪付业务，与基于二维码、条码的支付业务可谓目前使用最为普及的两大移动支付方式。这些支付方式也日益改变了人们日常的消费习惯，便捷、快速地支付只需一个手机即可。但是在日益普及的闪付及二维码业务中，用户仍需要在手机钱包客户端，以及支持二维码的客户端内分别进行开通和绑卡，卡片需要单独管理，无法做到融合统一，缺乏一定的操作便利性。

为优化上述用户体验，使手机闪付产品适应更多支付场景，满足用户、商户对于非接手机闪付方式与二维码付款方式的双重支付需求，打造复合型综合支付产品，在人民银行指导下，银联联合手机厂商共同推出"卡码合一"支付方案。方案设计原则是将通信层与应用层分离，通信层支持不同近场支付通信方式（如 NFC 技术、条码技术等），应用层负责实现具体的支付功能、展现用户界面等。利用现有手机钱包用户入口，叠加二维码支付功能，实现银联云闪付统一品牌下非接支付与二维码支付的统一入口。从而降低用户使用成本，提升支付便捷性。发挥移动金融在普惠金融中的作用。

二、用户侧"卡码合一"介绍与业务流程

"卡码合一"产品方案以现有银联手机闪付业务为基础，使得用户可以方便地在手机钱包客户端（如"华为钱包"）内进行一次绑卡，只需要一次数据采集与认证，即可同时享受手机 NFC 非接支付及手机二维码支付

190

的便捷支付体验（二维码支付包括被扫支付及主扫支付）。真正让持卡人能够在手机钱包（手机 Pay）客户端内实现卡片一次绑定、统一管理、一次使用、多重支付的能力。

（一）"卡码合一"开通

"卡码合一"只需用户输入一次绑卡和一次验证卡片信息，即可快速便捷地开通手机 NFC 非接支付和二维码主扫及被扫支付。用户操作非常简单，在银联与手机厂商合作的手机钱包客户端中开通银行卡后，即可同时开通手机 NFC 非接支付及二维码付款功能。从开通（增加）二维码功能角度分析，可以具体分为新增卡场景（未在手机钱包中绑定）和存量卡场景（已在手机钱包中绑定）两大类。

（二）"卡码合一"被扫支付

被扫支付是用户在手机钱包客户端内展示银联付款二维码供商户扫描，实现快速付款的模式。

从业务场景角度而言，即为商户扫客户的二维码（B 端扫 C 端），站在客户角度来说即为被扫业务。在这个场景下，用户只要打开手机钱包客户端（即使用手机 Pay 业务），向商户出示在钱包客户端页面显示的二维码、条码即可完成支付。

在卡码合一方案中，用户每次打开手机钱包，选择某张卡片发起交易时，在完成指纹等生物识别验证或设备密码验证后，可同时激活该卡片的 NFC 非接支付和被扫支付。即此时，用户既可以使用手机去支持非接消费的 POS 机内完成一笔手机闪付交易，也可以出示已经在手机钱包页面显示的二维码去支持被扫业务的商户内完成一笔二维码被扫支付业务。举个例子，客户打开自己的华为钱包，完成指纹验证，出示二维码、条码，商家用扫码枪扫码，完成支付；抑或是完成指纹验证后，将手机放置 POS 机非接感应区，完成支付。客户在自助售票机上买了电影票，直接将华为钱包的二维码放置在扫描器前，或直接放置于非接感应区前，即可完成支付。

主要用户使用流程如下（以 Huawei Pay 为例）：

1. 在锁屏时双击 Home 键（或打开 Huawei Pay 客户端）调出银行卡列表页面；

2. 用户选定待支付银行卡，并验证指纹或其他认证信息；

3. Huawei Pay 同时激活该卡的 NFC 非接及二维码支付功能；

4. 用户将屏幕上的付款码展示给商户进行扫码，或放置在非接感应区内，即可完成支付。

（三）"卡码合一"主扫支付

主扫付款是通过手机自带相机或手机 Pay 快捷呼出为入口，用户主动扫描商户侧银联收款二维码，使用手机 Pay 快速实现付款的模式。

从业务场景角度而言，即为客户扫商户的二维码（C 端扫 B 端），站在客户角度来说即为主扫业务。在这个场景下，一般为商户在收银台张贴放置一个静态的二维码台卡，或在电子屏幕上出现一个二维码，用户打开手机钱包客户端（即使用手机 Pay 业务），扫描二维码，然后完成支付。

在卡码合一方案中，用户可以通过简单地打开手机钱包，或是打开摄像头软件，扫描商户侧的二维码，即可完成被扫支付业务。

在主扫业务中，除银联标准二维码外，还能对聚合码进行支持，以满足各类商户张贴一个收款码的需求。目前主扫的二维码均是通过 URL 形式开展业务，主扫的过程中通过对前端手机钱包客户端的识别，可以轻松地实现聚合码的主扫支付能力。

以 Huawei Pay 为例，主要流程如下：

1. 用户在锁屏或解锁状态下，均可通过使用快捷键打开华为钱包，快速启动主扫付款功能；

2. 当手机识别银联二维码或支持银联支付的二维码后，启动 Huawei Pay 中的支付流程；

3. 手机端展现银联二维码付款订单页面。用户根据订单页面的提示，输入支付金额，确认订单信息；

4. 用户完成订单信息确认后，选择支付银行卡，并确认相关优惠信息，完成指纹验证或输入银行卡密码后，即完成支付。

以 Apple Pay 为例，主要流程如下：

1. 用户打开相机 APP，当相机识别银联二维码或支持银联支付的二维码后，即快速启动相机主扫付款；

2. 进入相机主扫付款流程后，启动手机浏览器，打开银联订单页面；

3. 用户根据订单页面的提示，输入支付金额，确认订单信息；

4. 用户选择支付银行卡，进行指纹验证或输入银行卡密码后，即完成支付。

三、受理侧"卡码合一"介绍与业务流程

"卡码合一"在同一支付受理环境中，支持多种支付方式，通过将 NFC 标签支付（"银联碰一碰"付款）和银联二维码相结合，为商户搭建同时支持手机闪付和条码支付的受理环境，用户可根据个人习惯选择支付方式。

使用方式上，商户放置支持手机闪付和条码支付的受理标贴或台卡，手机用户既可直接贴近 NFC 标签，用手机闪付（如 Huawei Pay）完成交易，也可扫描商户二维码以条码支付完成交易。

四、功能特点与优势

"卡码合一"大幅降低了用户对手机支付的门槛，实现一键绑卡、统一管理、一次使用、多重支付的新能力。其具备了多种优势，一是在不改变账户属性、业务规则、安全机制等的前提下开展支付技术与应用创新，能够有效提升支付便利性与普惠性；二是后续可进一步增加其他支付通信方式（如动态磁等），具体较强的可扩展性；三是借助手机厂商的合作迅速扩大银联手机闪付、手机钱包覆盖机型、应用范围与受理场景，体现移动金融在惠及民生方面的重要作用；四是受理侧"卡码合一"具有部署成本低、使用便捷度高、不携带病毒等优势，将银联云闪付、"银联碰一碰"付款等不同支付产品集合在一起，更容易形成用户黏性并提升用户体验。

五、示范价值

"卡码合一"方案一经推出，即受到了目前主流手机厂商的欢迎与积极响应，在移动便民、普惠金融中起到了较强的示范作用，将移动支付体验提升到了一个新的层次。

案例8 支付宝刷脸支付服务

一、背景与概述

支付宝刷脸支付是一种通过人脸识别身份认证技术进行身份验证，然后进行支付的服务。人脸识别身份认证技术通过采集用户的面部特征，并与权威数据源比对，判断用户是否本人和真人。刷脸支付通过判断当前用户是否真实证件的持有者本人，在认证通过后，完成支付流程，通过实人认证降低业务经营风险，提高客户管理能力，有效防止身份冒用、欺诈等风险。

支付宝人脸识别验证准确性高，错误率控制在百万分之一的水平，它通过软件算法与数据的融合达到硬件级的精准度，而且普适性更好；安全性高，独有的活体和眼纹等专利技术防止各种照片、视频、3D 软件等伪造冒用。2017 年 2 月 21 日，支付宝"刷脸支付"被《麻省理工科技评论》（*MIT Technology Review*）评为"2017 年全球十大突破性技术"。

支付宝是最早实现刷脸登录的"金融级"APP。刷脸登录有助于人工智能的深度学习，为"刷脸支付"进入商用做准备。在真正支付场景中，支付宝通过软硬件的结合，智能算法与风控体系综合保证准确性和安全性，通过神经网络模型和海量的图片数据进行训练。

作为新兴事物，"刷脸"验证和"刷脸"支付在给人们的金融生活带来便利的同时，也提升了安全验证的效率，给我们带来全新的金融服务体验，极大地推动了数字化金融的发展。据统计，对商家来说，使用"刷脸"验证技术后，商家资损率可降低 1000 倍，仅每月验证短信就可减少10000 条；对用户来说，账户被盗的风险大大降低。

二、支付宝刷脸支付的核心功能和关键技术

支付宝刷脸支付的核心功能有以下几点。

1. 人脸识别：高精度人脸检测和比对算法，极速响应。

2. 活体检测：全球首创非配合式活体检测技术，无须用户做任何动作，快速通过检测。

3. 安全防护：基于大数据模型和风控策略，进一步提升刷脸认证的体验和安全性。

支付宝刷脸支付的关键技术有以下几点。

1. 人脸采集：不同的人脸图像通过摄像镜头采集得到，如静态图像、动态图像、不同的位置、不同表情等，当采集对象在设备的拍摄范围内时，采集设备会自动搜索并拍摄人脸图像。人脸采集功能需要克服图像大小、图像分辨率、光照环境、遮挡程度、采集调度、年龄变化等影响因素。

2. 人脸检测：在图像中准确标定出人脸的位置和大小，并把其中有用的信息筛选出来（如直方图特征、颜色特征、模板特征、结构特征等），然后利用信息来达到人脸检测的目的。

3. 人脸图像预处理：基于人脸检测结果，对图像进行处理并最终服务于特征提取的过程。系统获取的原始图像由于受到各种条件的限制和随机干扰，往往不能直接使用，必须在图像处理的早期阶段对它进行灰度矫正、噪声过滤等图像预处理。

4. 人脸特征提取：人脸识别系统可使用的特征通常分为视觉特征、像素统计特征、人脸图像变换系数特征、人脸图像代数特征等。人脸特征提取也称人脸表征，它是对人脸进行特征建模的过程。

5. 人脸匹配与识别：提取的人脸特征值数据与数据库中存储的特征模板进行搜索匹配，通过设定一个阈值，将相似度与这一阈值进行比较，对人脸的身份信息进行判断。

6. 活体检测：活体检测是以人机互动的形式，通过检测预期的动作来对个体是否活体进行验证，如嘴形张合检测、头部方向检测、左右眼睛张

合检测等。它能够预防基本的照片和视频攻击，包括但不限于翻拍检测、面具检测、视频回放检测等。

7. 风控检测：

（1）基于用户授权，采集用户在各行为节点（账号注册、应用登录、身份认证等）的各类数据（身份、关系、环境、行为、生物属性等），并利用这些数据综合判断用户的风险情况；

（2）根据采集到的用户各节点环境、设备信息，利用数据挖掘技术建立可信设备、可信环境模型，判断用户认证时刻是否可信；

（3）对用户进行风险分层，不同风险等级用户给予不同的处置策略，如低风险用户进行自动化审核，高风险用户进行人工审核；

（4）根据用户身份、关系、行为等数据建立模型，刻画用户各类行为习惯，当用户有异常行为时，触发身份认证，进行身份复核。

三、业务特性与业务特色

支付宝刷脸支付的业务特性有以下几点。

1. 权威数据源：权威认证的数据源，覆盖率接近100%。

2. 判断是否本人：判断用户是否是身份证持有者本人。

3. 判断是否真人：内置多种活体检测算法，判断面部特征是否来自真实的自然人，能够抵挡照片、视频等多种攻击手段。

支付宝刷脸支付的业务特色有以下几点。

1. 高准确性：真实业务场景中的误识率低于十万分之一。

2. 极致体验：全球首创非配合式活体检测，无须用户做任何动作，无须注册采集，秒级验证通过。

3. 高安全性：全球独有眼纹专利和领先活体检测技术，能有效拦截照片、视频、3D软件模拟及面具攻击。

4. 高稳定性：采用蚂蚁金融科技开发的高可用性、动态扩展的服务框架体系。

5. 权威对比源：采用权威认证的数据源做比对，覆盖率接近100%。

6. 海量业务验证：实践验证，成熟可靠，服务超过2亿互联网金融用户，保障超 20 亿次交易安全。

四、刷脸支付使用流程

支付宝刷脸支付的使用流程如图 1 所示。

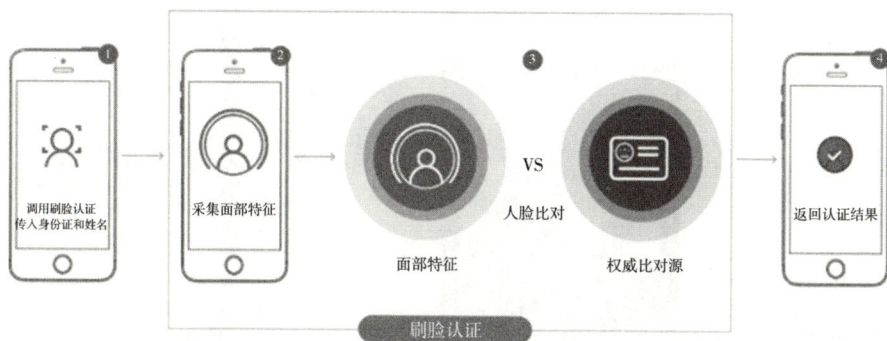

图 1   刷脸支付使用流程

五、刷脸支付的应用案例

支付宝刷脸支付技术已经在支付宝、网商银行、芝麻信用、蚂蚁花呗、肯德基等多个业务中进行了应用，也已经应用于超市、便利店、药店等众多的线下零售场景，全国上百个城市的超过百万消费者已体验了刷脸支付的便捷。在不久的将来，无须密码，甚至无须手机等设备，用户也能快速、顺畅地完成支付。

在 2018 年"双 11"当天，消费者通过指纹、刷脸完成支付的比例达到 60.3%，密码正在退出历史舞台，中国的生物支付时代已经到来。

（一）支付宝应用案例

支付宝在利用刷脸支付方面，已经有众多的应用场景，如以下场景。

1. 支付宝已有超过 1/3 的用户使用刷脸登录替代密码登录，该技术被证明具有极佳的用户体验和更高的安全性。

2. 刷脸借钱：基于人脸识别的身份认证解决方案为蚂蚁花呗和借呗提供"一站式"的在线远程身份认证解决方案，用户通过刷脸就可以开通小额借贷功能。

（二）网商银行应用案例

网商银行通过生物识别技术进行远程会员在线注册，自动审核通过率大于90%（见图2）。

图 2　网商银行远程会员注册

（三）肯德基应用案例

肯德基将人脸识别应用于支付场景，因为直接与金融资产和服务挂钩，其对准确率、安全性和稳定性的要求更高。因此，肯德基在落地"刷脸"支付方案过程中，结合了支付宝独创研发的眼纹识别算法技术，让顾客无须额外的硬件设备，只需普通智能摄像头并在可见光环境下，通过采集用户眼白上的血管纹理特征，就可精确区分不同用户。

除了精确识别，人脸识别验证还必须具备反欺诈的能力，如应对假体人脸、欺诈攻击等安全挑战。

伴随技术的发展，肯德基"刷脸"支付借助支付宝多模态生物识别与大数据风控结合的方案，极大地保障应用安全。在实施过程中，肯德基KPRO在点餐机上配备了3D红外深度摄像头，在进行人脸识别前，会通过软硬件结合的方法进行活体检测，避免各种人脸伪造带来的身份冒用情况。

安全是一场攻防战，在生物识别技术提高安全壁垒的同时，黑色产业链也想方设法去攻破这一防线。除生物识别技术外，肯德基在落地"刷脸"支付系统中也整合了支付宝基于大数据技术的实时安全决策系统，通过地理位置、设备指纹、消费习惯等多维因素形成综合的决策，以此进一步完善对用户的身份核实。而这一切的决策过程，都发生在一眨眼之间，这是帮助实现"活体检测"的另一种手段。

用户隐私保护是生物识别需要跨越的第三道门槛。为此，生物识别必须对生物特征进行数据加密和脱敏，确保即使数据泄露，也无法被不法分子还原。

肯德基所使用的"刷脸"支付技术，采用的是蚂蚁公司提供的强安全技术，在落地上，并不存在用户的"肖像"，而是通过对生物特征进行多重加密和脱敏后，在网络传输和在服务器端进行存储和比对的仅仅是一长串数字密码，由于拥有核心知识产权的人脸图像脱敏技术和非对称密钥的作用，即使这串密码被泄露，也不过是没人能懂的"天书"，无法还原为用户的"肖像"。

六、总结

目前，支付宝刷脸支付技术已经广泛应用在各类金融和生活服务场景，向亿万支付宝用户提供了超过30亿次刷脸验证服务。除了在肯德基实现全球首个"刷脸"支付商用，也应用于公积金查询、养老金领取等政务场景，刷脸取快递和酒店入住等生活场景，今年支付宝还正在将刷脸支付技术大规模应用于自助收银、智能售货机等新零售场景。

"刷脸"核身应用于金融领域已成为全球一大趋势。未来，不仅在金融领域，数字化转型将是经济生活的必然趋势。在通往未来数字经济的路上，"脸"是开启未来大门的钥匙。

案例9 银联商务"悦便利"无人便利店

一、简介

近年来，打破线上线下边界的"新零售"，是消费新业态、新模式的典型。其中无人便利店在"新零售"融合场景之下，很可能会衍生出新的支付方式和场景，企业需要对这些新技术、新场景、新应用，进行产品预研，从而在综合支付领域进行延伸和拓展，提前布局，这不仅有助于对新场景、新技术下的支付场景作技术储备，为日后推广和拓展作铺垫；也有助于提升企业的核心竞争力，适应和引领新环境下支付场景的变化。一旦支付场景被其他竞争对手绑定，将会完全替代第三方线下收单，渠道被独占。这场变革势在必行，企业不仅要走得早，还要走得快，走得远。

"悦便利"无人便利店热衷于建立可能改变世界并改善人类生活的产品，是线下实体零售的无感支付自动结账技术的无人收银解决方案，代表消费者利益提供创新的服务。这是一种没有收银员、收银台或自助结账机的新型商店，从商店角度来说不会对顾客的整个购物流程有任何的人工介入。顾客使用 APP、微信公众号、刷脸等不同方式进入商店，拿走想要的东西，当完成购物时，只需转身离开商店，就像从自己家里的厨房架子上拿东西一样自由。企业通过计算机算法和工程设计实现了自动结账的购物体验，系统可以自动检测到哪些顾客购买了哪些产品，并在顾客的虚拟购物车中放置和追踪这些产品。所有这些都是使用复杂的计算机视觉算法、机器学习和传感器融合技术实现的。

二、创新陈述

零售行业未来趋势是利用互联网和大数据，以实体门店、电子商务、

200

移动互联网为核心,通过融合线上线下,实现商品、会员、交易、营销等数据的共融互通,面向顾客提供全渠道、无缝化的购物体验。

(一)技术第一驱动力。人工智能、AR/VR、生物识别、图像识别、机器人,提升用户体验,降低运营成本。

(二)顾客处于商业活动中心。过去数十年,供给方或渠道方是市场主导地位,但现在话语权转移到了顾客手中。

(三)全渠道经营。传统零售以单渠道购物为主;互联网出现后,开始多渠道购物;社会化媒体出现后,出现跨渠道购物;移动社会化媒体普及后,实现全渠道购物。

(四)全域营销。整合各类可触达的顾客的渠道资源,建立全链路、精准、高效、可衡量的跨屏渠道营销体系。

(五)场景化体验渗透产品和服务。根据场景设计功能,强化用户体验;产品体验不足时,建立适当的服务场景打动顾客,刺激购买欲望;大数据分析预知消费场景提升客户体验。

(六)社区成为流量主要入口。在租金攀升、利润下降的大环境下,门店越开越小已成为趋势,便利店、精品超市、社区型购物中心等将成为转型升级的重要方向。

(七)重构供应链。传统的供应链是层级式的,低效复杂;到了纯电商阶段,是点对点的,但线上线下分离;新零售重构供应链包括:智能分仓、以店为仓、柔性供应。

(八)数据驱动制造。数据倒逼产能配置;数据驱动即时定制;数据打通产业链。

(九)新措施。拓展门店覆盖范围内的到家业务;提高生鲜比例;设立餐饮档口、支持现买现做现吃;调整布局和顾客流动路线,增强用户体验;商品定位精品化,客群结构年轻化。

三、"即拿即走,无感支付"是如何实现的

在中国的一、二线城市,我们看到许多商店的服务效率低下。在高峰时段,客户对排队结账的漫长等待感到困扰。如果只需挑选完商品后就离

开商店，这该有多便捷？如果结账可以由智能的计算机系统而不是人工收银员自动完成，那么以后是不是就再也不需要排队了？科技使人们相信完全可以利用人工智能的力量创建一个商店，这个商店能够了解顾客的购物行为和识别商品，并将它们组合在一起生成账单。因此，公司发明了称之为"即拿即走，无感支付"的技术。

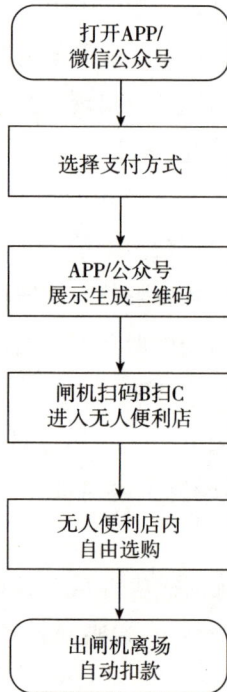

图 1　无人便利店购物场景流程

技术实现了先进的机器视觉和传感器系统，它们可以实时地检测到商店中发生的任何变化，包括顾客的行走、顾客的购物行为以及拿取和放回的商品实体。技术无人收银技术中最复杂的部分，即负责将商品添加到客户的虚拟购物车中以及从客户的虚拟购物车中移除商品的算法的决策逻辑，可以完美地处理众多简单和复杂的购物场景，如顾客单人购物和多人组团购物。系统可以轻松地每小时为超过 100 个顾客提供结账服务，而这在传统商店中通常需要至少两个收银员同时并且不间断地工作以避免顾客在商店中排起长队。以 80 ~ 100 平方米的便利店为例，技术能够在高峰时段支持超过 20 位客户同时购物并正确进行结算（见图 1）。

对于想要进入"即拿即走，无感支付"商店的顾客，只需完成三个关键步骤：

1. 在移动设备上下载 APP 或通过微信公众号入口启动悦便利程序；

2. 在应用程序内绑定银行卡开通免密支付，这将生成代表付款方式的唯一的 QR 码，并作为进入商店的身份验证码；

3. 顾客进入商店，会在类似地铁入口闸机的认证门上扫描二维码。顾客的家人和朋友可以扫描同一个 QR 码进入商店，并且家人或朋友的所有购买，都将记录在与 QR 码相关联的付款账户上。在顾客完成购物并走出商店后，智能系统将在幕后完成结算，并将该次购物期间所有购买商品的清单以电子收据的形式发送到 APP、微信公众号或短信上。值得一提的是，在系统中不会使用任何类似脸部的生物信息，因此戴眼镜、帽子、口罩的顾客不会造成系统失效。

四、创新的动力和愿景

（一）创造更好的线下实体店购物体验

京东、天猫、小红书、拼多多等电子商务公司的快速发展，使购物的便利性，产品的丰富性和价格优势突显。传统的线下商店受到很大影响，销售业绩大幅下滑，规模较小的零售店已经成为实体零售转型的新方向。抛开为商店配备的计算机视觉和机器学习技术，创新的目的是为消费者提供与传统商店不同的梦幻般的实体店购物体验，消除令人困扰的结账环节而采用更加高效的无感支付技术，就像在线电子商务提供的一键付款方式一样，使购物变得尽可能简单。

（二）数字化实体商店和创造全渠道零售 2.0

为了实现自动结账，技术基本上在数字世界中重建了实体店，购物者及其购物行为、商品、货架和货架栏的相应的数据均由数字化表示。这意味着现在一切信息都在计算机中，并由数字表示。科技正在为实体店提供大数据支持，以前通常只有电子零售商才能获得的信息和构建的服务也可以被传统零售商实现。由于现今购物方式还与移动应用程序相结合，产品可以提供定制促销内容的个性化和智能化的广告。产品还可以使购物方式更加多样化，通过使用应用程序顾客现在可以在线订购和享受商店提货或送货上门服务，商店也可以覆盖更广泛的客户群。最后，产品省去了机械重复的结账工作，使商店不再需要雇佣收银员，从而节省了劳动力成本，现在他们可以更专注于提供线上零售商所不能提供的高质量的面对面服务。

公司看待零售的方式是通过线上线下两全其美的购物方式来创造无限的购物体验。在未来，线上和线下购物将浑然一体，同时可以使用来自在线和离线购物以及其他数据源的数据，提供真正的、全新的、无界的、智能的零售和购物体验。

五、合作案例

银联商务"悦便利"产品联手新零售品牌小野售、大连大商集团、中石化易捷便利店等，已展开多个项目的合作。其中小野售新零售无人便利店已在上海市龙之梦大酒店大堂内开业，银联商务联合大商集团打造的悦便利无人店也于 2018 年 12 月初在大连开业。

案例 10　银联商务基于非接多介质联机交易的公交地铁应用

一、项目背景

为了进一步贯彻中共中央、国务院倡导的"金融普惠民生"的要求，响应浙江省杭州市政府"绿色出行"的号召，通过"移动互联网＋公共交通"的创新合作模式，将传统交通运输与现代金融服务相结合，将传统运营管理与移动互联网思维相结合，针对公共交通领域小额、高频、快速支付的行业特点，人民银行杭州中心支行和中国银联浙江分公司在多次考察、反复认证的基础上，共同实现了基于非接多介质联机交易的公交地铁首创应用实践，地铁全线由银联商务浙江分公司独家收单，切实解决乘客兑零不便的困扰、公司零钞清点的负担等行业痛点，成为银企携手、金融便民的又一标志，也使杭州成为全国首个公共交通领域实现全面受理银联移动支付的城市，令广大市民和境内外游客充分感受到杭州"移动支付之城"的美誉，进一步凸显了 G20 峰会后杭州的国际化旅游城市形象。

二、项目概述

（一）系统概述

按照"以普惠百姓为前提，以公共交通出行为基础，以银联支付为渠道，以用户体验为核心，以跨界引流为方式，以商圈互动为手段，以银企联动为纽带，以数据共享为融合，以模式推广为目标，以多方共赢为宗旨"的原则，人民银行杭州中心支行、中国银联浙江分公司联合杭州地铁集团、银联商务股份有限公司浙江分公司共同实现基于非接多介质联机交易的首创应用实践。该模式充分发挥各方优势，旨在共同提升公共交通的服务品质、提高公共交通的运营效率，将传统公共交通出行服务与银联大数据分析相结合，将传统交通运输与现代金融服务相结合，将传统运营管理与移动互联网思维相结合，快速扩大市场影响力，成为具有示范意义的全国乃至全球首创模式。银联商务浙江分公司承担所有地铁线路的收单职责，做好日常客户投诉及快速理赔等运营服务，此外为配合地铁线路夜间发车的对账需求，目前项目正在开发夜间两点之前合并清算的特殊清结算服务。

杭州地铁采用联机预授权模式，是指乘客进闸时，使用支持 NFC 的卡片、手机或其他介质，采用联机交易模式，以预授权方式实时冻结最高票价，出闸时通过异步预授权完成的方式按实际票价实时扣款。银联持卡人在杭州地铁所有站点直接使用带云闪付功能的 IC 卡或手机 Pay 挥卡或手机即可过闸。

2017 年 12 月上线以来，共有 3990 多万人次使用银联移动支付方式过闸，单日交易笔数峰值达到 20.6 万笔，占杭州地铁总客流量的 20%。

基于非接多介质联机交易的公交地铁首创应用实践获得了行业单位、当地政府、监管部门、社会公众等各方面的一致好评。

（二）项目实施重大事件表

表 1　　　　　　　　　　　项目实施重大事件表

2015 年 12 月	公交银联移动支付项目建设思路确立
2016 年 3 月	公交银联移动支付需求分析完成
2016 年 7 月	设备研发成功，实现公交联机支付
2016 年 12 月	地铁银联移动支付项目任务书下达
2017 年 5 月	召开公交上线新闻发布会；地铁需求分析完成
2017 年 6 月	提交地铁银联移动支付项目详细设计说明书，并实施改造
2017 年 9 月	地铁银联移动支付项目改造完成，开始开发及测试工作
2017 年 11 月	地铁试点站点上线
2017 年 12 月	杭州地铁全面上线推广实施

三、项目实现的主要目标

依据"移动互联网＋公共交通"的创新思路，既以全局观点规划为基础、以业务需求驱动为导向、以银联移动支付模式为核心的滚动式开发方法，同时根据人民银行杭州中心支行和中国银联浙江分公司的业务发展需要和外部监管要求，确定了基于非接多介质联机交易的公交地铁首创应用的实施目标。

基于非接多介质联机交易的公交地铁首创应用实践的主要目标有 4 个：

（一）机具改造，联机调试，保障用户体验；

（二）数据管理规划，全面掌握相关数据信息；

（三）异常处理流程设计，实现风险控制；

（四）推动银行业务发展疑难问题的解决，建立共建机制。

四、项目建设主要思想

（一）实施步骤

1. 多方论证可行性

（1）银联论证：经银联开发中心验证联机交易平均处理时间 0.37 秒，基本满足杭州地铁对速度的要求。

（2）网络环境论证：与杭州地铁机电部、运营部讨论，机电部认为对现有网络改造可满足银联联机网络要求。

（3）开发验证机型：与合作设备厂商国朗完成地铁联机过闸验证机型开发。

（4）研发方案论证：与地铁硬件合作厂商浙大网新确定闸机研发方案，邀请银行卡检测中心共同推动检测工作，多方认可方案可行性，速度和稳定性测试通过即可实施。

2. 研发联机过闸产品

2017 年地铁公司与银联商务开展了银行卡过闸机具研发，推动杭州地铁系统集成商浙大网新，并在地铁现场闸机、地铁系统、银联系统等层面进行了长期的测试，保证了产品的稳定性和可靠性，为合作打好了基础。

3. 推动发卡银行，提高联机交易速度

为提升联机交易速度，由中国人民银行杭州中心支行及中国银联浙江分公司牵头，联合发卡银行共同对本行系统及网络进行优化，并多次召集所有省内银行分支机构研究系统处理速度优化方案，要求尽快提速，目前辖内所有银行机构均已基本完成发卡端提速工作。通过系统、网络的优化，不仅提高了浙江辖内本项目的联机交易速度，也提高了全国的银行卡预授权联机交易速度。

4. 建立产业共建机制

为充分调动产业各方力量，在人民银行杭州中心支行的领导下，建立了《浙江省公共服务领域移动支付行业推广合作方案》，对金融 IC 卡在地铁等重大公共行业的推广提供了有效的成本分担机制，由银联和发卡银行共同对行业设备投入、营销等按照"谁投入、谁受益"的市场化原则进行分担。

（二）改造方案

地铁系统改造：开发电子支付业务平台，用于处理银联交易。

地铁网络改造：重新组网提供足够带宽用于银联卡交易专用网络，保证交易速度。

地铁闸机改造：计划对所有闸机进行升级兼容金融 IC 卡联机云闪付，总计约 2000 台，挥卡区拟复用原公交卡区域。

银联模块开发：由浙大网新根据银联提供的规范和接口文档，在浙大网新目前已有过检脱机模块的基础上开发兼容公交卡和银联卡的模块。

五、项目的组织与实施

基于非接多介质联机交易的公交地铁首创应用实践由人民银行杭州中心支行和中国银联浙江分公司联合银联商务股份有限公司浙江分公司、机具厂商共同组织实施。该项目采用分步实施和试点推广的方式，主要经历了以下几个阶段。

（一）需求分析和概要设计阶段

此阶段为 2015 年 12 月至 2016 年 3 月，其间主要完成了基于非接多介质联机交易的地铁首创应用实践的业务需求分析、业务功能和技术构架的设计。提交了现状需求分析报告、各功能模块的设计、技术构架和接口的高层设计等文档。

（二）系统详细设计阶段

此阶段为 2016 年 3 月至 2016 年 7 月，其间主要完成了公交设备的研发工作。

（三）试点运行上线阶段

此阶段为 2017 年 3 月至 2017 年 5 月，其间完成了杭州地铁基于非接多介质联机交易项目完成需求分析工作；2017 年 5 月至 2017 年 9 月，地铁设备改造全面完成，正式开始测试工作。

（四）推广实施阶段

此阶段为 2017 年 9 月至 2017 年 12 月，杭州地铁基于非接多介质联机交易的项目组各成员单位通力合作，严格按照项目管理相关制度，从计划、质量、财务等多方面进行规范化管理，最终实现杭州地铁一、二、四号线全面上线基于非接多介质联机交易的实践应用。

六、系统效能

（一）系统特点

基于非接多介质联机交易的公交地铁首创应用实践具有以下技术特点。

1. 支持方式多。不仅可以受理金融 IC 卡非接联机交易，同时也支持手机、手表、手环等移动设备的非接联机交易，银联标准二维码支付也即将上线；支持贷记卡，而且全面支持借记卡。

2. 安全等级高。金融等级安全标准和传输机制安全性高，真实的账户信息泄露的风险性低。

3. 认证种类全。该终端为工业级标准，分别通过了银行卡检测中心、住建部、交通部等行业标准制定部门的权威认证。

4. 交易速度快。相较原先的公交卡、银行卡电子现金脱机交易，该模式交易速度可以完全满足公交快速通行的需求。

5. 交易成功率高。较之原先的电子现金方式，单边账比例大幅降低，提升了行业业主方的满意度。

基于以上技术特点，该项目业务特点也非常明显，概括为以下几方面。

1. 用户体量大。该模式支持所有具有 NFC 功能的银联标准卡（包括所有借记卡、信用卡）、手机、可穿戴设备，意味着适用于所有适龄人群，无须重复办理，节约社会资源。

2. 用户体验好。免除了电子现金需要提前圈存（充值），提高用户体验满意度，与非接支付方式线下消费体验保持一致，无须对持卡人进行重复教育。

3. 运营难度小。该模式采用联机消费方式，与传统商户运营并无显著差异；并且全部实现了远程升级功能，不再像原先那样需要人工逐台维护。同时，这一模式不需要建立、维护黑名单，更不需要建立专门的风险赔付机制。

（二）系统优势

基于非接多介质联机交易的公交地铁首创应用实践有效提升了银联产品的竞争力和用户体验度，不仅为银联移动支付行业应用打造了重要的典型场景，助推移动支付便民示范工程建设工作；而且增强了银行卡产业各方对银联支付方式的信心，当地成员机构联合投入、联合推广，为新时代联网通用奠定了扎实基础。该模式具有可复制、可推广、可持续和低成本的特点，具体来说在以下方面均起到积极的促进作用。

1. 推动解决了影响银联业务发展的疑难问题。推动了浙江工行、浙江农行在各自全国系统内首先开通双免业务；此外，进一步增强了银行与银联之间的联系，为下一步建立终端补偿机制创造了有利条件。

2. 获得人民银行杭州中心支行大力支持，以"成本共担、市场共享、场景共建"为原则，牵头组织各家成员机构一致通过了《浙江省金融 IC 卡公共服务领域行业应用共建方案》。杭州公共交通行业应用作为辖内的首个共建案例，由浙江分公司和当地 31 家发卡银行机构共同承担行业建设费用。

3. 提升了银联体系的品牌形象。浙江广大市民和外地游客（累计5000 万人次）充分体验到银联支付方式的便捷、安全，有效扩大了银联品牌传播效应。

4. 产生了良好的社会影响。通过杭州公交、地铁联机交易模式的全面上线和广泛应用，赢得了当地政府、行业主管部门、人民银行对银联工作的高度认可。

5. 树立了行业标杆，赢得了行业方的充分认可，为各地复制、推广奠定了来之不易的基础。截至目前，武汉、厦门、天津、江苏、深圳等全国10 多个城市的公交公司前来调研借鉴，更是吸引了来自中国台湾、中国香港、新加坡、泰国、马来西亚等地的同行友人前来杭州实地考察项目的运营情况。

七、项目小结

2017 年 12 月上线以来，共有 3990 多万人次使用银联支付方式过闸，单日交易笔数峰值达到 20.6 万笔，占杭州地铁总客流量的 20%。累计使用营销费用 1000 多万元。

基于非接多介质联机交易的地铁首创应用实践在国内开创了公共交通与金融行业深度合作的先河，大幅度地提升了杭州的城市形象，得到了社会各界的高度认可，对全国公共交通发展具有重要的示范意义。

该模式的快速推广不仅令浙江广大市民和外地游客充分体验到银联手机闪付的便捷、安全，在增强用户黏性的同时，也培养了大批中高端优质持卡人的支付习惯；而且获得了当地人民银行、成员机构、社会各方的一致好评，为银联手机闪付业务全面推广夯实了基础。

案例 11　裕福便民无感支付产品

一、无感支付产品简介

裕福无感支付是由裕福支付有限公司结合便民支付场景进行专项优化推出的支付产品。

该产品在无卡快捷支付的基础上，针对实际应用中用户的痛点，结合线下安全认证的方式，绑定相关的支付工具，通过生物识别或者图像扫描等方式完成支付的支付方式，将用户、银行卡与业务统一为有机的整体，实现识别与扣费同步，极大地提升了用户的支付效率和用户体验。

二、推出时间

裕福无感支付产品于 2018 年 6 月推出。

三、产品功能及特点

（一）优化流程、无感体验

用户通过裕福支付系统完成安全认证，可将用户与卡进行绑定，结合具体业务及使用场景，免去了后续支付过程中频繁的验证过程，大幅优化了支付流程。从此支付不再作为一个单一的流程出现，使用户可真正享受到无感支付带来的无感体验。

（二）系统引导、自动识别

用户选择开通无感支付后，裕福支付系统将引导用户按步骤完成签约、绑定等一系列操作，通过安全验证后，在支付场景，系统将自动识别并完成费用缴纳。

（三）应用广泛、普及性强

无感支付广泛应用于日常生活场景，尤其在一些小额、高频的场景，如物业费收缴、高速 ETC 通行、停车场收费等，通过裕福支付系统，可实现与各行业的有机快速结合，将无感支付的便民体验普及千家万户。

四、典型案例

（一）物业费无感支付

随着市场经济发展和人们生活水平的提高，小区业主对物业的管理和服务要求也越来越高，传统物业缴费的方式不仅需要整理业主资料，还需要配备大量人力、物力。物业费的收缴工作向来是物业管理公司最重要也是最难执行的工作，而对业主而言缴纳物业费也存在种种不便。这其中最常面临的是以下几个问题：

1. 物业管理人员下班了的情况下如何缴费；

2. 工作时间业主不在家的情况下如何缴费；

3. 如何实时查看物业费用明细；

4. 如何免去缴纳物业费的烦琐过程。

在此基础上，裕福支付推出物业费无感支付业务，对已有线上物业费缴纳模式进行了优化，在原来用户主动支付的基础上，增加了无感支付的功能，以便更好地为业主服务，提升服务质量。

业主选择开通无感支付物业费时，系统会引导用户进行签约并绑定一张银行卡。后续每月进行物业费收缴前一天系统会自动发送提醒短信及 APP 消息，提醒业主保证绑定卡可用余额充足。如收缴失败，则会再次提醒业主并在第二天再次尝试收缴。

通过物业费无感支付，业主可免去缴纳物业费的烦琐过程，并可实时查看缴费明细；物业管理公司可减少大量人力、物力工作，有效提升了管理效率，通过完善、周到的物业管理服务，消除业主对缴纳管理费的不满情绪，为解决收费难题创造了良好的条件。

（二）ETC 高速无感支付

高速路口的排队缴费问题一直是影响用户通行体验的重要环节，传统高速缴费的排队领卡及缴费过程十分烦琐，早晚出行高峰及节假日，往往引发长时间的排队，更加剧了收费站的拥堵。

裕福 ETC 高速无感支付业务，是在 ETC 卡基础上实现的高速通行无感支付业务，旨在为用户高速通行提供更好的体验和更便捷的服务。

通过建立裕福、银行、用户的绑定关系，提升用户使用 ETC 卡的便捷性。用户在裕福系统进行 ETC 卡与银行卡的绑定，在高速通行时，由系统自动完成该笔通行费的银行卡扣款，并结算给高速，同时将消费账单推送至用户；用户无须进行人工操作充值和支付确认，大大缩短了用户高速通行的时间，提升高速通行体验，实现 ETC 无感支付。

该业务优化了 ETC 卡现有反复充值的使用体验，减少用户操作步骤，做到一次绑卡操作，终身无感通行。如果遇到异常收费，系统可以直接提醒车主，也为不常走高速、又担心忘带零钱的车主提供切实的便利。

（三）裕福停车场无感支付

在日常停车场景中，用户必经的流程是在出入口处进行计时收费，甚至现在很多停车场还在用人工收费，这个过程一般要花费 30 秒左右的时间，在一些高峰时段和商业中心，停车出入口往往大排长龙。随着手机扫码支付开始普及，拿出手机用微信或支付宝扫一扫，即可完成停车交费，省去了拿现金和收费员找零开票的时间。这种方式虽然将时间缩短到 10～15 秒，但扫一扫的操作仍然涉及不少环节，而且支付速度直接受到网络环境影响，体验依然不够优质便捷。

裕福停车场无感支付是裕福支付将车牌识别技术与无卡快捷支付技术相结合，进而实现用户无感支付停车费的业务。

车主首次使用前，通过手机签约绑定银行卡账户与车牌号开通无感支付，车辆入场离场都无须操作，通过车牌识别，从用户绑定的银联卡账户中自动扣款。该支付模式并不影响停车场现有的管理和收费模式，在现阶段可以和现存模式完美融合。

传统模式的停车场已经无法满足车主们的各种需求，导致了很多停车场为车主进行服务的时候，无法达到令其满意的状态。停车场无感支付产品部署上线后，对车主而言，可以不停车、不找零、不扫码，开车入场和出场，真正实现了无感体验；对停车场及物业公司而言，极大地提高了出入口的通行效率，减少了人力成本，降低了资金风险。

五、未来前景及应用趋势

当我们还在欣喜手机扫码支付给生活带来便利时，无感支付正悄悄地融入我们的生活，解决电子产品给我们带来的限制，相信随着越来越多的智能场景融入生活情景，我们将迎来一个全新的智能时代。

裕福无感支付产品是裕福支付有限公司秉承"扎根于场景、服务于民生"理念的体现，更是裕福集团致力于创建的科技生活生态体系中关键的一环。无感支付不仅提升了用户的效率，也帮助企业和商户节省了人工成本，客观上增加了商家用户的上座率、通过率、使用率。

目前无感支付在交通领域应用比较广泛，从长远角度来看，进一步升级支付体验，无感支付也将成为国内大多数城市未来发展的一种重要模式，为出行及管理简洁化提供最基本的保障。

作为中国首批成立的27家第三方支付企业之一，裕福支付将据此产品开展更广泛的场景结合和应用。在日常生活购物等小额支付场景，通过与商户合作无感支付可解决各类小微企业的支付问题，着力提升金融服务到位率和满意度；在门禁、加密等安保场景，无感支付可扩展至身份识别、预警联网等，加强物业管理及企业信息安全；在出行服务中，无感支付可联合停车场，联合开发汽车诱导系统，进一步提高使用效率和管理水平等。

案例 12　中移电子基于指纹识别技术的和包客户端应用案例

一、项目背景

（一）立项目的、意义

生物特征识别是一种根据人体自身所固有的生理特征和行为特征来识别身份的技术，具有不易遗忘、防伪性能好、不易伪造或被盗、随身具备和随时随地可用等优点。随着移动智能终端使用功能的不断增加和处理性能的日益提高，传统密码认证已经无法满足用户对移动智能终端的使用体验和安全能力的需求，简单易行的生物识别技术正越来越多地被应用于移动智能终端身份认证。主要手机厂商如华为、苹果、三星、联想、中兴、小米、oppo等均已支持指纹认证能力，不仅指纹功能成为主流手机的标配，而且部分机型也支持虹膜认证功能。目前，和包业务存在客户忘记密码、密码被盗用等风险问题，同时缺乏有趣、新颖、好玩的创新亮点，无法在诸多同质化产品中异军突起，吸引客户眼球。当前用户大部分还采用"用户名＋口令"作为主要认证方式，存在钓鱼、木马、撞库等较多的安全风险，同时在移动设备上，受到屏幕尺寸及软键盘的限制，用户输入较为不方便，导致使用口令进行认证的体验较差。而传统的动态令牌、USB Key 数字证书等认证方式，由于移动终端设备种类繁多、操作系统环境各异、兼容性差、不易携带等原因，已经很难满足现有的移动支付场景使用。目前业内主流的支付公司，如支付宝、电信翼支付、京东钱包、百度钱包、快钱钱包等均已实现了指纹支付的功能。通过本项目的实施，使用户在交易支付环节使用手机的指纹识别功能替代传统的用户密码，增加认证过程的便捷性，改善用户体验，并提供更安全的交易保护。

216

（二）目标产品

1. 将完成支持 FIDO 国际标准的在线身份认证软件系统（包括插件和平台能力）：提供兼容多种移动终端、支持指纹识别技术的统一认证管理、将指纹识别技术非对称化、扩展兼容新认证方式等能力。

2. 将实现支付业务与符合国际标准身份认证能力相结合：完成在和包客户端中集成指纹认证能力。

二、主要技术方案

目前，在身份鉴别技术领域，最主流、最成熟的技术标准是由 FIDO 联盟推出的 UAF 协议，该技术标准被誉为是当今业界在身份鉴别领域理论的最佳实践，代表了现代身份鉴别技术的发展趋势。该技术标准有效地解决了身份鉴别技术领域中存在的"孤岛"问题，在加强了系统安全性的同时，提高了身份鉴别的便捷性，改善了用户体验，并有效地保护了用户隐私。除 FIDO 之外，国内还涌现出其他类似 FIDO 框架的身份鉴别技术标准，如蚂蚁金服集团发起并主导的互联网金融身份鉴别联盟（IFAA）推出的规范标准，以及腾讯自主研发的 SOTER 身份鉴别方案。这两款技术规范都不约而同地借鉴了 FIDO 认证框架，同时也对 FIDO 框架进行了改动。由于这两款技术规范分别由国内最大的应用方（蚂蚁金服和微信）各自主导，着眼于自身生态系统的建立与完善，因此从诞生之初就不可避免地带有强烈的倾向性。使用这两种技术标准的应用方，将面临自身业务数据被 IFAA 或 SOTER 中心服务器所掌控的风险。而 FIDO 则是一个完全中立的技术标准，其简单明了的两方通信模型有效地避免了业务数据泄露的风险。目前基于 FIDO 技术标准的身份鉴别解决方案已经在国际上和国内大范围应用。选择采用 FIDO 身份鉴别方案的应用服务提供商包括：Paypal、谷歌、ebay、美洲银行、京东钱包、翼支付、百度钱包、万达快钱钱包、民生银行、贵阳银行等，覆盖了大型第三方支付公司和银行等金融行业客户。

综上所述，在研究指纹支付技术时，经过充分考察、评估市场上先进而成熟的技术及其成功经验，同时兼顾可扩展性及适用性，公司决定选择开放的 FIDO UAF（Universal Authentication Framework protocol）协议作为整个方案的技术基础。

FIDO UAF 协议：依靠对移动设备上安全器件及生物识别器件的利用，采用多种生物识别认证方式（指纹、语音、虹膜、人脸等），通过两步式认证机制，实现用户快速在线身份识别。两步式认证机制：第一步，由终端设备通过生物识别技术（指纹、语音、虹膜、人脸等）验证用户身份；第二步，用户通过业务认证私钥对服务端传递的数据进行签名，服务端使用用户业务认证的公钥进行验签，从而实现最终用户认证（见图1）。

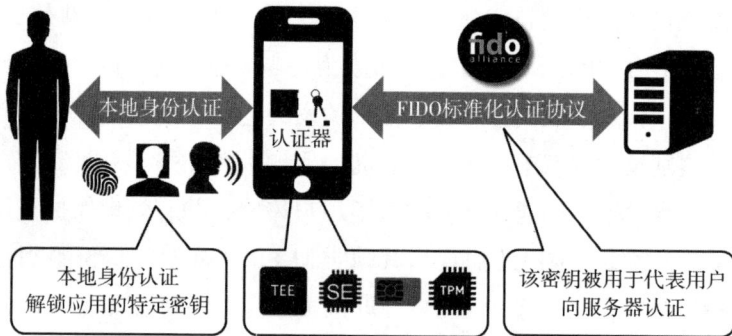

图1　FIDO UAF 协议认证机制

（一）完善安全设计

1. 安全目标

（1）在复杂的网络环境与应用环境下，即使外部环境不可信，依然能够完成身份鉴别与交易确认；其安全性、可靠性、不可抵赖性不受外部环境的影响。

（2）能够有效抵御钓鱼攻击、木马攻击、第三方应用劫持、重放攻击等针对性攻击。

（3）在安全前提下，保护用户隐私（身份特征不被泄露到可信范围之外、用户行为无法被追踪等）。

2. 安全原则

系统设计遵循安全性和易用性相结合的思路，采用"非对称性""可撤销性"和"不可链接性"这三个认证技术领域的基本原则，即采用非对称密码算法、建立可撤销的用户身份绑定关系以及多重因素唯一确定用户身份，确保安全性、隐私性和移动应用认证的可适用性。

（1）非对称性

系统由客户端设备认证器生成用户认证非对称密钥，公钥由服务端保存，通过客户端私钥签名、服务端使用公钥验签的方式完成身份认证。

（2）可撤销性

系统将用户的生物特征信息与其身份凭证进行一一对应的绑定，即采用用户生物特征信息来解锁用户认证私钥。当出现生物特征信息被伪冒、设备丢失等异常情况时，用户可以进行注销操作以确保安全。

（3）不可链接性

系统采用三元组（应用方、用户、设备认证器）确定用户的唯一身份。对于每一个应用方而言，同一个用户所对应的认证公钥是不相同的，这样可以有效防止用户的操作行为被追踪。

3. 技术方案实现

支持指纹支付的 FIDO 身份认证系统主要分为两部分，支持 FIDO 认证功能的客户端插件（支持安卓及 iOS 系统）、FIDO 指纹认证服务平台。支持指纹支付的身份认证功能包括 FIDO 协议中规定的四个基本场景：注册、认证、交易确认及注销功能。

客户端插件：用户可以快速、安全地通过指纹（适时支持人脸、虹膜等各种生物识别方式）进行认证，同时充分利用了终端的安全能力，采用可信执行环境（TEE）和安全器件（SE）来保护身份验证的关键模块。

（1）SDK 负责向和包客户端提供接口调用功能。

（2）FIDO Client 提供规范的 API，实现 FIDO UAF 认证器抽象层协议与特定的 FIDO UAF 认证器交互。

（3）ASM 提供认证器与 FIDO 客户端之间的统一接口，完成相应管理功能。

（4）认证器是一个安全实体，封装在终端设备中，创建与和包客户端APP 相关联的密钥，完成指纹生物特征匹配校验、数字签名等操作（见图2）。

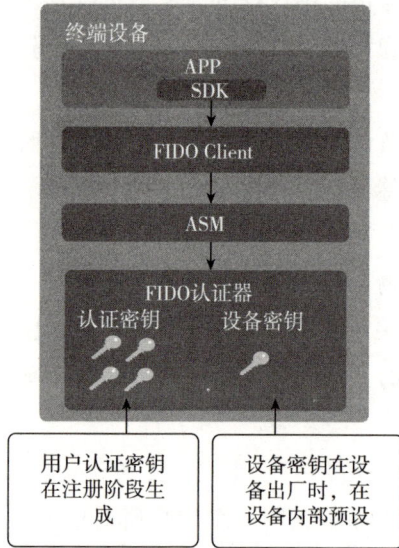

图 2　客户端插件功能

　　指纹认证服务平台：支持 FIDO 联盟 UAF 标准的端到端架构，提供兼容多种移动终端、支持多种生物特征（指纹、虹膜、人脸、声纹等）识别技术的统一认证管理、将生物识别技术非对称化、扩展兼容新认证方式等能力（见图 3）。

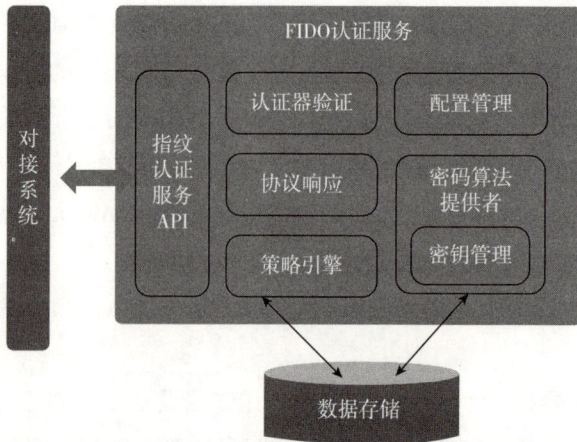

图 3　FIDO 指纹认证服务平台功能

a. 注册功能

（1）由应用方的 APP 发起初始化注册请求。

（2）FIDO 服务器生成含有挑战值和策略名字的注册请求响应。

（3）用户完成指纹认证并生成用户密钥。

（4）将用户密钥的公钥信息上传到 FIDO 服务器。

（5）FIDO 服务器在验证过认证器后将用户密钥的公钥信息保存（见图 4）。

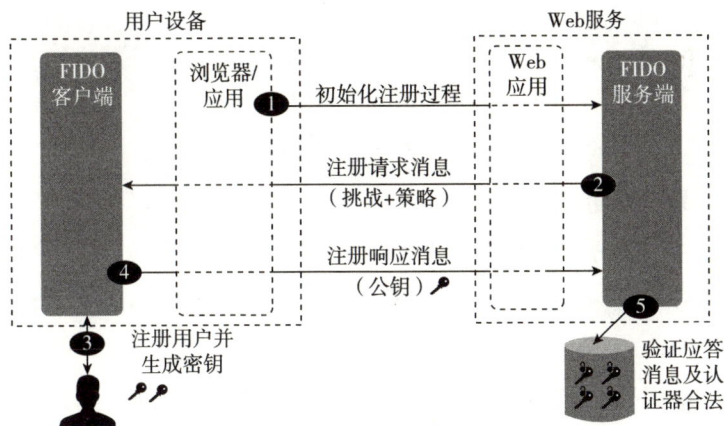

图 4 FIDO 注册流程

b. 认证功能

（1）由应用方的 APP 发起初始化认证请求。

（2）FIDO 服务器生成含有挑战值和策略名字的注册请求响应。

（3）用户完成指纹认证并解锁认证器中相应的私钥，使用私钥对消息进行数字签名。

（4）将数字签名信息上传到 FIDO 服务器。

（5）FIDO 服务器验证数字签名的合法性（见图 5）。

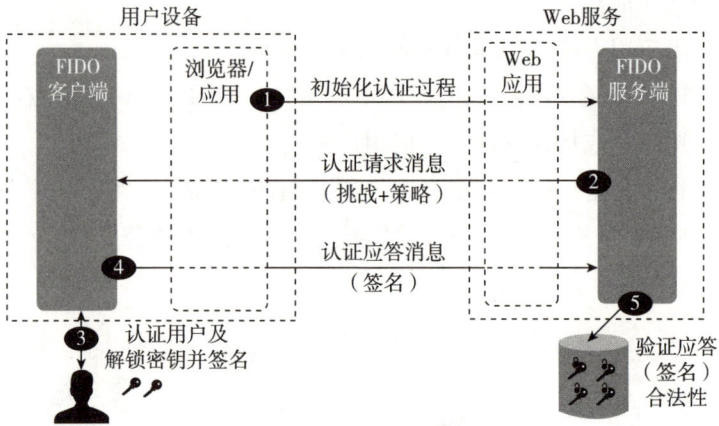

图5 FIDO 认证流程

c. 交易确认功能

（1）由应用方的 APP 发起初始化交易确认请求。

（2）FIDO 服务器生成含有交易文本、挑战值和策略名字的注册请求响应。

（3）终端显示交易确认文本信息，用户完成指纹认证并解锁 TEE 中保护的私钥对交易文本进行数字签名。

（4）将数字签名信息和文本 Hash 上传到 FIDO 服务器。

（5）FIDO 服务器验证数字签名及文本 Hash 的合法性（见图6）。

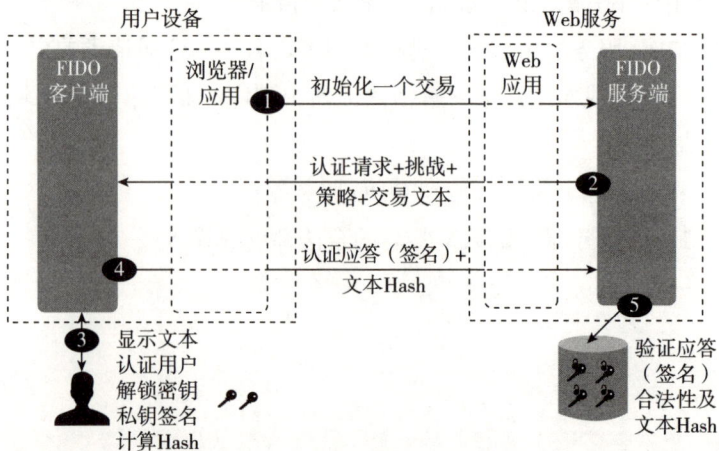

图6 FIDO 交易确认流程

d. 注销功能

（1）由应用方的 APP 发起初始化注销请求。

（2）FIDO 服务器验证认证器合法性并删除用户密钥的公钥信息。

（3）FIDO 服务器生成注销请求响应报文。

（4）终端将用户密钥的私钥信息删除（见图 7）。

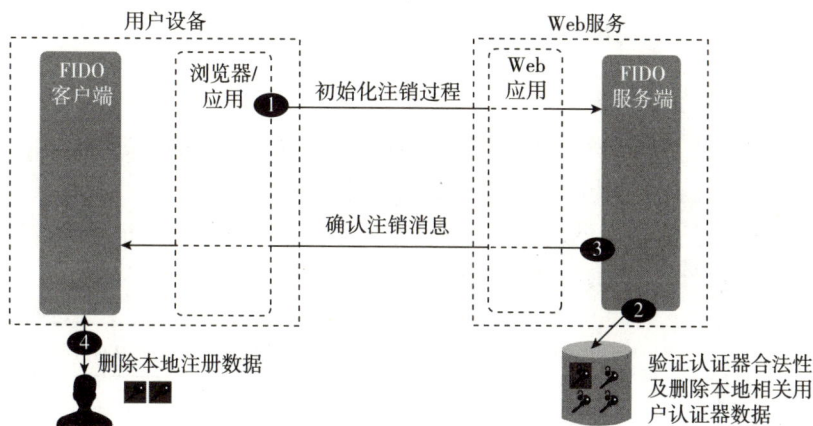

图 7　FIDO 注销流程

（二）技术可行性

指纹识别技术的可靠性与市场发展的程度息息相关。当前生物识别技术有指纹、虹膜、掌纹、脸谱等多种，当前技术最成熟，应用最广泛的当属指纹识别技术。根据指纹识别厂商新思提供的数据，当指纹拒真率（FRR）小于万分之一时，误识率（FAR）小于百万分之一。指纹识别现在已成为中高端手机的标配，绝大部分手机品牌的旗舰机均支持指纹，千元左右的指纹识别手机也在不断出现。

移动终端安全环境的应用。TEE 是目前智能终端上的主流系统安全方案，提供了系统级芯片（SoC）级别的安全，通过在通用 CPU 上创建隔离的计算环境，确保了常规执行环境无法在非授权的情况下访问、修改 TEE 的代码和数据。

具有开放、可扩展、可互操作的机制。FIDO 联盟成立于 2012 年 7 月，旨在解决强认证技术之间缺乏互操作性的问题以及用户面临创建并记忆多个用户名和密码的问题。FIDO 联盟正在以更便捷、更安全的身份认证标准改变身份认证的本质，它定义了一套开放、可扩展、可互操作的机制，减轻了用户对于密码的依赖。FIDO身份认证为在线服务身份认证提供了一个安全、私密和易用的手段。成员包括联想、谷歌、微软、英特尔、三星、华为、新思、FPC、汇顶等主要国内外厂商。

指纹识别技术的可靠性、移动终端的安全性和FIDO联盟的广泛支持为指纹支付应用提供有力支撑。

三、研究开发情况

（一）设备能力查询

在"安全工具设置"中增加"开启指纹支付""关闭指纹支付"。

场景描述：用户点击安全工具设置，进入"安全工具设置"页面，该场景判断是否显示"指纹支付"功能项，如设备支持指纹认证功能，则显示"指纹支付"功能项，否则不显示（见图8）。

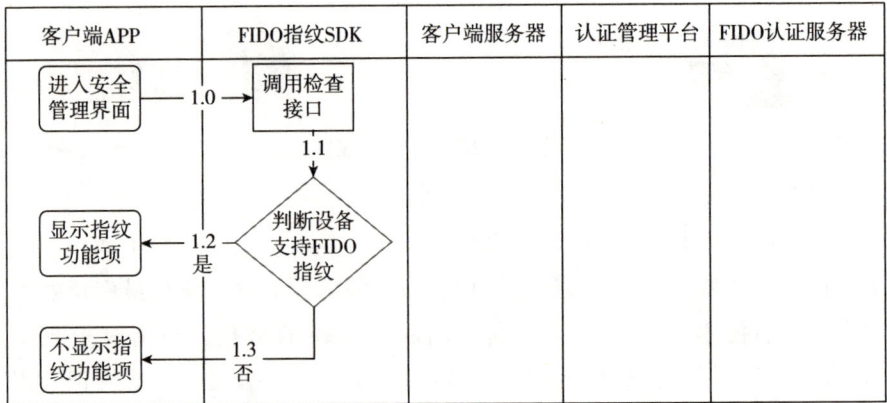

图8　设备能力查询流程

调用流程：

1. APP调用SDK的FIDO检查接口；

2. 依据设置的参数，检查设备是否支持FIDO指纹支付功能；

3. FIDO检查接口返回检查结果。如不支持，则不显示"指纹支付"功能项；

4. 如支持，则页面显示"指纹支付"功能项。

（二）指纹支付状态查询

查询当前用户在当前设备上的指纹支付功能是否已经开启。

场景描述：用户点击"指纹支付"，进入指纹认证界面，此场景要判断"指纹支付"的开关状态（见图9）。

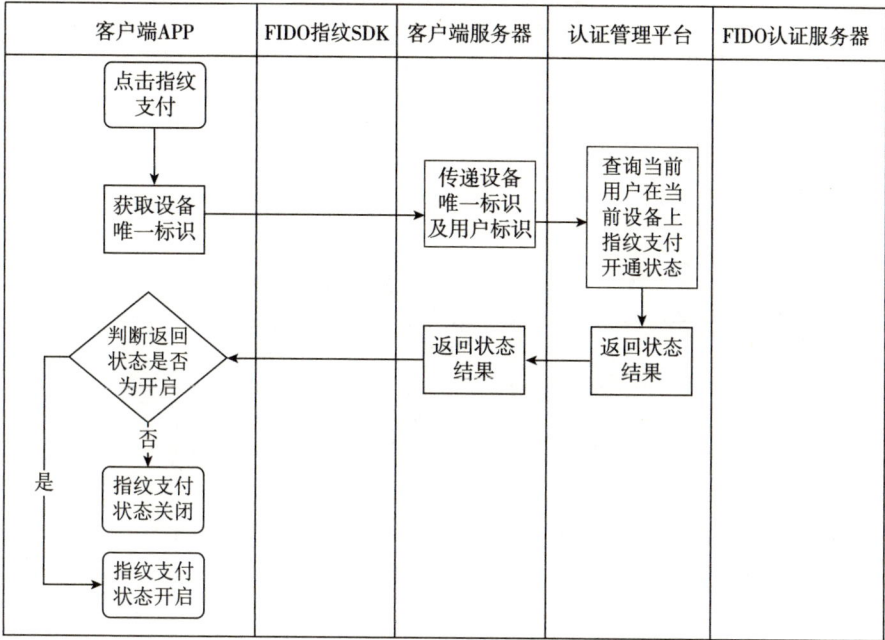

图9　指纹支付状态查询流程

流程展示：

1. 判断用户是否登录，如果未登录，须完成登录操作；

2. 获取设备标识信息设备 ID；

3. 标识、渠道标识，查询当前用户是否已开通指纹认证服务（是否签署指纹认证服务协议），如未签署则显示未开通；

4. 如用户已签署指纹认证服务协议，则依据用户标识、渠道标识、设备标识等要素进行查询认证平台是否开通 FIDO 认证功能；

5. 如已开通，则指纹认证界面显示"指纹支付"功能为开启状态，否则显示为关闭状态。

（三）指纹支付功能开通

场景描述：点击指纹支付功能开关，要求验证客户支付密码，当前用户已处于登录状态。验证成功后校验指纹并开通成功，"指纹支付"菜单

225

显示开关打开。支付密码验证失败、指纹验证失败超过 5 次或指纹验证超时等均视为开通失败（见图 10）。

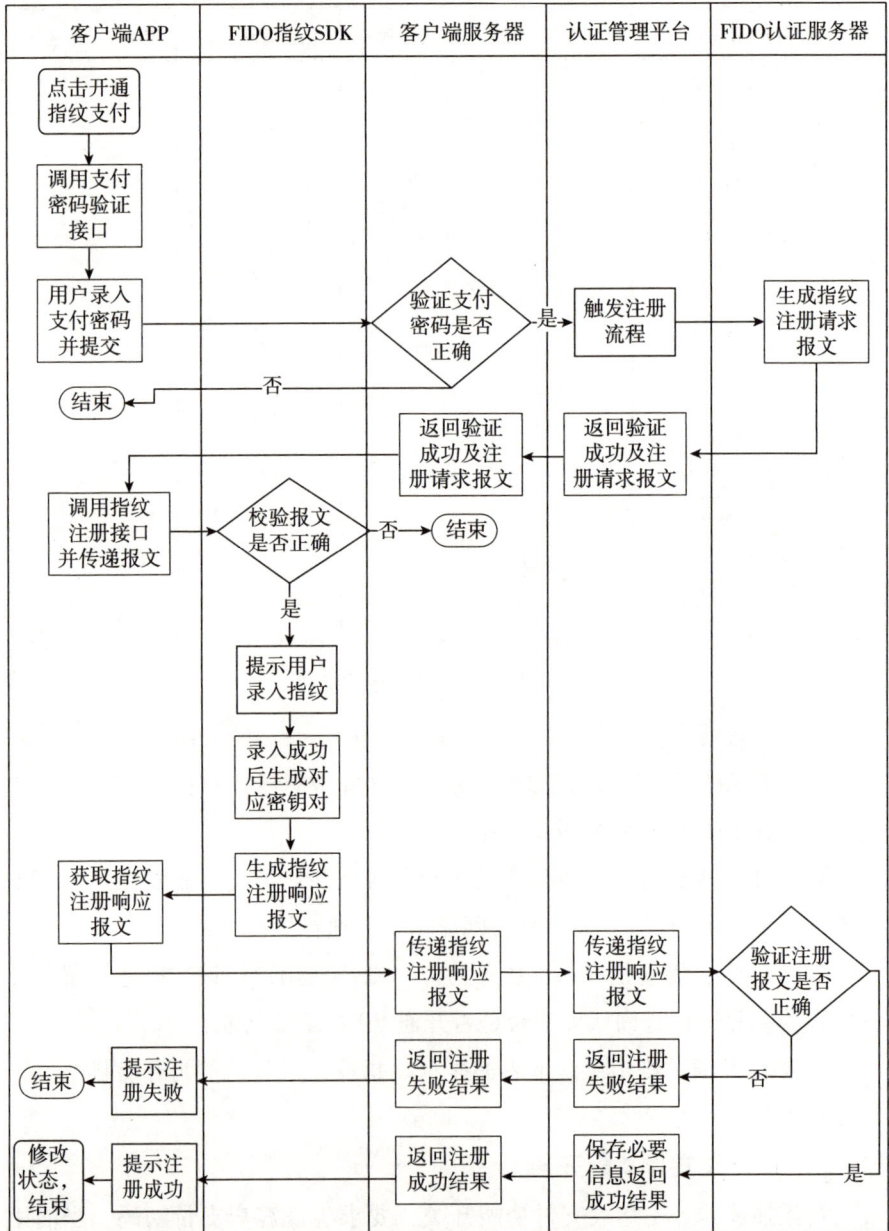

图 10　指纹支付功能开通流程

流程展示：

1. 用户点击"指纹支付"开关，触发指纹支付开通流程；

2. 用户须勾选指纹认证服务协议，并提示用户支付密码；

3. 验证用户支付密码，如审核通过后，调用服务端注册接口，生成注册请求报文；

4. 经过一系列传递后，由 APP 调用 SDK 注册接口，进行注册操作；

5. 提示用户输入指纹，如指纹验证通过，生成对应的密钥对；

6. 用户客户端完成注册后，生成注册响应报文，通过 APP 发送给业务系统；

7. 业务系统调用注册接口，由 FIDO 服务完成 FIDO 注册流程；

8. 注册完成后，管理平台修改开通状态，并同步到客户端。

（四）指纹支付认证流程

场景描述：客户点击移动和包客户端进行支付操作时，如该客户已开通指纹支付功能，则弹出指纹支付界面。客户按压手指，若验证通过，则进入支付成功界面；若验证失败，提示错误，并允许客户在重试次数内重新进行"指纹支付"，或点击右下角使用其他方式进行支付验证操作（见图 11）。

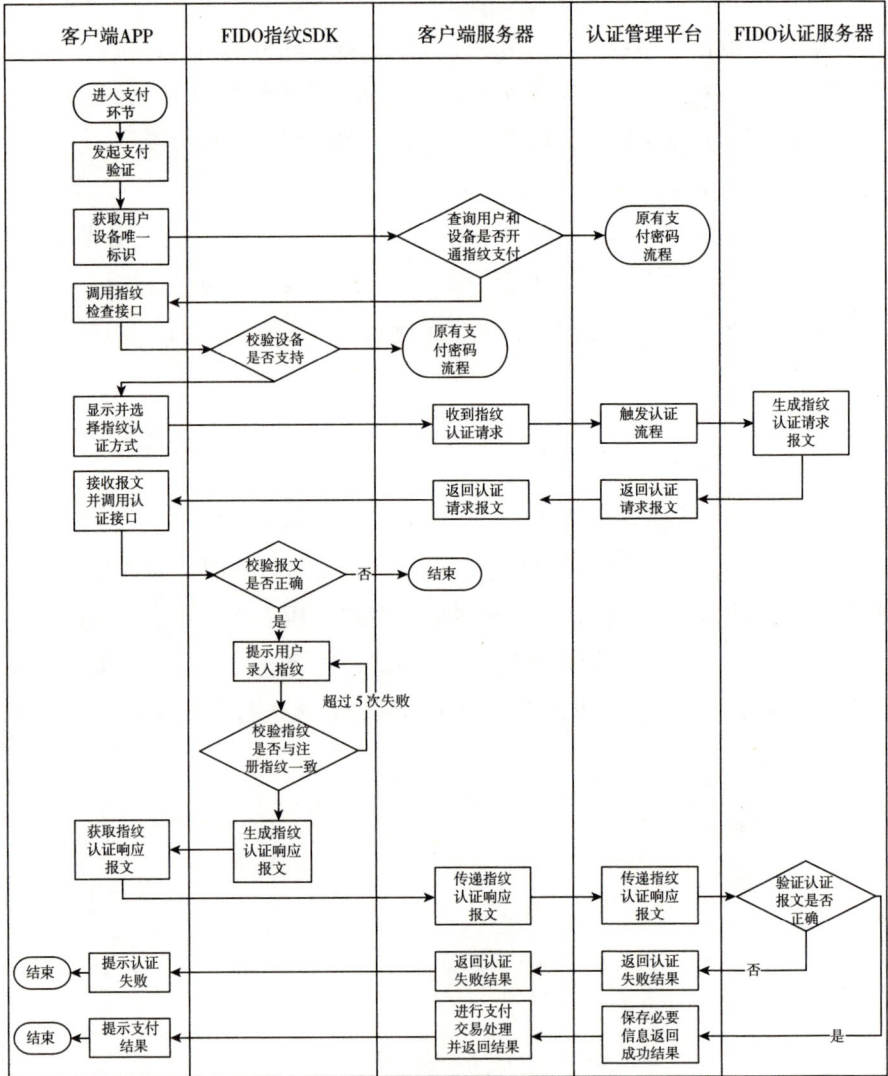

图 11　"指纹支付"认证流程

（五）"指纹支付"功能关闭

场景描述：点击图中"指纹支付"开关，关闭"指纹支付"功能，"指纹支付"状态更改为关闭（见图 12）。

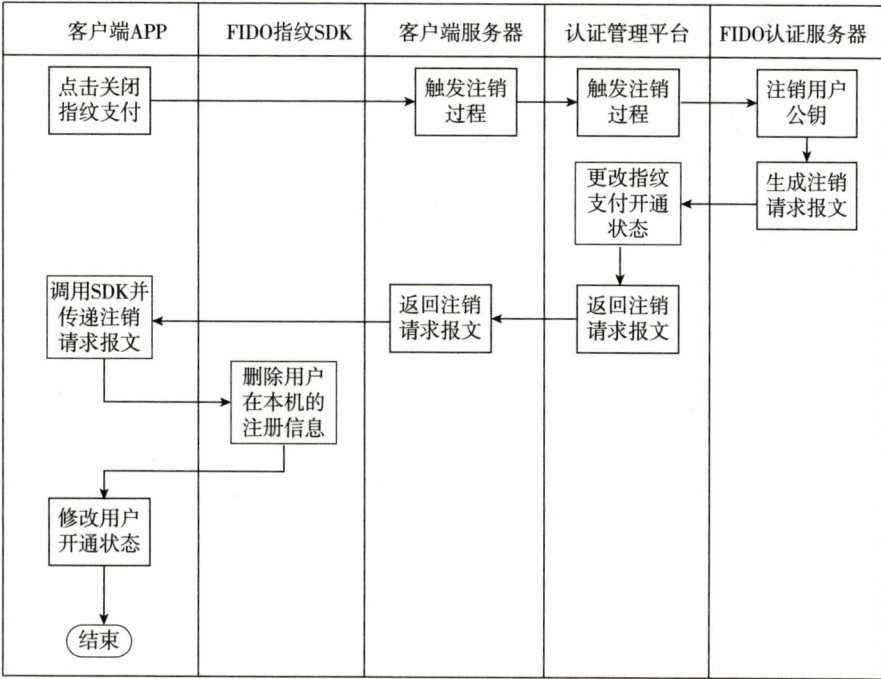

图 12 "指纹支付"功能关闭流程

流程展示（本机）：

1. 客户进入"指纹支付"管理界面，并触发关闭开关；

2. 通过提供的 SDK 接口获取当前设备的 ID；

3. 向业务系统发起注销请求；

4. 业务系统调用认证平台注销接口，先对服务端进行 FIDO 注销操作，并更改服务端状态；

5. 生成注销报文，并通过业务系统、APP 传递；

6. 由移动和包客户端调用 SDK 的注销接口并传入注销报文，完成注销后，更改客户端状态。

案例1 交通银行安心付产品

一、"安心付"产品概况

为了推动移动支付普惠金融发展，在人民银行移动支付便民示范工程指导、彭纯董事长的多次批示、人民银行颁布账户分类管理办法的政策利好下，交通银行经审慎酝酿和周密筹备，基于Ⅱ、Ⅲ类账户在移动支付场景中的应用，于2018年5月末正式推出专用于移动支付的电子借记卡产品——"安心付"，并于2018年6月起结合银联二维码支付开展大规模推广。

"安心付"定位于解决移动支付领域中便捷体验与安全保障的矛盾，一是旨在打消客户顾虑，鼓励更多的客户体验便捷的移动支付，推进无现金社会建设；二是在盗刷高科技化、难定责化的大背景下，引导客户做好个人账户分类管理，隔离理财账户及支付账户，降低大金额盗刷事件的发生概率；三是充分利用现代化的身份验证技术，基于移动互联网推广在线开户应用，在为客户提供足不出户的服务体验的同时，为商业银行加快金融科技建设提供了试练场景。

二、推出背景

2013年起，移动支付进入爆发式增长期，并于2016年度由线上迁移至线下，渗透居民生活的方方面面。随着二维码支付、快捷支付、小额免密等业务的创新，变革了传统的支付鉴权手段，创造了空前便利的支付体验，为移动互联网产业的发展提供了金融基础。在该背景下，发生如下两大市场变化：

一是盗刷风险复杂化。移动支付因其便捷的体验得到了广泛应用，但是移动支付也带来了信息安全、盗刷风险、隐私泄露方面的问题。在撞库、数据云、AI等科技手段下，2018年至今频发"睡后破产""iTunes盗刷"等公众事件，并且盗刷风险呈现"难查原因、难以定责、多方牵涉"的复杂特征。"便利—安全—普惠"的不可能三角被推至台前，受到公众的关注。在舆情酝酿下，部分客户对于体验移动支付存疑，另一部分客户则缺乏风控理念，将大额理财账户绑定过多网络平台进行免密支付，存在大额盗刷的隐忧。

二是商业银行在支付市场边缘化。第三方支付平台凭借互联网基因优势快速发展，在移动支付场景上取得优势，商业银行在移动支付市场失去主导地位，并因此存在失去存、贷业务主导地位的风险。商业银行亟须充分发挥自身账户优势，重获与客户的高频联系，重拾支付市场主导地位。

基于以上市场背景，为了重拾支付市场地位、完善客户体验，在积极落实监管部门相关要求的基础上，交通银行积极创新规则和产品，推出"安心付"——足不出户即可申请，安全和效率平衡的移动支付账户产品。

三、产品介绍

（一）产品方案

"安心付"具有安全、便捷两大特征。

安全方面，一是引入第三方专业财险，合作定制了与传统失卡险不同的电子账户安全险作为产品专用保险；二是通过手机银行APP提供灵活、多维的限额管理手段；三是基于手机银行APP提供"一站式"查询、解约"安心付"下三方快捷支付协议的功能；四是做好账户风险监控，建立风控模型，对于异动开户实时监测，及时处理。

便捷方面，交通银行以客户体验为出发点，以互联网平台为对标，积极创新。一是创新开户渠道，将传统的线下开户场景拓展至手机银行APP、网上银行等移动场景，让客户足不出户即可开立银行个人账户；二是创新业务规则，将销户、密码重置等强鉴权线下账户管理业务拓展至移动场景；三是创新鉴权模式，积极应用人脸识别等生物识别技术，积极合作公安平台拓宽联网核查时间；四是创新客户准入，灵活利用各类信息验证、资金借记通道，开放手机银行 APP 用户体系，支持 200 多家银行持卡人开立"安心付"；五是创新行业合作，积极推进通过接口模式、H5 模式向合作伙伴输出"安心付"账户服务；六是创新资金转入，推出自动充值功能，便利客户将"安心付"用于日常小额支付。

（二）产品细则

各大商业银行持卡人均可通过交通银行手机银行快速申请"安心付"，作为绑定三方 APP、手机 Wallet、二维码支付、手机 Pay 等小额支付的专用账户，享受安全的移动支付。

"安心付"持卡人享受交通银行提供的账户安全险，并可通过手机银行"一站式"管理"安心付"支付协议、交易限额和支付密码，有效防范盗刷。"安心付"相关业务功能均通过手机银行 APP 实现，无须前往银行网点即可享受同等安全级别的金融服务。

1. 线上开户，即开即用。无须前往网点，申办、转入资金、密码管理、止付、销户等交易均通过交行手机银行"一站式"解决，节约时间，方便快捷。行内外客户均可申办。

2. 移动支付，一网打尽。支持各类网络、手机支付，包括快捷支付、网关支付、二维码支付、手机 Pay。

3. 一次签约，自动转入。经签约，可自动转入资金，维持卡内最低余额，用于日常支付。

4. 保险护航，快速赔付。引入第三方盗刷险，保障由于手机遗失、电脑病毒导致的资金损失，全年可累计赔付 10 万元。单笔 5000 元以下损失，更可享受 24 小时快速赔付。

5. 锁定限额，风险可控。客户可通过手机银行灵活设置付款日和年交易限额。

四、推广情况

"安心付"于 2018 年 5 月末起正式推广，截至 11 月中下旬，全国

"安心付"客户数约计 39 万人，在"湖北银行卡最佳口碑榜"网友及专家评选中获奖。"安心付"产品也受到腾讯、网易、搜狐、《南国早报》等公共媒体的关注报道。

交通银行积极创新宣传模式，除传统线下网点渠道外，通过微视频、直播、微信、抖音等形式向互联网用户推介该产品，推广至今，总行共计推动 12 次微信推介、2 项微视频、2 次直播宣传，以及分行多次微信、抖音宣传。交通银行更基于盗刷相关的舆情，与"法治进行时"等栏目合作，共同宣传安全用卡知识。"安心付"主题微视频荣获支付清算协会"移动支付微视频征集大赛"二等奖。

案例 2 中国光大银行支付标记化应用

近年来，银行卡遭盗刷、电信诈骗等案件频发，而信息泄露已经成为支付安全风险的源头问题。为了给用户提供便利、快捷的支付体验同时确保用户敏感数据的安全，而又不降低其可用性，人民银行下发了《中国金融移动支付支付标记化技术规范》行业标准。光大银行在按时完成支付系统应用支付标记化技术改造后也没有放缓对支付标记化应用的研究步伐，在多个应用场景发挥了支付标记化的妙用。

一、支付标记化及相关概念的定义

（一）支付标记化

支付标记化（Payment Tokenization）技术是由国际芯片卡标准化组织EMVCo 于 2014 年正式发布的一项技术，原理在于通过支付标记（token）代替银行卡号进行交易验证，从而避免卡号信息泄露带来的风险。支付标记化是使用一个唯一的数值来替代传统的银行卡主账号的过程，同时确保该值的应用被限定在一个特定的商户、渠道或设备。支付标记可以运用在银行卡交易的各个环节，与现有基于银行卡号的交易一样，可以在产业中跨行使用，具有通用性。其优势体现在：第一，敏感信息无须留存，持卡人卡号与卡片有效期在交易中不出现；第二，支付标记仅可在限定交易场景使用，使得支付更安全；第三，支付标记灵活性更高，与传统银行卡验证功能相比，支付标记综合了个人身份与设备信息验证、支付信息附加验证、风险等级评估等功能进行合法性识别和风险管控。因此，支付标记化不仅可防范交易各环节的持卡人敏感信息泄露，同时也降低了欺诈交易的发生概率。

234

（二）相关概念

1. 支付账号：具有金融交易功能的银行账户、非银行支付机构支付账户的编码及银行卡卡号。

2. 支付标记：作为支付账号等原始交易要素的替代值，用于完成特定场景支付交易。token 长度范围为 13 ~ 34 位，由 TIN、TSP 自定义位、校验码三部分组成。

3. 支付标记化：用支付标记替换支付账号等原始交易要素的过程。

4. 去标记化：标记服务提供方根据当前交易场景验证支付标记有效性后，将其还原为支付账号等原始交易要素的过程。

5. 标记服务提供方：支付标记的发行机构，负责产生、维护标记的主体，它也负责支付标记生命周期管理，提供标记化、去标记化等服务。

6. 标记有效期：支付标记使用的有效时间，应小于或等于支付账号等原始交易要素有效期。

7. 支付标记发行机构识别码：唯一标识支付标记发行机构的编码。

8. 标记请求方：向标记服务提供方提供标记申请的机构。

9. 域控：标记服务提供方在生成标记时预设的一组参数，用于确定标记的使用范围，如交易类型、使用次数、支付渠道等。

二、支付标记化的应用

（一）跨多清算机构的支付限额统一管理

此前，银行与支付机构开展支付业务合作是采取银行支付系统直连第三方支付机构，银行将支付机构视作商户来进行单笔交易、日累计、月累计、年累计支付限额管理。随着网联及银联无卡快捷系统建设和后续断直连迁移工作的开展，支付机构面临着一张银行卡可能通过直连、网联、银联这三个渠道向发卡行请求交易的情况，面临着协议能否被三个渠道系统识别、限额能否在银行侧得到有效控制等一系列问题。

在网联、银联无卡快捷系统的建设过程中，光大银行发现通过支付标记化中的 TR 可以用于定义某一支付机构 token 的普遍规则，用于约定该支付机构生成 token 的限额、使用频次等信息。同时，支付机构也可使用该

token，通过网联、银联、直连三个渠道系统向光大银行支付系统请求付款，支付系统通过 TSP 将 token 去标记化后发核心系统完成记账处理。同时，token 的已支付额度会基于 TR 的对应关系完成 token 在该支付机构的限额累积。因此，网联、银联、直连下协议号的统一应用和管控通过支付标记化得以顺利实现。

（二）网上支付安全助手

为了进一步提升客户网上支付体验，丰富客户对于支付风险的自我掌控手段。光大银行应用支付标记化的 TR、token 以及域控功能，在手机银行中增加了快捷支付协议管理及网上支付安全锁功能。

1. 快捷支付协议管理

快捷支付原有签约模式是银行为支付机构提供银行卡信息验证接口，由支付机构采集客户信息后发银行系统进行验证，验证通过后，支付机构再通过银行提供的付款接口完成快捷支付。银行方面，因为没有保留该银行卡与支付机构的签约关系，所以无法为持卡人提供在银行侧查询及解除快捷支付签约关系。但当使用支付标记建立银行卡与支付机构的快捷支付签约关系后，则有效解决了上述问题。即在支付机构签约过快捷支付的客户，在光大银行的 TSP 中会以 TR 为维度生成 token，这个 token 中包含了该客户签约支付机构名称、协议建立时间、协议状态等信息。那么，在手机银行中以客户身份维度对其名下的 token 进行统计和解析，就可以向客户展示其银行卡签约了哪些支付机构的快捷支付协议、协议生效日期、有效性等信息。与此同时，当客户要解除某个支付机构快捷支付协议时，可在协议展示页面直接操作快捷支付协议解除，后由标记化系统删除该支付机构下对应 token，并通过网联、银联、直连三个渠道系统同步给对应的支付机构。

2. 网上支付安全锁

"一觉醒来，手机里多了上百条验证码，不仅银行账户被刷光还背上了贷款"——近期犯罪分子利用"GSM 劫持 + 短信嗅探"的方式盗刷网友银行账户的事件成为网络热点。持卡人如何防范这种短信嗅探犯罪呢？安全专家指出，最简单的一招就是睡前关机，手机关机后就没有了信号，短信嗅探设备就无法获取到持卡人的手机号。除此之外，支付标记化也可在付款方面帮助持卡人在一定程度上避免资金损失。

为了有效避免盗刷及增强客户对于银行卡网上支付限额、支付时段的自主掌控手段。通过应用 token 的域控功能，个性化调整客户银行卡在某个支付机构或所有支付机构的快捷支付交易的交易限额、交易频次及交易时段。

当客户未做调整前，我们按照 token 对应 TR 的默认指标（即银行给支付机构开放的限额等）向客户做展示。客户可点击修改来自定义该银行卡在某一个支付机构或所有支付机构快捷支付交易的支付限额、支付笔数以及可以支付的有效时段。这样一来，客户不但可以根据自身支付需求设置银行卡交易限额，而且也可有效规避银行卡夜间被网上支付盗刷情况的发生。

（三）为支付账户赋能银联卡支付功能

当前，各大支付机构都在积极布局线下收单业务，提升其支付机构账户及其绑定银行卡的线下受理能力。但从当前的市场发展占有率来看，仅有微信、支付宝成功推广其条码支付产品，并在大部分线下终端上开通了其条码业务的受理功能。对于其他支付机构而言，若效仿微信、支付宝的模式拓展线下收单市场，则存在投入成本高、短时间内市场认可度低等问题。鉴于此，依托支付标记化及中国银联的清算网络，为支付账户开立银联卡 BIN 的 token 应运而生，该卡 BIN 可以生成银联标准付款二维码，在银联 HCE 受理环境进行支付。目前京东钱包、美团钱包已经通过此功能有效地拓展了其 APP 钱包账户的线下支付场景。因此，支付标记化在有效打通支付账户的银联境内外受理功能方面发挥了重要作用。

三、支付标记化在防止支付接口被挪用方面的探讨

标记服务提供方（TSP）银行或者第三方支付机构，通过在生成标记时预设的一组参数确定标记的使用范围，如交易类型、交易金额、使用次数、支付渠道等。其中，在标记属性一节的存储位置中，可以根据远程服务器存储（商户的服务器）、本地安全芯片存储（移动设备中的 SE）、本

地安全环境存储（TEE）、远程安全环境存储（云 SE—HCE 模式）、本地
软件环境存储（移动设备中的客户端软件）的储存位置的差异，为 token
确定不同的有效期和使用次数。

标记化技术可通过本地安全环境存储 TEE 将网络支付接口合作商户应
用的 ID 纳入合作商户 TR 域控规则当中，结合用户的移动设备 ID 及银行
卡账户信息向 TSP 生成 token。当用户使用该 token 发起支付时，TSP 去标
记化后将合作商户应用 ID 与 TEE 采集随接口上送的 ID 进行校验，若不符
则拒绝交易。该技术的应用要点在于通过 TEE 规范合作商户 APP 支付，若
合作商户的二级商户采用合作商户的 H5 页面付款也将被拒绝。另外需要
网络支付接口提供方对合作商户 APP 进行检查，避免二级商户在合作商户
APP 嵌入黑灰支付场景或产品。

综上所述，支付标记化的推广不仅解决了客户支付敏感信息泄露问
题，也在提升客户支付体验，打通银行与支付机构跨界合作方面起到了积
极的作用。

（数字金融部　杨兵兵　王宇　阙志斌）

案例3 邮储银行电子支付风险监控项目

一、项目背景

为有效防范打击欺诈类案件，预防和遏制金融犯罪，公安部与银保监会要求各大商业银行加强警银合作，实现信息共享，形成防诈骗联动机制。在业务处理过程中，需对客户身份、账户情况进行识别过滤，防止银行为在逃人员、失信被执行人违规办理业务，同时避免资金汇入涉恐、诈骗等账户。

目前在防范涉嫌金融诈骗的交易时，各家银行均面临着欺诈类交易风险识别工作由各部门自行组织、外部欺诈风险信息分散在各业务系统、共享难度大、未能形成统一的欺诈和盗刷类风险防控措施等问题。

本项目通过广泛收集、整合国家执法部门和行内风险信息，建立分类清晰、分级详细的风险信息数据库，同时根据历史数据和经验，形成风险规则及模型，通过与银行各主要业务系统的对接，对交易进行实时监控，力争研究出一套适应邮储银行业务发展、满足风险管控需求的监控系统，用于准确预警和控制外部交易风险。

二、产品功能及特点

该项目依托风险分析引擎，实现对电子支付交易的实时监控，并根据交易的风险级别，实施相应的动态安全策略，最大限度地保障客户资金安全。风险引擎整合了行内多渠道的客户信息、交易信息及外部欺诈信息，通过分析历史数据和欺诈案例，形成电子支付交易的风险防控规则，从而及时发现盗刷、欺诈、多渠道攻击、客户行为异常等风险问题，并自动触发相应的处理措施。在监控范围上，覆盖了不同地区、不同渠道的电子支付交易；在安全策略上，系统提供多种验证手段，在保障交易安全的同时，尽量减少对业务连续性的影响。

（一）高效的实时处理能力

1. 通过自主研发的流式大数据处理技术，突破性地解决了需要对海量数据进行复杂运算的效率问题，对每笔交易的风险识别时间平均在 2ms 以内，从而满足实时识别风险的系统要求。

2. 采用无锁编程框架，极大地提高了系统的处理能力，单节点的系统吞吐量可以达到 9000TPS，同时支持集群的横向扩展。

（二）动态的安全防控策略

系统能够根据风险交易的等级，提供多样化的安全认证手段，实施动态的安全防控策略。

（三）独立的系统运行模式

监控系统独立于业务系统运行，当风险监控系统出现问题时，不影响业务系统正常运行。

（四）强大的系统扩展能力

系统支持横向扩展，当交易量到达系统峰值时，可以动态扩展。

（五）灵活的规则调整机制

系统支持实时风险规则调整，无须重启。

三、业务流程

本项目旨在建立电子支付交易的动态监控平台，当黑白灰名单、案例库数据、风险防控规则导入系统后，即可对接入系统进行交易的实时监控，根据名单库以及风险规则，对监控交易进行风险评级评估，并采取对应的防控策略。系统还利用聚类分析、神经网络等分析方法，提取电子支付客户的行为特征值，作为风险防控规则的模型变量，从而更加有效地提升模型质量，提高风险拦截的准确率。同时定期收集、分析系统拦截结果和相关风险案例，利用神经网络等分析算法，持续优化系统的风险防控规则。

四、推广情况

项目自 2017 年 6 月 7 号上线以来，已逐步覆盖多个电子渠道，日均监控交易 3000 多万笔，日均监控交易金额已达百亿元。下一步计划扩大系统监控范围，不断优化业务规则，新增大数据分析等风险引擎处置机制，以提升风险监控能力。

案例 4 支付宝 AlphaRisk 智能金融风控系统

一、案例背景

金融服务的核心和底线是安全，面向类似支付宝应用的 8.7 亿用户，如此超大规模金融级应用，通过风控技术提供一个安全、便捷、稳定的金融服务环境也相应成为一个世界级难题。经过十几年的发展，蚂蚁金服自主研发的风控技术已发展为第五代风控系统 AlphaRisk，愿景是实现金融风控领域的"无人驾驶"，使风险拦截更实时、精准、智能。目前 AlphaRisk 日均风险扫描近上亿笔交易，资金损失率为 5 ‱，覆盖风险类型从账户安全到网络诈骗、营销作弊、信贷欺诈等，守护亿万用户的支付安全。

二、智能风控系统简介（AlphaRisk）

作为支付宝第五代智能风控引擎，AlphaRisk 是支付宝风控多年实践与新技术创新的智慧结晶，应用 AI 技术颠覆传统风控的运营模式，通过风险感知（Perception）、风险识别（AI Detect）、智能进化（Evolution）、自动驾驶（AutoPilot）四大模块的构建，将人类直觉 AI（Analyst Intuition）和机器智能 AI（Artificial Intelligence）完美结合，打造具有机器智能的风控系统，愿景是实现风控领域的"无人驾驶"技术。

支付宝平台上每天都有上亿笔交易，通过 AlphaRisk 智能风控引擎，不仅能够对每个用户的每笔支付进行 7×24 小时的实时风险扫描；同时通过不断新增的风险特征挖掘和优化算法迭代的模型，能够自动贴合用户行为特征进行实时风险对抗，在数亿交易中准确识别用户被骗支付的欺诈风险交易，不足 0.1 秒就能完成风险预警、检测、管控等复杂流程，确保用户账户安全和支付交易的万无一失，打造金融级的账户安全。

三、AlphaRisk 主要特点

智能风控引擎 AlphaRisk 的主要特点有以下几点。

（一）自动化：风控行业首次全链路打通风险预警自适应、风险模型自学习、风险策略自动推荐、模型一键部署上线，实现风控系统运营的全自动零人工干预。

（二）自学习：风控行业首创风控系统自进化方案，自动生成风险特征、自动训练模型调参，极大地提升风控系统的性能稳定性和响应黑产攻击的对抗性，在1小时内可完成风控引擎的自动进化。

（三）高准确率：可跨场景全局识别风险的变化，使蚂蚁金服的资损率降低至5‰以内，为全球最先进第三方支付公司资损率的1‰，处于金融风控行业绝对领先水平。

（四）高计算性能：行业首创的分布式 E2C 风控系统模式，可同时在客户端和服务端完成风险检测计算，支持近30万笔/秒峰值风险扫描，远高于其他全球顶级支付清算平台公开披露的资料；每笔交易可在0.1秒内完成200多个机器学习模型和1万多个风险特征的复杂计算。

（五）自适应：可提前预警风险出现的概率，预警准确率超过95%，可分析风险环节，在风险爆发前1秒内完成系统的自动快速调整来应对风险攻击。

四、创新价值

（一）账户与支付保护

AlphaRisk 支撑了蚂蚁金服风控的发展，通过不断创新的 AI 力量，每日保护亿级支付宝账户及支付安全，日均拦截风险攻击近万次，资损率小于5‰，保持金融风控行业绝对领先水平。

（二）净化互联网生态

通过 AlphaRisk 的案件进行智能自动分析，通过资金流转、社会信息及设备环境信息等，从各节点扩散数据并进行低危关联的裁剪，结合智能人群分析，产出犯罪嫌疑人线索。2017年主动推送协助全国各地公安机关打击犯罪团伙927个，协助全国司法机关36325批次，协助抓捕各类违法犯罪嫌疑人3224人。

（三）助力金融监管

AlphaRisk大幅提高了对非法集资、传销、赌博等涉众风险识别的准确性，与监管机构联合主动针对新形态、新特点、新模式进行实时风险识别预警和证据链溯源，通过降低互联网金融安全事件来维护国家金融安全。

（四）助力合作伙伴

与近600家银行及金融机构、1000多家互联网公司等一起合作，给生态合作伙伴、小微企业提供账户保护、交易保护、营销保护、渠道保护、反洗钱等全方位的风控解决方案，每天监护用户交易几十亿笔，用金融科技助力合作伙伴在业务创新、运营优化、科技升级方面进行升级转型，帮助国家防范金融风险，保障国家金融安全，推动新金融发展。

五、总结

数字技术与金融服务水乳交融形成的数字金融已经成为世界金融业发展的主要趋势。风险控制技术是数字社会与经济安全可靠运行的基础。当前基于云计算、人工智能、生物技术等科技能力，AlphaRisk已经实现金融风控领域的"无人驾驶"，为支付宝及蚂蚁金服的全球合作伙伴提供世界领先的智能风控服务。未来，AlphaRisk的无人驾驶级技术将以更通用化、轻量化、智能化的风控解决方案为金融业的合作伙伴带来更多的安全保障，帮助国家防范金融风险，保障国家金融安全。

案例 5　银联商务银杏支付通产品

一、银杏大数据简介

银联商务基于 16 年支付交易数据的积累，于 2016 年正式孕育出银杏大数据品牌。该品牌自成立以来，秉承"支付+数据"的战略基调，成功自主研发 5 大系列"银杏大数据"产品，涉及 20 多个产品（包括信用建设、旅游消费分析、商业咨询等），合作项目超过千个，成功落地保险、商业地产、银行、互联网金融、政府机构、旅游景区、百货、租赁等多个行业。

银杏大数据荣获中国科学院《互联网周刊》颁发的"2016 年度最佳大数据产品应用奖"、中国支付清算协会颁发的"金融大数据创新应用优秀成果奖"、四个"计算机软件著作权"等多个奖项专利，并与多家著名高校、咨询机构、政府机构长期合作，联合共建"大数据实验室"。银杏大数据坚持通过科技创新，优化产品与服务，深入剖析大数据技术在各大领域的应用，为社会及经济的持续健康发展贡献力量。

二、便捷高效的验证＋支付一体化产品介绍

银杏支付通通过智能终端实时验证客户身份信息的真实性，并自动连接支付功能，提供"验证+支付"一体化服务。该产品可应用于保险、汽车租赁、房屋租赁、银行理财等多个行业的实名验证缴费需求，支持在智能终端上进行银行卡号、微信账号、支付宝账号多种实名认证模式。

三、产品成就

银杏支付通整合多方式的认证和渠道支付并实时反馈验证结果，在满

足有关于个人信息安全使用的管理政策的同时，满足多个支付场景的实名制需求。此外，该产品大幅度简化了一线业务人员的操作步骤，快捷高效的操作流程提升了客户支付体验，收获了来自市场的一致好评。产品于2017年11月成功上线以来，目前提供的"验证＋支付"服务已成功服务商户140家，调用量达104580笔。

四、支付安全与风险管理优秀案例介绍

（一）保险行业应用案例

车险行业自2008年推行"见费出单"制度以来，应收保费乱象得到有效控制。但近期车险市场出现大量抢单以及车险保费垫付行为，部分保险机构及业务人员为争抢业务，未经消费者同意为消费者缴纳保费，生成保单以锁定客户。这种行为加剧了市场恶性竞争，容易产生保险纠纷投诉，同时增加了资金垫付风险，严重扰乱了车险市场正常经营秩序，加大了保险行业经营管理风险。

为切实维护机动车辆保险消费者的合法权益，规范机动车辆保险承保工作流程，引导保险机构积极防范和化解经营管理风险，维护公平公正有序的市场竞争秩序，各地都在积极探索各种解决车险市场乱象的措施，其中"投保人实名缴费"就是较有效的措施之一。车险"投保人实名缴费"，是指保险公司在收取车险保费时，要核对付款账户信息的真实性，确保投保账户信息与投保人一致，严禁保险公司、保险专业机构、保险兼业代理机构、其他第三方及个人以各种形式垫付保费。

银杏支付通正式投产后，成功入围中国保险信息技术管理有限责任公司（以下简称中保信）项目的银行卡验证服务方之一，在车险支付交易前，向所有保险公司提供投保人支付信息与本人身份信息的一致性核验服务。目前该产品已配合中保信平台完成青海、海南两省的保险公司验收工作，两地均成功完成了"保险实名制"项目的上线工作。自9月青海、10月海南"验证＋支付"项目上线后，已服务当地人保、平安、太保等16家保险公司，总计提供验证服务42613笔。

（二）汽车行业应用案例

除保险行业外，银杏支付通也广泛应用于汽车租赁、汽车贸易、4S

店、二手车交易平台等多个业务场景。该产品要求持卡人在进行支付交易前必须完成相关的实名验证操作，可有效避免缴费持卡人用非本人账户交易带来的经营风险。

银杏支付通在汽车行业最典型的应用为正通汽车实名缴费项目，合同约定银联商务为其提供"验证+支付"一体化服务，帮助正通汽车有效防范支付风险。

中国正通汽车服务控股有限公司创立于1999年，拥有108家运营中的经销网点，遍布国内15个省、36个城市，是国内领先的汽车4S经销店集团，致力于经销豪华及超豪华汽车品牌。因高档汽车价值昂贵，交易风险较大，为减少交易纠纷，规避非车主大额交易风险，建设汽车行业诚信安全的交易体系，正通汽车对银杏支付通"验证+支付"服务有着强烈的业务需求。银杏支付通的银行卡三要素实名验证及个性化订单对账接口服务，不仅可为正通汽车有效防范交易风险，同时精简的交易流程也提高了其一线业务人员的办事效率。双方的此次合作，实现了汽车行业安全诚信的商业合作模式，成为业内实名"验证+支付"的经典合作案例。

此外，银杏支付通还为50家汽车贸易、租赁、销售企业提供"验证+支付"综合解决方案，合作车企覆盖宝马、丰田、本田、比亚迪、吉利等多个知名品牌，服务得到业界的一致好评。

（三）交警罚没行业案例

某市交管局为缓解窗口排队压力，希望银联商务自助终端能在保证用户信息安全的前提下，为其提供违章罚款自助查询缴费服务。银联商务基于其具体业务需求，立足于银杏"验证+支付"一体化服务，通过对接交管系统，整合违章查询、身份认证、记分缴费三类服务，提供银行卡、微信和支付宝三种实名"验证+支付"手段，满足群众各类违章业务办理需求，提升政府部门整体办事效率，实现高效、快捷的便民服务。

银联商务根据交警罚没行业特性，为其打造了专属的银杏支付通产品，其功能特点有以下几点。

1. 支持违章查询。违章人在终端或网站上，通过输入车牌号、驾驶证等信息确定待销违规记录。

2. 身份认证＋支付。统一封装违章人身份信息，组织报文向银杏盾发起实名验证请求，支持银行卡、微信和支付宝三种实名认证＋支付手段，保证本人操作，避免引发盗分等投诉问题。

3. 记分缴费。根据银杏盾返回的验证结果和支付渠道反馈的缴费状态，交管系统完成相关记分和销案工作。

通过将违章查询、身份认证和记分缴费服务相结合，实现违章人自助缴费操作，帮助交警部门缓解窗口工作压力，解决排队时间长等日常突出矛盾。通过线下终端或线上网站等形式，在保障信息安全的前提下提供一站式交警罚没缴费服务，不仅展现了银联商务多渠道实名认证和支付钱包的优势，同时有效协助了交管部门建立违规罚款自助查询缴费体系，优化缴费体验，提升政府部门办事效率。

此外，银杏支付通还与海南省交通规费征稽局合作开展机动车过节费退还项目。海南省出具便民政策，在节假日内免收全国小型客车车辆通行附加费。但由于该费用已摊入汽油油价当中，若需退费，车主必须登录海南省交通规费征稽局官网，完成用户注册后，输入银行卡退款账户信息，经实名验证成功后予以绑定，方可申请相关退费。由于原先系统存在因银行卡账号录入错误而导致的退费失败问题，该业务的上线，有效地解决了这一问题，实现了业务便捷化、准确化处理，提升了客户体验。同时实名制退费，也有效减少了退费申请的重复提交，极大地缓解了人工运维压力。该产品成果显著，海南省交通规费征稽局予以高度赞赏。

（四）银行理财 POS 机应用案例

为进一步提升银行个人客户服务水平和满意度，光大福州分行、邮政储蓄江苏分行等各地分支行相继与银联商务开展实名认证＋理财 POS 机业务合作。通过持卡人在银联商务提供的理财 POS 机终端上进行交易、转账的同时进行银行卡实名验证，加强风险防控力度，保障刷卡消费交易由本人实时操作。

银杏支付通，通过在智能终端上叠加实名验证服务，满足了金融支付场景下客户身份信息真实性校验需求，一方面便于销售人员在销售产品时能准确、便捷地验证产品购买者身份的真实性与可靠性，有效解决银行跨行资金垫付、资金转入、垫付额度、转入时效等问题，另一方面上传认证流水至银行系统，可从源头上解决客户身份信息缺失虚假等数据问题，保证历史档案信息的完整性和准确性，及时识别并消除潜在运营风险，以保障银行经营业务健康稳定发展。

五、总结

银杏支付通作为银联商务主打的"验证＋支付"一体化产品，上线一年以来，已在市场中积累了一定的影响力和品牌知名度，业务规模和客户覆盖率亦在逐步上升，产品质量得到市场普遍认可。未来，银杏支付通将在遵循个人信息安全政策的前提下，延续独具银商特色的"验证＋支付"一体化服务，继续为政府、保险、银行等机构提供便捷高效的特色人数据服务，保障其支付安全的同时为其降低业务风险提供协助。

案例6 快付通风险控制管理平台

一、背景介绍

随着支付业务的迅猛发展，服务于用户的宗旨使得支付服务的操作已非常便捷，业务的飞速发展也使得风险事件不断呈现出高发的态势，为支付机构的风险防范及控制工作带来了新的巨大挑战。在此大背景下，建设强有力的风控体系便成为支付公司开展以及壮大业务的重要支撑，支付风控体系的建设甚至会影响企业战略目标的实现。风控体系使命的实现与系统建设和业务运营都是密不可分的，其中建立高效的风控系统是风控体系建设与业务良好运营的载体。

风控系统的设计以风控体系的搭建目标为主旨，另外，风控系统与业务系统的契合程度也决定了风控系统的实际效用以及业务系统的业务开放程度，因此风控系统的建设被赋予了贴近现实业务，并且要有高度灵活性和可扩展性的要求。

二、业务介绍

快付通风险控制系统整体的技术方案，在满足业务需求的基础上，同时具有实时性、性能稳定、架构可扩展的特点，以满足支付风控不断迭代更新规则策略集的需要。通过智能规则引擎，建立高效、精确、灵活的规则策略集，实时地进行交易反欺诈分析。通过实时获取交易日志、实时计算行为特征、实时判断风险级别、实时触发风险处置，实时进行风险事件分类统计，形成了风险交易从事前识别、事中处置到事后分析的闭环。

风险控制管理平台包括风险评级模块、监测模块、分析模块和事件处理模块，以合理规范的数据模型，建立整合的风险数据平台。在关键节点介入，快速管控，对高风险交易能够做到及时预警，在交易中完成交易的定性，识别欺诈案件并及时止损（见图 1）。

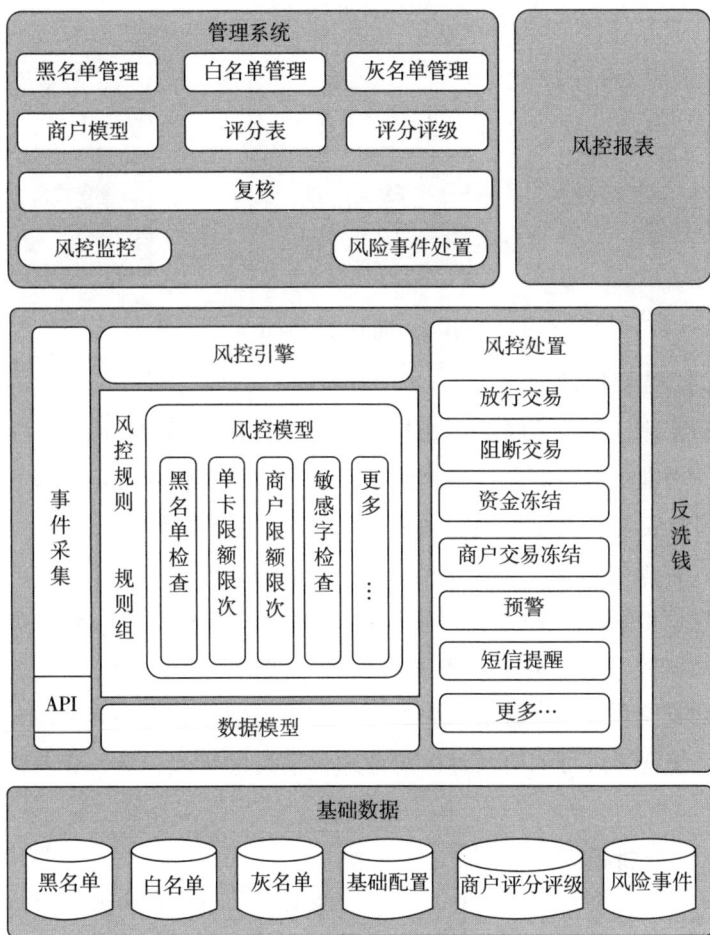

图 1　系统功能模块

（一）评级模块

商户评级模块由评级模型、评分表管理、评级管理三个部分组成，预先设定评级模型中包含需要评级的基础参数信息及需要评级的项目。评分表管理部分定义不同行业、业务等商户类型需要检查的风险类型及评级项目，组成一张带有类别信息的评分表。评级管理部分则是根据商户的实际

251

信息查找到适用的评分表后针对评分项作出商户风险等级的评判，并对应到已配置好的风险处置信息，根据评分结果自动对商户匹配初始化的风控措施。后续根据商户经营状况、投诉状况、交易量等指标，对商户进行动态评分评级，并相应调整风控方式（见图2）。

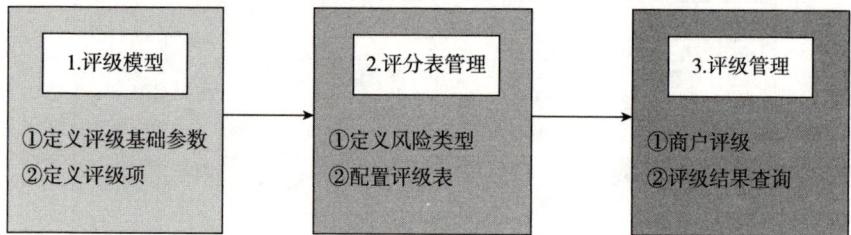

图2　商户评级模块

（二）监测模块

交易监测模块要实时地对交易进行处理，在最短的时间内根据规则引擎定义的规则集对可能存在风险的交易进行辨别，快速准确地提示欺诈性质的高风险交易，及时地根据风险类型做出相应的实时处置。对于需要人工介入处理的可疑交易，要在第一时间向风控人员提供详尽的交易和风险信息，以协助工作人员对可疑交易进行识别和处理。为保证这种效能，交易监控系统需要采用准实时、分布式的模式进行交易处理。在部署上交易监控系统和交易系统应当支持分布式部署，在不同的主机系统上部署，系统间通过可靠的消息中间件进行信息的传递，保证交易系统的高性能。

（三）分析模块

分析模块构建了风险控制系统的风险分析引擎，可以对大量交易数据进行快捷地提取，完成规则分级查找并进行分析的功能。在系统自动化分析后，根据定性和定量的要求，生成各种针对特定指标的可疑交易分析报表（见图3）。

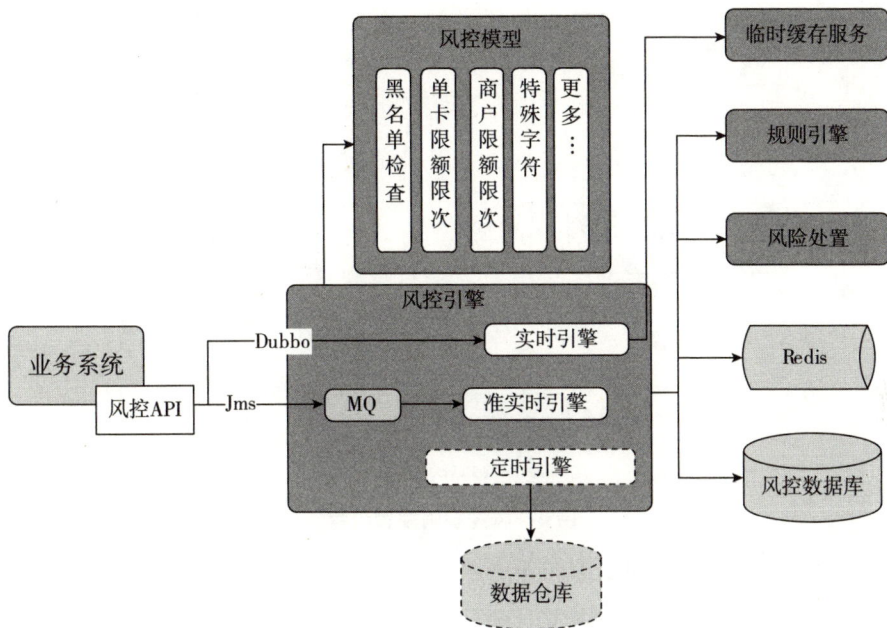

图3   风控引擎架构

（四）事件处理模块

事件处理模块记录了所有对交易监控和分析后产生的疑似风险交易的情况，既有系统自动触发的事件处置，也提供人工处理的通道，对于需要发起处置的可疑交易，可以通过实时调用其他系统的方式予以及时的止损操作，对于非可疑的交易也提供排除可疑的操作。待全部可疑事件被处理完成以后，会对排除可疑、可疑以及确定的风险事件进行统计分析，将分析结果应用于分析引擎。通过对风控引擎的更新，来适应新的业务模式和欺诈方式的变化，提高对风险交易的识别能力和控制止损能力。

三、功能应用特点

（一）全方位、多层次的风险控制

通过风控模型和数据模型的运用，简化风控规则配置，对商户的交易进行全方位、多层次的风险控制。采用预定义风控模型的方式，风控人员可通过界面自行定义规则，极大地简化了风控人员的学习成本。

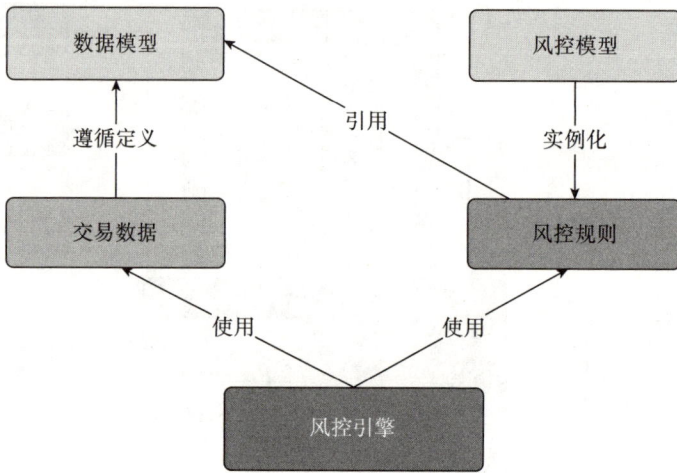

图4 风控规则配置流程

风险控制的流程说明如图4所示：

1. 调用方发起风控调用请求；

2. 风控系统通过规则引擎解析，确定适用的风控规则；

3. 风控规则分为不同的级别，每一个级别可以有多条风控规则。优先检查最高级别的风控规则，如果检查通过，接着检查下一个级别的风控规则。以此类推，直到检查完所有级别的风控规则；

4. 如果某一个层级检查不通过，则将该层级不通过的风控规则对应的风控措施汇总，部分措施由风控系统完成，部分措施通知调用系统，由其进行处理。

风险控制的概念有以下几点。

1. 数据模型：风控数据的元数据，定义风控使用的数据的数据格式。交易数据上报时，上报数据格式必须符合数据模型定义的数据格式。

2. 风控模型：定义风控的算法和实现，即定义如何进行风控。

3. 交易数据：进行风控的数据，由业务系统交易时传给风控系统，风控系统根据该数据进行计算。

4. 风控规则：定义交易风控的规则，包含风控模型，以及风控模型的参数。

5. 风控引擎：按风控规则对交易执行风控检查，识别风险事件，并按规则进行处理。

（二）商户等级的自学习调整

该系统引入商户评分评级系统，支持按商户评级结果进行风控，也支持根据风险事件调节商户评级。

商户的评分等级，是商户允许开展的业务、交易的限额、可享受的优惠等多项指标的重要参考依据。但商户的评分等级不是一成不变的，其根据商户的经营状况、投诉状况、交易量等多项动态指标相关。随着商户业务的开展情况，商户的评分等级也应动态调整。如果人工进行调整，工作量大，操作滞后，存在一定片面性，而且可能会因为人工操作疏漏，导致最终的评分等级不客观。需要系统根据商户的交易情况，动态调整商户评分等级。

该系统根据商户经营状况、投诉状况、交易量等指标，对商户进行动态评分评级，并相应调整风控方式。

阶段一：AI 训练阶段，如图 5 所示。此阶段 AI 系统扮演类似"学生"的角色，它"观察"人工时如何收集动态评分项，如何调整商户评分。评分项、收集方式、分值、人工处理方式等，作为 AI 训练的输入参数。经过 AI 的深度神经网络等相关 AI 算法的多次模拟，实现 AI 自动对商户评分。

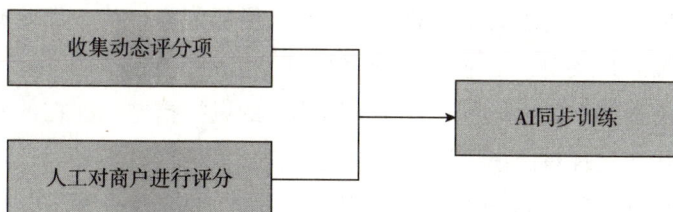

图 5　AI 训练阶段

阶段二：AI 完善阶段，如图 6 所示。经过阶段一的训练后，AI 应至少具备初步商户评分能力。此阶段，将由 AI 自动收集动态商户评分项，并自动完成商户的评分，并采取相应风控措施。

255

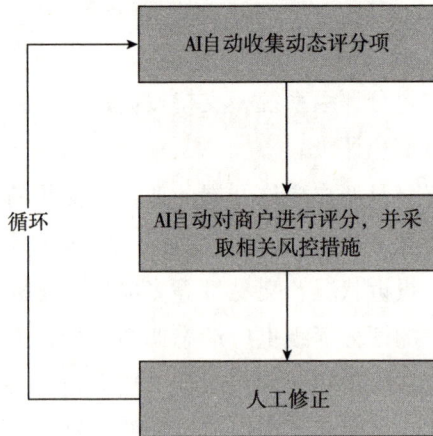

图6　AI 完善阶段

当 AI 能力不是很完善时应由人工介入，对 AI 的评分结果和建议采取的风控措施进行修正，逐步完善 AI 的算法。

经过阶段一和阶段二，AI 已经基本"学会"了如何对商户进行动态评分，并采取相应的风控措施。当外部环境发生变化时，可以重新进行训练。

（三）商户措施的分组定义

不同的商户需要定义不同的风控措施，但部分商户某一类业务是相同的。如果按商户及商户的业务分别定义风控措施，配置的工作量非常大，修改时也需要逐个修改。所有商户采用统一的风控措施。存在的问题是不够灵活，无法实现对商户风控的精细化配置。系统进行交易时，进行风控检查，分析该交易应进行哪些风控检查。分组的层级分为五层，如图 7 所示。

1. 层级一：商户。检查属于该商户的交易。

2. 层级二：行业 + 商户评级 + 业务类型。检查属于该行业、商户评级、业务类型的交易。

3. 层级三：行业 + 商户评级。检查属于该行业、该商户评级的交易。

4. 层级四：行业。属于该行业的商户的所有交易都检查。

5. 层级五：通用。所有的交易都检查。

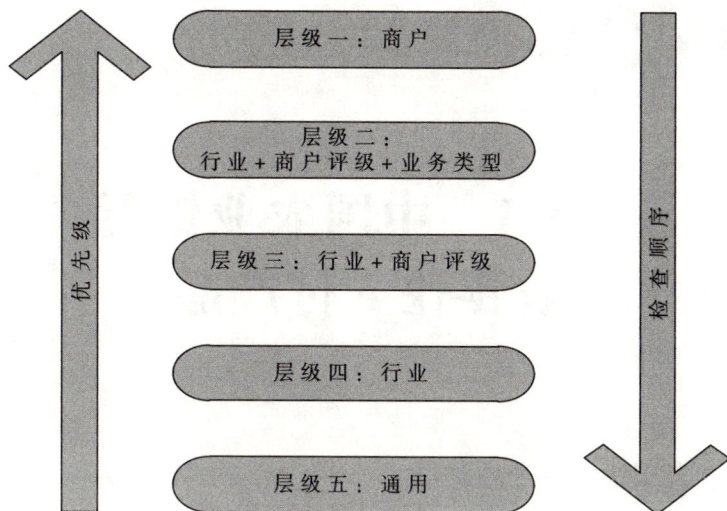

图7 商户措施分组层级

商户措施分组的业务流程如图8所示。

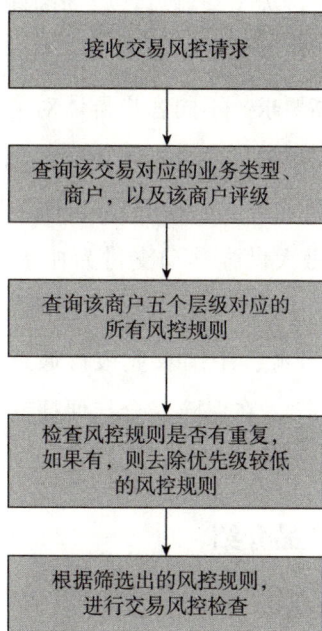

图8 商户措施分组定义流程

案例1 中国农业银行 农银快 e 付产品

一、农银快 e 付产品背景

党的十九大明确提出要推动互联网、大数据、人工智能和经济深度融合，培育新的经济增长点、形成新动能。移动互联网已深刻改变了人们的生产和生活方式，银行业进入了金融科技驱动的新阶段。随着移动互联网的发展，从支付到理财，再到融资，客户对金融服务提出了随时可用、随手可得、随心可变的更高要求。不同客户群体对金融服务差异化需求愈加明显，对支付的便捷和简单易用性也有了更高要求。同时，先进金融同业在金融科技浪潮中纷纷确定了"移动引领"的战略定位，全面发力移动端，加大资源投入，以做大做强移动支付为抓手带动银行加快建设移动金融，实现零售转型。在此背景下，各大银行同业纷纷推出了快捷支付产品与第三方抢夺客户资源，中国农业银行通过自主研发打造了创新网络支付品牌"农银快 e 付"，在保障安全与便捷支付之间找到一个较好的平衡点。

二、农银快 e 付产品介绍

（一）农银快 e 付定义

农银快 e 付是指农业银行依托支付结算体系和账户管理体系，基于 K 宝、K 令、K 码（短信验证码）等安全认证介质以及软 token（手机令牌)、指纹、刷脸等新型认证方式,为客户提供扫码、APP 调用、权益类支付等多种支付服务的网络支付品牌。农银快 e 付整合了各类支付资源,集成了互联网支付、移动支付及第三方支付等系列产品,致力于为广大客户提供安全、便捷、灵活的支付体验。

(二)　农银快 e 付亮点

1. 支持账户类型齐全

农银快 e 付支持借记卡、贷记卡、对公结算户等各种账户类型,便于个人及对公客户根据不同场景选择不同类型支付账户。

2. 安全认证技术多样

农银快 e 付应用 K 宝、K 令、K 码等多种安全认证技术,满足不同金额和支付场景的安全要求。

3. 支持多渠道支付

农银快 e 付支持网银、掌银、线下终端、第三方平台(包括 PC 端页面、手机 H5 页面、APP、SDK)等渠道支付。

4. 满足线上线下场景需求

农银快 e 付可满足客户线上线下转账支付、生活消费(购物、充值、缴费、交通等)、供应链支付、无卡取现等多场景支付需求。

5. 聚合多种支付方式

提供农银快 e 付、微信、支付宝、云闪付等多种主流支付方式,丰富客户支付体验。

三、农银快 e 付产品架构

（一）整体架构

| 应用场景 | 线上支付 | 线下支付 | 大额支付 | 小额支付 |

| 产品体系 | 本行支付 | 条码支付 | 云闪付 |
| | 跨行支付 | 权益支付 | 手机Pay |

基础支撑

账户体系		安全认证	清算渠道
个人账户 对公账户	本行账户 他行账户	K宝、K令	行内系统
		软token、SE、HCE	大小额系统
实体账户 电子账户	借记卡账户 信用卡账户	K码短信	超级网银
		生物特征	卡受理中心

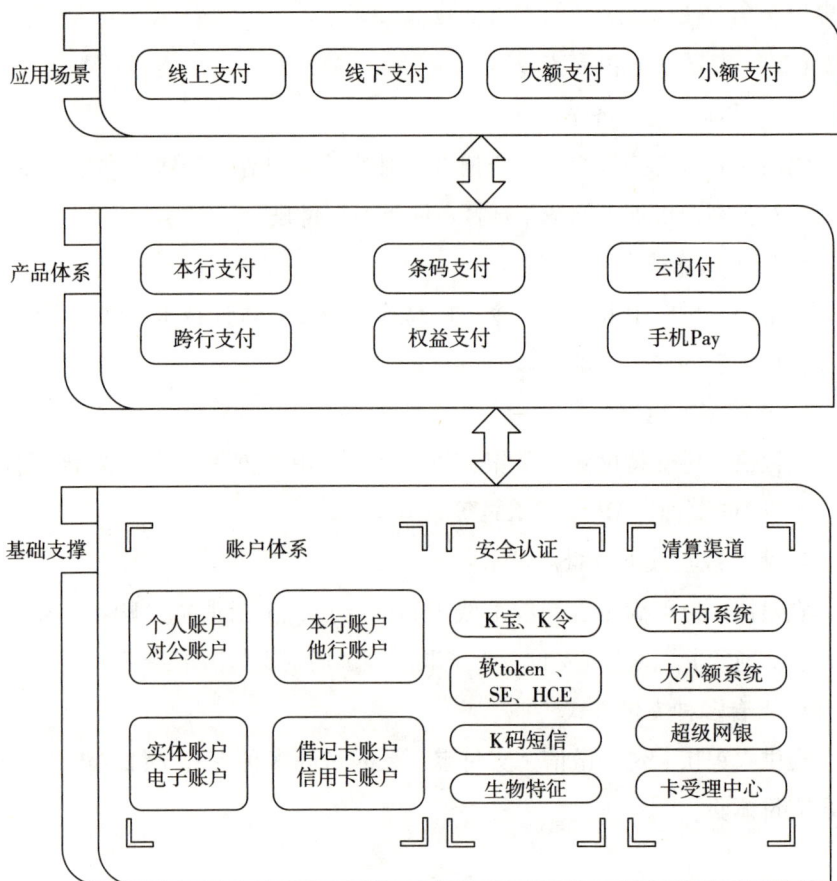

图 1 农银快 e 付整体架构

（二）账户体系

农银快 e 付支持的账户按不同分类标准，可分为个人账户和对公账户、本行账户和他行账户、实体账户和电子账户、借记卡账户和信用卡账户，借记卡账户分为Ⅰ类、Ⅱ类、Ⅲ类银行账户。

Ⅰ类账户主要应用于大额支付场景，Ⅱ类、Ⅲ类账户主要应用于小额、高频支付场景，用于网络支付业务，满足客户生活消费、缴纳公共事业费、向支付账户充值等支付需求。

他行账户包括他行个人账户和对公账户。

信用卡账户应用于个人客户线上、线下消费支付场景。

（三）安全认证

表1　　　　　　　　　　农银快 e 付安全认证技术要素

认证方式	支付限额（元）		安全性	应用场景
	单笔	日累计		
K宝	100万	500万	高	大额安全支付
K令	50万	50万	较高	大额安全支付
人脸识别 + 软 token	10万	10万	中	目前仅支持掌银语音转账
软 token	5万	5万	中	条码支付、转账支付、缴费充值
K码（短信认证）	1000元	1000元	低	小额、高频、便捷支付

（四）清算渠道

农银快 e 付清算渠道包括农业银行行内业务系统、中国人民银行大额支付系统、小额支付系统、网上支付跨行清算系统和中国银联银行卡跨行支付系统。

四、农银快 e 付产品体系

农银快 e 付提供六类支付服务，分别是本行支付、跨行支付、条码支付、权益支付、云闪付、手机 Pay。

（一）本行支付

本行支付是指客户使用农业银行个人账户和对公账户进行支付，是支持多种渠道入口、多种安全认证方式、多种应用场景的支付产品。客户支付限额取决于使用的安全认证技术（见表1），当客户使用掌银语音转账时，如转账金额介于软 token 限额与 10 万元之间，可通过刷脸 + 软 token 双重认证，快速完成大额支付。此外，客户可通过掌银设置免签账户，向免签账户转账日累计限额为 20 万元。

（二）跨行支付

跨行支付是指客户向开通农行跨行支付业务的商户付款时，使用他行

261

个人或对公账户进行支付的业务。目前可通过中国银联、微信、支付宝和跨行 B2B 支付完成支付。其中他行个人账户通过中国银联、微信、支付宝进行线上支付，他行对公账户通过跨行 B2B 支付进行线上支付。相应的支付限额由跨行支付单笔限额和日累计限额受账户所属机构进行限制。

（三）条码支付

条码支付是农业银行应用条码技术，为客户提供的支付服务。条码支付通过付款扫码和收款扫码为客户提供付款和收款功能，付款扫码包括线下扫码支付、线上扫码支付、面对面转账、扫码取款等。农银快 e 付除提供扫一扫、付款扫码和 ATM 扫码取款功能之外，还向客户提供小额免密支付服务。客户可通过农业银行掌上银行 APP 开通小额免密支付功能，在进行条码支付时，展示"向商家付款"界面中该账户付款码，被商家用扫码设备识别，不需验证密码即可完成支付。

客户可通过农业银行借记卡及信用卡账户、其他银行借记卡账户、微信、支付宝支持的所有账户使用中国农业银行条码支付服务。而条码支付根据不同的条码类型和支付类型具有不同的限额，具体限额情况如表 2 所示。

表 2 　　　　　　　中国农业银行智能掌银条码支付限额

支付入口	支付类型	条码类型	支付渠道	支持账户	其他	支付限额		
						限额维度	单笔限额	日累计限额
掌上银行	收款	静态码	掌银 APP	借记卡信用卡	无	客户	300 元	无上限
	付款	静态码	掌银 APP	借记卡	无	账户	300 元	1000 元
		动态码	掌银 APP线下终端	借记卡信用卡	验密	客户	快 e 付限额	
					免密	账户	300 元	1000 元
	取现付款	动态码	掌银 APPATM	借记卡	无	客户账户	ATM 限额	

（四）权益支付

权益支付是指客户向支持农业银行权益支付的商户付款时，使用农行积分、优惠券等抵扣一定金额进行支付。当商户向农业银行申请并开通积分、优惠券等权益支付业务后，即可向其客户提供相应权益支付服务。目前，积分价格为 600 积分 = 1 元，在权益支付时，客户在该笔支付最大可抵扣金额内自行选择抵扣金额。

（五）云闪付

云闪付是中国银联开发的移动支付品牌，客户既可以在农业银行掌银 APP 中使用云闪付服务，也可以在云闪付 APP 中使用农业银行账户和服务，实现智能掌银与云闪付 APP 在用户和内容上互通共享、相互引流。目前已支持借记卡、信用卡账户，使用二维码转账，单笔限额 5000 元，日累计限额 20000 元；使用跨行转账，用户维度达到单笔限额 10000 元，日累计限额 50000 元，账户维度限额受账户所属机构限制。

（六）手机 Pay

手机 Pay 是指农业银行持卡客户在具有 NFC（Near Field Communication）功能和 SE（Secure Element）的手机提出申请，农业银行根据客户申请向该手机加载并关联实体银行卡的 IC 卡金融应用，实现农业银行持卡客户使用手机进行近场和远程支付的功能。客户可通过农业银行掌上银行 APP 中云闪付、Apple Pay 和手机钱包使用手机 Pay 功能。农业银行手机 Pay 服务支持账户及支付限额如表 3 所示。

表 3　　　　　　　　农行卡手机 Pay 支持账户及限额

账户类型	安全认证	单笔限额	日累计限额
借记卡	支付标记化	5000 元	2 万元
信用卡	支付标记化	2 万元	5 万元

案例2　中国建设银行"裕农通"金融服务

一、案例背景介绍

"三农"问题是关系国计民生的根本性问题，县域乡村是推进普惠金融事业需要聚焦的关键领域。当前，我国发展不平衡、不充分问题在县域地区最为突出。实施乡村振兴是党中央着眼于实现"两个一百年"奋斗目标作出的重大决策，是新时代做好"三农"工作的总纲领和总抓手。乡村振兴，摆脱贫困是前提；扶贫攻坚，金融支持要先行；金融下乡，渠道覆盖是关键。建设银行作为国有大行，服务"三农"责无旁贷。承担大行责任，立足国情农情，聚焦县域蓝海，解决社会痛点，提供建行方案，这正是"裕农通"普惠金融服务发展的初心与本源。

"裕农通"是建设银行针对县域乡村地区金融服务不足等社会痛点问题，依托新一代金融科技搭建的县域普惠金融综合服务共享平台，以互联网思维、轻资产新模式快速延伸县域乡村地区服务触角，快速提升建设银行县域乡村服务能力，推动普惠金融服务网络深入农村腹地，构建起服务"三农"、乡村振兴、金融扶贫"三位一体"的县域农村普惠金融生态网络。凭借在县域普惠金融领域的探索实践，"裕农通"荣获《亚洲银行家》"2018年度中国最佳普惠金融产品"奖项。

二、产品或服务功能及业务流程

"裕农通"秉承"开放、跨界、合作、共赢"理念，与合作机构共同布局县域农村地区的服务点和商户，为县域乡村地区物理渠道无法覆盖到的广大基层农民提供实惠、便捷的金融与非金融综合服务，为农户提供集

"存贷汇缴投"于一体的综合金融服务,目前已覆盖供销社、通信公司、电商平台、卫生系统、民生服务、住房租赁六大领域。"裕农通"县域普惠金融服务平台(以下简称"裕农通平台")构建了"前、中、后"三位一体的整体架构,包括面向业主端的裕农通 APP 和智能 POS,面向农户端的"建行裕农通"微信公众号,以及面向建行员工的客户经理 APP 和员工渠道后台支持模块。

(一) 业主端——"裕农通"手机 APP 和智能 POS

为更好地解决农村金融服务痛点,提升建设银行农村金融服务能力,创新研发了"裕农通"普惠金融服务平台"裕农通"APP,并引入智能POS 终端,推出裕农通智能 POS 版。目前"裕农通"APP 可实现四大类功能:一是基础交易功能,包括助农取款、转账汇款、定活互转、生活缴费、龙商户收单;二是订单类理财功能,包括保险、贵金属等;三是增值服务与宣传功能,通过公众号宣传"裕农通"业务,为农户提供农业气象服务等增值服务;四是业务管理功能,包括服务点准入、巡检、业务运营分析报表、风险监测等。"裕农通"智能 POS 版在"裕农通"APP 功能的基础上,可以加载社保、医保、公交缴费等众多民生类场景应用,并支持与第三方实现平台级整合对接,更丰富、更智能地普惠金融服务。除四大类功能外,"裕农通"平台还增加了裕米等级模型、联动开立商户等多种管理类功能,提升了用户体验和服务点业主积极性。

(二) 农户端——"建行裕农通"微信公众号

为解决好普惠金融服务"最后一公里"延伸和精准对接的问题,将"裕农通"服务触角从服务点商户延伸至广大农户,丰富在县域农村地区的服务手段,建设银行针对县域农户客群推出总行级微信公众号"建行裕农通",打造集查询签约、业务办理、金融服务和农业资信等为一体的综合性裕农服务平台。推出业务办理、裕农金融、裕农资信三大功能模块共计十项功能(见表1)。

1. 业务办理模块。一是查询余额,客户成功绑卡后可便捷查询账户余额;二是"我的二维码",客户可通过向服务点业主展示二维码快速办理"裕农通"业务,免去信息输入环节,方便快捷;三是自助申请服务点的

265

入口，便于依托第三方机构进村布点；四是移动门户，汇集建行金融产品、优惠信息和各类资讯的综合性移动门户，为客户提供微金融服务入口。

2. 裕农金融模块。一是支付结算，为客户提供建行龙支付优惠活动最新最全信息；二是投资理财，推荐符合县域农户的各类建设银行金融产品，包括存款、贵金属、保险类产品，如惠福龙卡、猪年金钞等；三是龙信商，提供客户诚信商数分值实时显示；四是裕农有礼，开展赠送账户险等各类关注赠礼活动。

3. 裕农资信模块。一是本地服务，向客户提供本地"裕农通"特色服务及活动信息；二是农气资信，提供与农业生产密切相关的外部资信，包括日照查询、资信信息、农气视频、土壤墒情、农气灾害和菜价查询等；三是裕农问答，为客户提供"裕农通"业务常见问题解答。

表1　　　建行"裕农通"微信公众号农气资讯功能模块介绍

序号	功能模块	具体功能描述
1	日照查询	可查询日照时间，自动显示用户所在地（省—市—县）的日照数据，也可手动查询其他地区的日照数据
2	资信信息	提供农用天气预报、农业市场动态、春耕、三夏、秋收等关键农时农事信息，每日动态更新
3	农气视频	提供CCTV-7农业气象、期市气象站、三农新气象等专业气象发布渠道的气象视频，每日动态更新
4	土壤墒情	可查询土壤适宜植物生长发育的湿度
5	农气灾害	选择农作物后，可查询所在地区该作物相关的农业气象灾害监测情况和未来三天预警情况
6	菜价查询	可查询全国31个省（区、市），300余个农贸市场，1000余种农副产品的市场价格信息

（三）员工端——客户经理APP和员工渠道后台支持模块

通过客户经理APP和员工渠道后台支持模块功能，可实现从服务点申请、准入、业务办理、巡检、风险监测,全生命周期"裕农通"业务管理。

三、产品或服务应用特点及创意

"裕农通"普惠金融服务平台是建设银行金融科技实力的充分体现和场景化实践,针对县域地区金融机构渠道覆盖率低、金融产品服务结构单一、农业信息共享程度较低、基础民生服务便捷度差、农村养老保障体系欠缺五大痛点提供了平台级解决方案。相较于目前县域农村地区较为普遍的电话 POS 助农取款模式,建行"裕农通"平台在多个方面的探索具有创新性,实现轻终端服务模式、开放式跨界合作、扩展综合化服务、可移植快速覆盖、订单式交易模式和全周期线上管理六大创新点,提升了服务点前期拓展、长效运营和后期维护的能力。

(一)轻终端服务模式。业内首个面向县域农户提供普惠金融服务的金融科技平台,应用互联网思维,按照轻资产模式解决当前农村地区金融服务的痛点和难点,低成本易维护。

(二)开放式跨界合作。秉持开放心态,积极推动"银行+供销社……银行+卫生社保""银行+通信公司"等多种合作模式,支持服务平台层级对接整合,借助外力快速延伸县域触角。

(三)全周期线上管理。坚持互联网思维,实现从"裕农通"普惠金融服务点的申请、准入、巡检、注销的全周期线上管理,减少人力物力成本,投入少效率高。

(四)订单式交易模式。建行"裕农通"服务平台采取服务点业主为农户下金融服务订单,农户通过短信银行或手机银行自主、自助完成交易,确保相关业务的合规交易和营销。

(五)综合化服务扩展。建行"裕农通"服务平台在提供存、取、转、缴等基本金融服务的基础上,扩充了保险、贵金属、理财和贷款等金融产品和服务,并可搭载多种行业应用,在消费、通信、医保等方面具有较强的可扩展性,提升了针对县域农户的综合服务能力。

(六)可移植快速覆盖。可移植性强,便于广泛覆盖。与分行特色应用场景、普惠金融合作项目实现平台对接，移植整合，助力分行普惠金融服务业务。

四、产品或服务推广情况

（一）速度快、覆盖广，金融科技支撑助力拓点提速，县域普惠金融服务覆盖全国

2016 年 4 月，建设银行与中华全国供销合作总社签署《普惠金融合作框架协议》，联合下发《中华全国供销合作总社中国建设银行股份有限公司关于开展普惠金融合作的通知》（供销经联字〔2016〕1 号），正式推出"裕农通"普惠金融服务。2017 年 6 月，建设银行"裕农通"新平台随"新一代"推广完成全行上线，总行下发《关于做好"裕农通"普惠金融服务平台推广的通知》（建个〔2017〕359 号），快速推进组织全行做好推广应用，平台优势逐步显现。一是服务点拓展速度和运营能力大幅提升。自平台上线至今，"裕农通"APP 服务点累计新增超 6.4 万个，月均拓展量提升近 4.8 倍，时点存款提升至 2.8 倍，服务点活动率提高近 13 个百分点。二是县域普惠金融服务网络广泛延伸。截至 2018 年 10 月末，全行共建立"裕农通"普惠金融服务点 12.4 万个，覆盖全国 31 个省份，将裕农服务延伸到全国 22% 以上的乡镇村，到 2018 年末预计将 100% 覆盖 1305 个建行定点贫困村，依托服务点和县域网点服务县域客户 1120 万人，为县域农户提供免除小额账户管理费、免除银行卡账户管理费等"五减四免"优惠政策，2017 年仅湖北分行就为农户减免费用达 3680 万元。

（二）场景深、合作宽，民生服务生态场景不断深化，开放跨界合作模式大幅拓宽

自 2016 年与中华全国供销合作总社战略合作开展"裕农通"业务起，在借力外部资源进行开放式创新和民生服务场景深化方面取得了较为显著的成效。一是坚持民生场景优先。立足"裕农通"商户服务农村客户，不断丰富普惠金融场景应用，主推电商、社保/医保、交通、代缴费等重点民生领域行业应用，拓宽"裕农通"服务手段内涵。通过"裕农通"服务平台和服务点，为周边百姓提供社保缴费、医疗就诊、公交充值、通信业

务、便民缴费等丰富的民生类服务，助力农户美好生活。二是坚持平台经营思路。通过与外部合作，以多种合作方式构建百姓的"村口银行"。充分利用运用社会资源进行开放式创新，形成多方融入、交互共享的多种合作模式。全行积极与第三方合作，总行搭建平台，分行踊跃实践，目前已探索创新出多种合作模式，借力合作方农村渠道和人员，共同服务县域客户，不断丰富县域农村普惠金融服务的实质（见表2）。

表 2 　　　　　　　　　　**外部开放式合作模式创新情况汇总**

实施计划	模式	数量（家）	典型分行	典型案例
2016 年推广	"裕农通＋供销社"	9	河北、湖北等	湖北裕农通
2017 年试点	"裕农通＋通信公司"	9	湖南、江西等	湖南金湘通
2018 年推广	"裕农通＋卫生系统"	7	山东、江苏等	山东农村诊所
2018 年试点	"裕农通＋电商公司"	6	河南、浙江等	河南京东小站
2019 年推广	"裕农通＋海尔日日顺"	2	青岛、山东等	青岛裕农小顺
2018 年探索	"裕农通＋公益组织"	—	—	—
2019 年试点	"裕农通＋烟草体彩"	—	—	—

在分行的具体应用实践中涌现出一批优秀的推广案例。一是湖南分行试点"裕农通＋通信公司"模式，推出"建行/联通/服务商"金湘通三方模式，通过智能POS搭载整合金融和通信服务，建行与联通联合拓展农村渠道，为周边农户提供金融和通信服务，成效显著；二是山东分行试点"裕农通＋卫生系统"模式，山东潍坊分行与潍坊市人社局合作实施"农村诊所普惠金融合作项目"，运用智能POS，整合金融、社保和医疗就诊服务，通过农村医务室共同为农户提供金融、医保缴费、医疗就诊服务；三是青岛分行试点"裕农通＋海尔日日顺"模式，通过双方平台对接，实现水卡充值、资金划转、线上消费、投资理财、便民缴费等综合性金融、非金融服务叠加，共同打造乡村普惠服务平台。

（三）合规强、品牌硬，确保业务合规经营风险可控，打造县域普惠金融第一品牌

在合规经营方面，为规范和指导全行推广"裕农通"业务，建设银行总行于2018年4月下发《中国建设银行"裕农通"普惠金融服务业务管理办法（2018 年版）》，在 2017 年版基础上根据监管政策扩大了农村普惠金融服务点的业务开展范围。

在品牌宣传方面，着力将"裕农通"打造为专注于智慧县域，同业领先、具备广泛社会影响力的，服务"三农"事业、乡村振兴、金融扶贫的县域普惠金融综合服务主品牌。一是普及金融知识改善农村金融环境，各级机构开展"金融知识下乡"活动超过 2 万场，培育农户正确的金融意识和理财观，抵制非法集资，防范金融诈骗，二是主流媒体报道提升社会认知度，人民日报、经济日报、中国青年报、人民网等中央和国家级媒体宣传建设银行"裕农通"县域农村普惠金融实践，极大地提升了在县域普惠金融领域的影响力；三是多渠道广泛开展业务宣传，搭建"建行裕农通"微信公众号，精准对接农村客户，定期宣传裕农产品和服务，拍摄"裕农通"视频宣传片、制作动画微视频，设计"裕农通"宣传海报，通过网点、微信 H5 等渠道积极宣传。

表 3   主流媒体对建设银行"裕农通"普惠金融服务相关报道

刊登日期	刊物名称	文章标题
2017 年 9 月 8 日	《人民日报》海外版	《中国建设银行：加快转型发展 服务实体经济》
2017 年 10 月 19 日	《经济日报》	《发挥国有大行责任 践行精准扶贫战略》
2017 年 10 月 25 日	《中国青年报》	《建设银行：服务农业供给侧，彰显大行大作为》
2018 年 3 月 16 日	《人民网》	《建设银行"裕农通"普惠金融服务 助力农户美好生活》

五、营销经验介绍

2016 年 4 月，建设银行总行与中华全国供销总社签署《普惠金融合作框架协议》，并联合下发《中华全国供销合作总社 中国建设银行股份有限公司关于开展普惠金融合作的通知》，拉开了"裕农通"业务全国推广序幕，借助部分省份供销社广泛的基层网络，大力拓展服务点。自此以后，各分支机构因地制宜积极开展合作模式创新，已形成"总行搭建平台，分行应用实践，跨界合作共赢"的营销开拓模式，涌现出一批优秀的应用实践案例。

（一）建行湖北分行"裕农通＋供销社"合作模式

建行湖北分行着力打造"裕农通＋供销社"模式。联手湖北省供销合作社，以"发展普惠金融惠三农"为出发点，通过"建行移动金融＋村级供销服务社"合作模式，打通农村金融服务"最后一公里"。一是利用供销社庞大的渠道资源布设服务点，快速打通农村渠道，着力于政府、供销社、农民工、留守农民及农村经营户五个体系客户的综合服务，实现在县域个人金融业务的快速拓展和网络覆盖。二是与供销社裕农电子商务公司助农金融服务平台对接，运用"手机＋供销服务点＋裕龙卡"的模式，实现小额取款、现金汇款、转账汇款、定活互转、代理缴费、账务查询、支农贷款等基础金融服务的"村村通"。三是与裕农公司合作推出农村客户专属"裕龙卡"联名卡，提供五大功能和五大优惠。截至 2018 年 10 月末，湖北分行裕农通服务点达到 12178 个，覆盖全省 17 个地级市和全部 61 个县级市，辐射省内 50% 以上的乡镇和 50% 以上的行政村，同时"裕农通"业务综合效益不断提升，实现了"利国、利民、利社、利行"四方共赢的良好局面。

（二）建行湖南分行"裕农通＋通信公司"合作模式

建行湖南分行着力打造"裕农通＋通信公司"模式。运用互联网创新思路，践行生态圈工作方法，找准农户和合作方"痛点"，充分借力第三方资源，以"裕农通服务点＋专属卡＋龙支付"为切入点，搭建多维度金融与非金融应用场景，建设"商户＋银行＋通信＋物流"多位一体综合服务点。以点带面，辐射周边客群，重构县域金融服务模式。按照"渠道共建、资源共享"原则，通过优势互补、强强联合，实现渠道复用叠加，整合多方资源，实现商户日常销售资金、行业方业务资金、农户助农金融交易资金"全流程闭环"管理。建立覆盖全省富村强镇的服务网络，共同打造"裕农通"县域金融生态圈。截至 2018 年 10 月末，湖南分行裕农通服务点达到 22685 个，覆盖全省 1734 个乡镇和 94% 以上的行政村。

（三）建行山东分行"裕农通＋卫生系统"合作模式

建行山东分行着力打造"裕农通＋农村诊所"模式。依托"裕农通"平台与卫生社保部门合作，整合金融与社保等功能，创新推出智能 POS 终

271

端，布放在农村诊所等基层卫生机构的物理渠道，同步建设建设银行普惠金融服务点，实现社保、诊疗、普惠金融等多功能于一体，满足农村城乡社保卡客户的金融与社保服务需求，打造渠道多元化、产品特色化、服务综合化的县域农村金融服务生态系统，围绕"存、贷、汇"全方位满足农村客户多样化金融需求。一是在支付结算方面，推出慧农卡、"供销合作卡"专属产品；二是在存款理财方面，针对农村客户推出"老乡理财"专属产品；三是在融资信贷方面，探索核心企业＋农户＋订单模式等七种涉农贷款风险缓释方案。截至2018年10月末，山东分行"裕农通"服务点达到8415个，覆盖全省12%以上的行政村。

（四）建行青岛分行"裕农通＋海尔日日顺"合作模式

建行青岛分行着力打造"裕农通＋海尔日日顺"合作模式。基于建行和海尔双方乡村触点准入、管理标准高度一致，通过合作将双方B端用户批量线上转换，"裕农通村口银行"与"海尔小顺管家"实现快速渠道叠加，打造"裕农小顺"村口银行，达到"1＋1＞2"的赋能效果。海尔致力于为农村客户提供物联网时代定制化美好生活解决方案，"建行裕农通"主要提供"存贷汇缴投"五位一体的村口银行金融服务，通过平台叠加实现金融与非金融服务优势互补。截至2018年10月末，青岛分行近700家海尔日日顺站点完成"裕农通"试点。

案例3 中国光大银行云缴费项目

　　光大云缴费是光大银行自主研发的互联网便民服务平台，坚持便民、利民、惠民的宗旨，秉持开放、合作、共赢的发展模式，经过十年打造，特别是近两年的迭代创新与高速发展，光大云缴费已成为中国最大的开放式缴费平台。

　　光大云缴费平台最大的特点是整合与开放，一方面整合资源，将全国各地的缴费服务集中接入云缴费平台统一管理。截至目前，云缴费平台服务项目总量已突破4000项，覆盖全国范围内的水、电、燃气、物业、话费充值、供暖、有线电视、物业、教育、医疗、旅游、交通罚没等17个大类的缴费服务。香港地区主要缴费服务机构——易办事也是光大云缴费的重要合作伙伴，已上线项目超过50项，包括教育考试费、物业费、通信费、有线电视费等。

　　另一方面开放输出，将丰富多样的缴费服务对外输出至各类机构与平台，既利用光大银行自有渠道，包括营业网点、手机银行，同时也开放输出至外部平台，无论是否为光大银行的持卡客户都可以享受到云缴费的优质服务。截至目前，合作伙伴已超过310家，包括微信、支付宝等互联网平台；招行、交行、民生、中信、华夏及全国各地城商行、农商行等金融同业；京东、百度、苏宁、小米等电商企业；中国银联等专业组织；中国移动等三大通信运营商等。

　　微信与支付宝是中国两个领先的互联网平台，其中的生活缴费栏目均由光大云缴费平台提供服务：登录微信，点击"我—支付—钱包"，九宫格内的"生活缴费"栏目中90%以上的缴费项目由光大云缴费平台提供，单日交易笔数约400万笔、最高交易金额8亿元；登录支付宝，"生活缴费"栏目中50%以上的缴费项目由光大云缴费平台提供，单日交易笔数约

50 万笔、最高交易金额达 1 亿元。

截至目前，光大云缴费服务项目已覆盖全国 300 余个城市以及香港地区，覆盖人群超过 10 亿人；本年平台交易用户已达 2.3 亿户，交易额达 1800 亿元，交易笔数达 9.8 亿笔。尤其是 2018 年 10 月，首批香港缴费项目上线，契合国家发展战略，搭建起空中的"港珠澳大桥"，光大自有平台——云缴费 APP 成为首家实现香港缴费业务的互联网服务平台。

在组织机制创新层面，2018 年 4 月，光大银行在总行层面成立云缴费事业中心，实行独立管理和事业部制运营，建立相对独立的团队，期望云缴费在机制体制创新中焕发活力，持续保持迅猛的发展势头，努力打造成为集"生活＋金融＋服务"综合化的便民服务平台，成为光大银行金融科技战略转型的试验田与桥头堡。

在产品创新层面，云缴费以金融科技为引擎，以便民服务与普惠金融为核心，2017 年以来陆续推出了"物业云""水务云""党务云"和"租房云"等新产品，受到市场与合作伙伴的广泛认可，推动云缴费业务规模屡创新高。

一、云缴费之"水务云"

光大银行与合作公司共同建立了一整套针对中小型水务企业的一站式服务平台云缴费之"水务云"，向水务公司的业务管理纵深发展，延展了水务服务的深度和广度，全面升级接入方式，进一步提升水费缴纳的服务水平，并满足用户通过光大银行手机银行、网上银行、云缴费 APP 等自有渠道，水务企业 APP、支付宝、微信钱包、微信公众号等多种内外部渠道进行缴费。截至 2018 年 10 月末，光大银行上线"水务云"项目 449 项。

二、云缴费之"物业云"

2018 年初，光大银行与合作伙伴联合创建的"物业云"正式推出，物业云以小区为核心，以物业服务为载体，全面整合周边的零散商户及日常生活服务，创新搭建面向各类物业快速接入线上缴费的"物业云"开放平台。

"物业云"可为物业公司提供商户管理、住宅信息管理、账单信息管理、前端服务、结算清分管理、增值服务管理等一系列服务功能，提升物业公司管理效率及服务能力。"物业云"可实现光大银行与合作方高效对接，有无系统均可接入，接口对接方式、文件上传方式分别面向有/无系统建设能力的物业公司进行平台接入服务；标识统一，多层级管理，根据房屋地址提供唯一的标识，匹配缴费编号和房屋地址；支持逐级选择定位房号；支持跨区域、多层级管理模式；资金清算高效、安全，T + 1 日银行结算，资金安全有保障。截至 2018 年 10 月末，光大银行已上线"物业云"项目 710 项。

三、云缴费之"党务云"

光大银行主动践行中央关于党建工作的要求，将党建工作与推动业务转型发展协同部署，在云缴费平台的基础上推出"金融 + 党建"企事业单位服务解决方案——"党务云"。"党务云"将金融科技与党建服务相结合，通过简化企事业单位党费缴纳流程并提高电子化程度，解决了党费管理上的诸多痛点，有效提升了党务工作效率和服务体验。既为广大党员提供电子渠道缴纳党费的便利，又为党务工作者和各级党组织进行党费收缴管理提供了便捷渠道。

对于企事业单位，云缴费之"党务云"可实现党费统一化、线上化和智能化收缴，还可自定义入账至单位指定的专用账户，省时省心省力。对于广大党员，可通过手机 APP、PC 终端或专属二维码实时缴费，方便快捷。实现了党费收缴管理工作的信息化、高效化和规范化。截至 2018 年 10 月末，光大银行已上线"党务云"项目 199 项。

四、云缴费之香港缴费服务

经过一年多的努力，云缴费平台之香港缴费服务于 2018 年 10 月 20 日正式上线，客户可通过云缴费 APP 使用人民币缴纳香港地区的各类费种。首次上线项目 50 项，包括教育考试费 25 项、物业费 8 项、通信费 6 项、电费 2 项、燃气费 1 项、有线电视费 1 项等。

五、云缴费之"租房云"

2017 年，国土资源部、住房和城乡建设部联合发布《利用集体建设用地建设租赁住房试点方案》，宣布将上海、广州、深圳等 13 个城市纳入首批试点范围；2018 年 5 月，住房和城乡建设部再次发布《关于进一步做好房地产市场调控工作有关问题的通知》，进一步强化建设租赁住房的必要性和实施步骤；2018 年 10 月，国务院办公厅印发《完善促进消费体制机制实施方案（2018—2020 年）》，方案中强调要大力发展住房租赁市场，由住房城乡建设部和国家发展改革委按职责分工负责，鼓励有条件的城市结合实际探索发展共有产权住房。在这一政策背景下，光大银行积极开发云缴费之"租房云"，致力于抓住政策机遇期，依托云缴费技术与平台优势，简化流程、交易便捷，快速抢占租房市场，打造行业特色。截至 2017 年 10 月末，光大银行上线大型公租房项目 2 个，分别为上海市公租房项目和郑州市公租房项目，为光大银行收入、存款的稳定增长起到了重要作用。

在运营管理层面，光大云缴费平台多年来始终坚持严格的精益化管理并由专门团队负责：一是缴费项目失败率不得高于 1%，每月进行总结、整改与检查；二是缴费工单处理时间不得超过 5 个工作日，对于微信、支付宝平台发现的重大紧急问题，建立了 24 小时反馈与解决机制；三是建立客户体验优化机制，发动全员积极体验、反馈问题、持续优化，打造"超级简单、超级好用"的使用流程与客户体验；四是对于"双 11"等系统运行重保期，适时启动有关应急预案，全面部署，统一协调，确保云缴费平台安全稳定，确保众多用户的良好体验。

在科技系统层面，光大云缴费已形成"缴费开放平台、收费托管平台、云缴费客户端"为核心的三大系统平台，可服务大、中、小型各类客户，每日成功交易量 400 万笔，每分钟交易近 3500 笔，具有出色的安全性与稳定性。

在品牌打造方面，光大云缴费通过细分市场，创造性地将中国便民缴费开辟成为一个新行业，一直处于行业领导者地位。光大云缴费先后荣获过中国银行业协会颁发的"中国银行业发展研究优秀成果评选一等奖"等重量级奖项超过 50 个，连续 4 年与知名媒体联合发布《中国便民缴费产业白皮书》，2018 年还联合国家信息中心共同发布了《共享经济下的便民服务创新——基于开放式缴费服务模式的研究报告》，奠定了云缴费作为中国便民缴费行业标准缔造者与发展引领者的地位。

2019 年，光大云缴费将继续依托光大集团与光大银行的强大实力，以金融科技为引擎，坚持开放与创新，大力发展便民服务事业，逐步深耕行业市场，丰富金融产品与服务，同时充分挖掘平台数据资源，加强外部合作与品牌打造，为以便民服务、普惠金融为代表的社会公共事业发展作出更大的贡献。

（云生活事业部　许长智　陈红薇　杨欣竹）

案例 4　包商银行有氧综合
服务平台

一、实施背景

在国家大力支持互联网科技创新，给互联网科技创新营造了一个较为宽松的发展环境的政策支持下，互联网行业迎来了飞速发展，各类互联网科技创新也给居民生活带来了巨大便利。金融机构作为国家经济发展中重要组成部分，在国家政策的引导下，积极投身于互联网金融创新，在网络安全可控、业务风险可控、业务模式合规的前提下，积极推出互联网金融产品，开展互联网金融业务，打破区域限制，迎合市场需求，全力为公众提供更加便利、安全、优质的金融服务。有氧综合服务平台是在有氧业务大量对接的背景下，在未来业务拓展之前的必需准备工作。现在市场上的微信公众平台、微信开放平台、蚂蚁金服开放平台等都是金融行业企业为自己搭建的对接外部商户，用于展示企业产品，实现商户管理、业务对接，服务商家功能的集成平台。

二、主要目标

1. 符合国家政策指向，在国家政策鼓励的方向积极投入，进行深入调研。

2. 符合包商银行整体战略布局，满足全行整体战略发展方向。

3. 符合监管文件要求，所有金融产品的设计，严格按照监管规定执行。

4. 符合网络安全管理，确保所有互联网金融产品的客户信息、交易信息在互联网传输过程中不被篡改、截留、复制、挪用、泄露。

5. 满足风险控制要求，确保所有互联网金融产品实现模式在风险可控的前提下，逐步推进。

6. 满足公众对便利、安全、优质的金融服务的需求，设计公众申请更加便捷，服务更加安全优质的金融服务产品。

7. 提高产品服务效率，整合商户、渠道、用户等多方信息于一体，扩大资源利用率，提高产品使用效率，增强产品服务能力。

三、工作过程

第一步：市场调研

通过对互联网金融头部机构线上产品进行调研，参考微信公众平台、微信开放平台、美团钱包、京东收银台等其他金融机构产品，与同行业优秀直销银行进行深入交流，对市场上机构产品线上申请服务使用范围，使用频率分析，对金融机构节省的人力、物力成本等已有数据进行分析，得出机构金融服务产品线上申请将会是未来金融行业服务的大趋势，作出将银行账户服务、支付服务定制为标准化产品，通过机构服务平台对互联网机构标准化输出的决策。

第二步：产品设计及讨论

1. 确定有氧综合服务平台服务对象

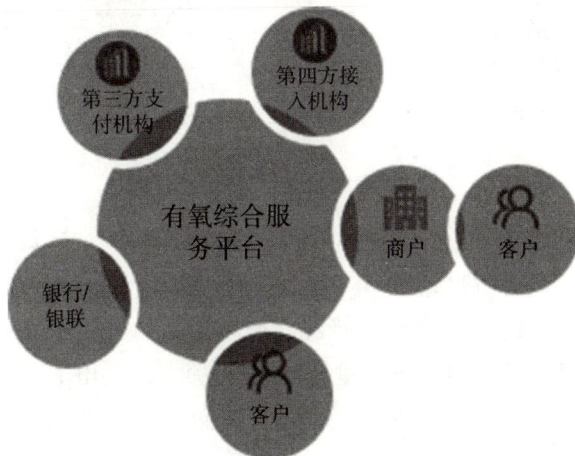

图1 有氧综合服务平台

有氧综合服务平台定位服务对象分为两大类，一类为普通商户，可直接自助进行申请、提交资料、完成商户入驻过程；另一类为具备技术能力，能与银行合作联合对外提供相关金融服务的渠道服务商户，此类机构将承接包商银行数字银行与商户的中端桥梁，搭建起外拓商户、内接银行的服务体系（见图1）。

2. 确定有氧综合服务平台功能

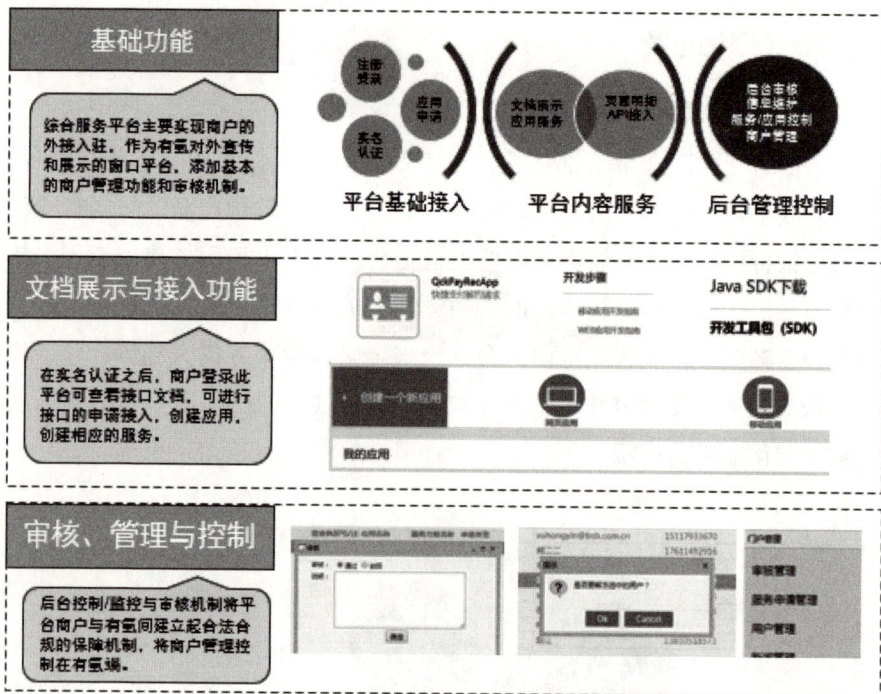

图2　有氧综合服务平台功能

如图2所示，有氧综合服务平台主要分前台功能和后台功能，前台功能包括：商户入驻（普通商户入驻、渠道服务商户入驻），产品展示（有氧标准化对外输出产品，如账户产品、收单产品，提供标准化产品输出接口文档），信息维护（修改已创建的商户信息），应用申请（申请有氧综合服务平台对外提供的标准化服务产品），查询（已完成入驻并实际在包商银行发生业务的商户可通过该功能查询自身基本信息、已发生的交易明细、下载对账单等）；后台功能包括：商户管理（商户入驻审核、商户维护审核、商户应用申请审核、商户服务费率配置等)，查询(查询入驻商户所有发生的交易明细、产生的费用明细等)，冻结/解冻(对发生风险的客户及时采取终止业务的防线防范手段)。

以普通商户入驻、申请应用、查询流程举例(见图3)。

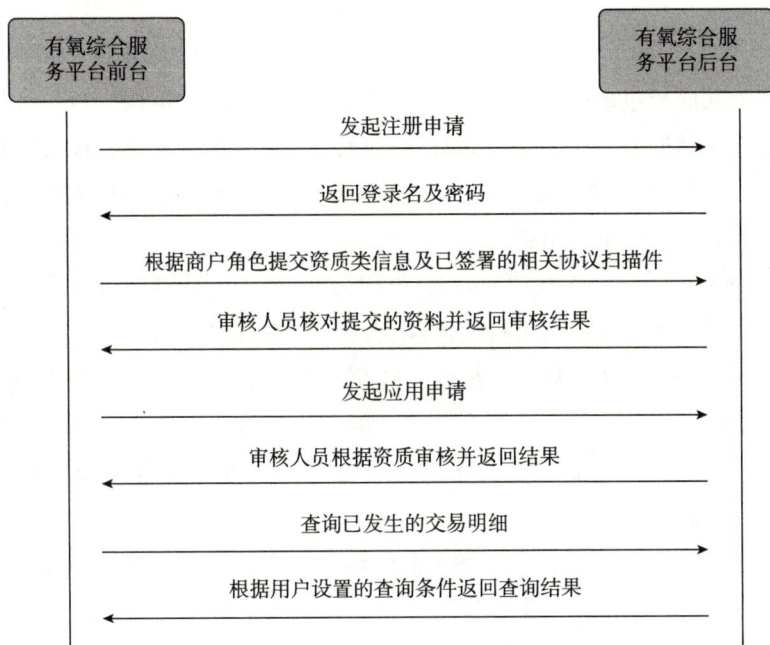

图3 有氧综合服务平台前台与后台功能划分

第三步：系统开发、测试

根据业务人员提交的需求文档(包括功能需求、系统架构、交易规则等)，技术人员进行界面、功能开发，联调测试，完成之后提交测试，测试通过后准备投产。

第四步：投产使用

将包商银行账户类产品标准 API 接口文档及支付类产品标准 API 接口文档投放到有氧金融综合服务平台进行展示(只有申请相关应用并通过包商银行后台审核的商户才能查看对应产品的标准 API 接口文档)；商户可通过有氧综合服务平台完成商户入驻、应用申请、交易查询等一系列操作，简化并规范了商户对接流程，提高商户对接效率，缩减了对接的人力、物力成本。同时，平台配置多角色模式，使渠道商和商户使用同一平台但将拥有不同的权限进行平台操作及管理，相关的隐私权限以及功能也将针对角色配置。

四、条件保障

1. 严谨的商户入驻、维护，应用申请审核流程，包商银行安排专人对该平台入驻商户申请相关角色、应用所提交的资料进行审核，审核人员从申请商户主体的合法性，是否具备申请应用所需的相关资质，提交资料的完整性，商户法定代表人/负责人、联系人实名情况，商户提交申请意愿的真实性等多方面进行审核。

2. 交易监测，对入驻商户发起的交易进行监测，所有通过包商银行发起的交易都将都经过包商银行的风险交易交控系统进行监控，针对异常交易、可疑交易、大额交易、连续失败的交易等采取预警、阻断等措施，对频繁发生异常交易的商户开展有针对性的走访，将违规违法商户交易关闭并上报，确保通过包商银行的所有交易的交易风险可控并且交易行为合法、合规。

3. 商户巡检，对申请支付类产品的商户，按照包商银行相关管理办法开展常规巡检，对巡检发现异常的商户进行深入了解，作出风险排除或确认风险并退出的相关业务决策。

4. 专业团队运维，专业的审核人员，提高对商户提交的各类申请的审核时效性，专业的客服人员，对业务正常运行中出现的业务问题给予解答，专业的 IT 运维人员，保证系统安全、正常运行。

5. 系统保障，有氧综合服务平台分别从网络安全、链路安全、系统安全、数据安全、机房以及物理安全、权限控制、SDK 安全等方面对整个平台建立安全防控系统，确保交易信息不被篡改、截留、复制、挪用、泄露。

五、实际成果、成效及推广情况

（一）实际成果、成效

1. 商户入驻：商户入驻时选择入驻角色，根据角色不同提供不同认证资料，必要资料必须提供不得为空。

2. 商户审核：对入驻商户的认证信息进行审核（审核通过/拒绝）。

3. 商户信息查询：已发生交易的商户可以查询相关交易信息及商户基本信息。

截至目前，包商银行已与中国银联及深圳市银户通科技有限公司建立 API 模式 II 类账户对接，对接账户功能包括 II 类账户的开立、变更，II 类账户充值、提现、支付等，合作协议已签署完成，计划到 2018 年末完成系统上线。

（二）推广情况

目前，包商银行对 II 类账户 API 模式标准化产品，以及支付产品 API 模式标准化产品对外输出进行大力推广，包商银行正与京东金融开展 II 类账户产品对接，与西安万鼎网络科技有限公司开展支付类业务对接。后续正在接洽其他平台类以及商户类企业合作事宜，集成平台将承载起重要的纽带作用。

案例5 中国银联"云闪付"APP

一、整体背景介绍

"云闪付"APP于2017年12月11日正式对外发布,是由各商业银行、产业各方与中国银联共建共享的移动支付战略产品,"云闪付"APP集强大的跨行银行卡管理功能、周边优惠与卡权益查询功能、公共缴费功能以及线上商城服务功能于一身,支持二维码支付、手机闪付、手机控件支付等主流移动支付方式,全面覆盖老百姓衣食住行的线上线下支付场景,是老百姓省钱省心的移动支付管家。

截至2019年4月2日,"云闪付"APP累计注册用户1.5亿,累计绑卡1.47亿张,2019年第一季度月活用户数4087万,较2018年第四季度增长36.3%。

二、"云闪付"APP便民支付产品建设

(一)"云闪付"APP为银联持卡人提供便捷安全的移动支付工具

1. 为持卡人提供安全便利的二维码支付服务

"云闪付"APP为用户提供两种模式的二维码支付服务,用户可在"收付款"款频道点击"扫一扫"和"付款"进行主扫和被扫模式的二维码支付。在"更多设置"内有小额免密支付、银行卡切换、境外付款码等可选,让用户随时随地、随心所欲完成支付。目前已在商超百货、餐饮便利、校园商圈、公共交通、小微菜场等便民场景广泛使用。

为保证"云闪付"APP扫码支付安全,系统通过后台支付风控以及基于银联实时风控平台进行交易风险控制,降低交易风险。根据央行要求,

设置单用户的被扫、主扫、静态码交易限额，并针对不同类型和金额的交易，设置分段验证方式，如免密、密码验证、短信动态码验证等。

业务流程如下：

（1）用户展示付款码，商家扫码后即可完成支付并展示结果；

（2）主扫支付是指用户通过云闪付 APP 内的"扫一扫"功能，扫描商户展示的银联二维码，输入六位支付密码或验证短信动态码后完成支付。

2. 为小微商户提供便利的收款服务

"云闪付" APP 小微快速收款码主要用于无 POS 机收银、小额交易、对于手续费敏感的小微商家，付款方可通过"云闪付"等 APP 扫描商家的"T + 0"收款码，完成主扫支付。交易通过银联转接处理，实现跨行到账。该类交易支持银联优惠立减功能，有借记卡付款免费、实时到账、交易便捷等特点。为满足小微商家的日常收款需求，主要包含了申请收款码物料、查询物流详情、收款语音播报、管理店铺、自动记账、交易查询等功能。同时为保证收款码交易安全，降低支付风险，"云闪付" APP 采取了多项风控措施，包括商户分级功能、交易限额控制、联合收单审核商户资料等。

目前"云闪付" APP 小微收款码在菜场、小微商户、校园商圈等小微收款场景被广泛使用，为小微商家提供便捷安全的收款工具，扩大银联受理市场。具体业务流程如下。

（1）产品使用

图 1 是小微商户"D + 0"收款的申请收款码及相关收款功能页面，注册及物料申请用户需输入收款信息、选择收货地址完成商户收款码的申请。

（2）商户服务功能

用户申请成功后，可在商户收款—商户服务中使用相关收款功能（见图 2）。

图1　商户收款码申请流程

图2　商户收款码功能

（3）风险控制

为保证收款码交易安全，降低支付风险，采取了多项风控措施，包括商户分级功能、交易限额控制、联合收单审核商户资料等。

3. 建设银联标准乘车码，公交出行场景取得重大突破银联乘车码有别于传统消费二维码，是中国银联在交通出行领域推出的行业二维码。银联行业二维码支持行业终端脱机，避免了因终端断网造成的交易失败，乘车人将省去购卡、充值、找零、排队购票等的诸多不便，这将极大优化出行体验、提升通勤效率，使出行更高效、便捷，后续会在多地公交、地铁场景陆续上线。自 2018 年 7 月 23 日，乘车码已在天津、西宁、广州、上海、重庆、成都等 18 个城市上线，交易成功率达 99.5%。

具体业务流程如下：

（1）用户点击乘车码应用—点击同意相关协议或授权—用户开通成功便可凭申码乘车；

（2）用户可以查看该城市乘车码的支持路线和乘车记录；

（3）用户可以选择更改默认付款卡，选择余额充足的银行卡进行扣款支付。

4. 为持卡人提供便利的基于各类 NFC 手机的支付服务

"云闪付"APP 支持基于各类 NFC 手机（包括安卓 Pay、ApplePay、HCE）的统一快捷申请手机闪付卡、添卡、开通手机闪付及线上支付等功能，统一进行手机闪付卡的管理。手机闪付卡采用支付标记化（token）技术，结合生物验证要素进一步保护用户隐私信息安全。

用户在"开户"中通过新增银行卡或者选择已绑定的银行卡申请开通手机闪付卡，开通后可以用于近场和远程支付。目前全面支持 Apple Pay、三星 Pay、华为 Pay 等各类手机 Pay 支付，17 家银行均已完成手机 Pay 一键申卡对接。具体业务流程如下。

（1）近场支付

在商店内进行支付时，收银员在 POS 机上输入消费金额，用户通过点亮手机屏幕，将手机靠至非接受理终端感应区域，在终端输入密码完成支付。在支持小额免签免密业务的商户，用户无须输入密码即可完成支付。

（2）远程支付

用户在商户 APP 内进行在线购物，在选择付款方式时选择通过银联支付—调起银联"云闪付"APP 进行支付，用户选择手机闪付卡片，输入支付密码即可完成支付。

5. 为持卡人推出行业码多应用产品，提供便利行业服务功能

满足各类行业方的业务和支付需求，为"云闪付"APP 用户提供更加丰富的生活服务内容，提供行业服务和支付服务一体化产品。以"云闪付"APP 为入口，建立统一接入标准，各行业方按标准接入，并通过"云闪付"APP 实现支付。

主要业务流程如下：通过"云闪付"扫一扫入口，扫描行业码打开行业方的业务页面，用户在行业方页面中完成相关操作后，如点餐、选门票等，发起付款并调用"云闪付"支付功能快速完成付款。

（二）策应大湾区总体战略，初步实现跨境基础服务

为顺应粤港澳大湾区建设，满足港澳及内地人流、物流互通带来的日益突出的便民支付需求，"云闪付"APP 上线港澳服务产品，实现多语言服务，支持港澳地区用户手机号、回乡证、护照等方式进行注册及银联卡绑定；支持港澳地区银联卡主被扫、线上支付和手机 Pay 申请。港澳消费者可通过"云闪付"APP 绑定本地发行的银联卡，在本地、回内地、跨境使用，享受"一次下载，跨境通用"的移动支付便民服务。

目前境内已有 750 万家商户支持扫码支付，超过 1000 万台 POS 终端机支持银联手机闪付，同时全球共有 30 个国家和地区开通了银联移动支付服务。

（三）"云闪付"APP 为各地区持卡人提供便利的缴费服务

"云闪付"APP 的便民生活服务充分发挥各地区、各合作方的优势，搭建开放平台快速接入各类优质内容，实现资源整合和服务推广，包括税务、退税等特色化服务。截至 2019 年 4 月 2 日，在公共缴费方面，实现公共缴费业务覆盖全国主要省会城市，内容共计 1500 余项，覆盖全国 300 多个城市；支持三大运营商手机充值和流量充值；入驻党费缴纳单位 303 家；实现无感停车业务在超过 100 个城市或地区上线，支持约 5000 家停车场；财税缴纳业务已覆盖全国 30 多个省份。

手机话费：支持三大运营商、全国手机话费充值，输入手机号，选择充值金额，支付后即可实时充值成功。

公共事业缴费：支持水、电、煤、暖气费、有线电视、物业费等各类公缴账单支付，输入账单信息或户号信息，即可查询到账单，用户确认后在线支付即可实时缴纳账单。

税务缴纳：支持全国大部分地区的税单查询和缴纳，在APP内直接输出查询信息后，查询到税单信息后即可完成缴纳，同时"云闪付"APP支持国家税务总局的全国范围内标准二维码缴税服务，直接扫描税务二维码即可支付完成缴税。

停车：支持绑定车牌后的无感支付，用户离开停车场后根据停车场的账单信息在后台自动无感支付，体验更佳。

医院学校：支持学校校园卡充值、学费缴纳，医院挂号缴费等便民服务，支持的地区和学校正在不断拓展中。

（四）为持卡人提供丰富的银行卡管理及优惠服务

"云闪付"APP为持卡人提供便捷安全的跨行卡管理服务，截至2019年4月2日，已支持超330家银行余额查询、118家银行信用卡账单查询及还款、转账等业务。

"云闪付"APP汇集境内百家银行优惠及重点卡权益，支持按卡、地理位置等多维度查询，让选择变得更简单，持卡人可获取清晰的银行卡权益展示，基于用户位置智能展示周边优惠，将周边优惠一网打尽。

（五）持续建设基础营销产品，提升用户黏性

一是面向持卡人推出事前、事中、事后多维度营销产品，主要包括票券、立减、消费送红包/激励金、扫标识领红包等产品，持续培养"云闪付"存量用户的消费习惯，扩大"云闪付"的支付规模，形成长期的用户黏性；二是面向收银员、小微商户、个人等泛收银员群体的红包码产品，激励泛收银员群体对"云闪付"APP的宣传和推广，扩大"云闪付"的知名度和用户规模；三是面向拓展机构的用户发展产品，充分调动机构和个人为"云闪付"用户发展提供重要支持，迅速扩大了"云闪付"的用户规模和交易量，有效支撑"云闪付"作为移动支付工具的定位。

1. 持卡人产品介绍

（1）票券：用户在享受优惠前提前获取并锁定资格，并在交易过程中直接支付扣减后金额。

（2）立减：基于银行卡的交易，在交易过程中直接支付立减后金额，无须获取到店使用。

（3）消费送红包/激励金：基于前序交易行为的后续奖励现金或红包，培养用户使用习惯。用户参与消费领红包活动后，可在领奖中心领取，并在下次交易中使用。

（4）扫标识领红包

通过扫特定标识，通过图像识别成功后获取红包；增加银行、商户、银联等品牌曝光量，同时通过红包促进后期交易，从而达到提升交易转化率、交易量、品牌认知度和忠诚度等多重效应的闭环营销服务。

2. 红包码产品介绍

一方面提升商家对"云闪付"收款的受理积极性，提高市场占有率；另一方面，刺激消费者使用"云闪付"，拓展线下的消费场景和用户，培养用户的消费习惯。

2019 年"云闪付"APP 作为银行业统一的 APP，将持续推进产品建设，以用户为中心，依托银行账户打造业界领先的移动支付平台和开放生态，为银行账户的移动互联网化转型和竞争力提升提供用户入口、技术平台与应用基础，维护和巩固银行账户体系的市场主导地位。

案例6 银联商务全民惠农移动平台项目

一、背景说明

《中国人民银行关于改善农村地区支付服务环境的指导意见》明确了以服务"三农"为宗旨，大力推广非现金支付工具和支付清算系统，全面提升农村地区支付服务效率和质量，促进城乡支付服务一体化发展的指导思想。要求创造条件，鼓励农村粮食、蔬菜、农产品、农业生产资料等各类专业市场使用银行卡、电子转账等多种非现金支付工具，支持国家粮食、农副产品收购机构使用非现金支付工具收购农副产品。

《中国人民银行关于全面推进深化农村支付服务环境建设的指导意见》明确了进一步扩大现代化支付体系建设成果在农村的应用和普惠面，丰富农民易于接受和获得的支付服务和支付产品，提升农村支付服务水平，形成以"三农"金融需求为导向，多层次、广覆盖、可持续的农村支付服务体系，推动金融包容性增长和城乡金融服务一体化发展的指导思想。要求大力推广银行账户和非现金支付工具，积极发展手机支付及其他新兴支付方式。

《国务院关于印发"十三五"脱贫攻坚规划的通知》（国发〔2016〕64号）是指导各地脱贫攻坚工作的指南，也是各有关方面制定相关扶贫专项规划的重要依据，要求遵循坚持精准扶贫、精准脱贫原则，要确保到2020年实现全面脱贫。其中针对产业扶贫、电商扶贫、社会扶贫等各种扶贫方式提出了具体的指导意见。

2017年"中央一号"文件再次聚焦农业，要求推进农业供给侧结构性改革。针对产品溯源、农业补贴的发放、农村电商、农村金融等都提出了具体的要求。

商务部、农业部于 2017 年 8 月 22 日联合发布《关于深化农商协作大力发展农产品电子商务的通知》（商建函〔2017〕597 号），提出了开展农产品电商处村试点、打造农产品电商供应链、推动农产品产销衔接等十大任务，协同努力推动农业转型升级，带动农民脱贫增收。

二、业务模式

全民惠农是银联商务股份有限公司积极响应国家惠及民生、服务"三农"的号召，为农民、农民工、农业企业以及涉农企业精心打造的综合支付和信息服务的移动平台。通过该平台，可以有机地将农民、农产品经纪人、涉农企业、农产品销售渠道进行整合，提升农产品贸易的信息传递效率，加速农村农产品从产出到最终销售的产业链发展，切实使农民体验到移动支付的便利性，从而带来经济利益的提高。

全民惠农为广大基层农民提供最新的农业信息、品种齐全的便民生活、量身定制的农村电商及一站式物流服务、普惠万家的农村金融，致力于互联网在"三农"领域的应用，共创"互联网＋三农"的美好生活。

目前，中央及各级政府、企事业单位、金融机构等都纷纷投入力量参与国家精准扶贫事业中，作为国企的一分子，银联商务也积极依托于自身在金融与互联网技术方面的经验参与到扶贫事业中。经过多方调研，银联商务选择以帮助政府、农民销售滞销的农产品来实现精准扶贫。银联商务打造了农产品交易平台——"银商优选"，由银联商务体系内的分支机构负责寻找优质农产品或滞销货源，并受商户委托为其发布商品销售信息、管理订单并协助发货、退货、退款等事宜。"一起来扶贫"板块目前主要针对银联商务体系内员工参与扶贫活动，"地方优特馆"则为各个地方提供一个更多展示、销售优质农产品的平台。

（一）扶贫模式

1. 直接扶贫

银联商务主动关注时事热点，特别是农产品滞销新闻，一旦发现会通过当地分支机构及时联系。其中,在 2017 年,作为中国农产品流通经纪人协会的常务理事,在收到协会公告库尔勒供销社发布当地香梨滞销新闻之后,立即联系银联商务新疆分公司及库尔勒分公司前往现场考察,并与库尔勒供销社沟通将滞销香梨通过全民惠农的"一起来扶贫"平台进行销售。经过一段时间,顺利将库尔勒香梨上线,并号召全辖同事积极参与购买,共帮助当地农民销售 1.8 吨滞销香梨。

2. 间接扶贫

银联商务主动利用各地分支机构在当地的资源优势,积极联系当地政府、农业企业、农民专业合作社,帮助其将农产品放到"银商优选"平台进行销售。一方面通过农企、合作社能够更好地保障农产品的供货、质量;另一方面通过此方式也能够普惠更多的农民。

(二)销售渠道

银联商务一方面通过全民惠农 APP 进行销售,另一方面通过自有公众号进行销售,扩大了销售渠道、增强了用户体验,同时也提高了社会影响力,积极影响银联商务服务的商户、收银员都能了解、参与进来。

(三)参与方式

用户可以直接通过 APP 或者公众号进入"银商优选"模块,选择"一起来扶贫"板块,选择参与扶贫的商品、下单、支付、收货,而银联商务则提供全套的商品上架、销售、订单处理、物流对接、支付、售后支持服务,既降低了农企、合作社、农民的参与难度,同时也保障了参与扶贫活动的爱心人士的利益,鼓励他们将扶贫活动能够长期有效开展下去。

(四)产品业务流程

"银商优选"大致业务流程如图 1 所示。

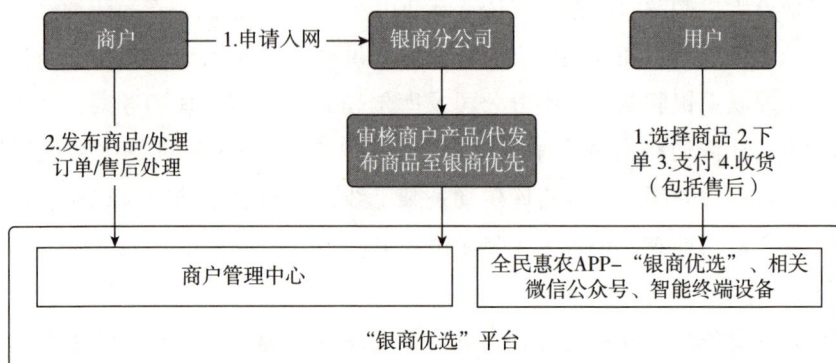

图1 "银商优选"平台业务流程

三、"银商优选"用户端使用界面

（一）全民惠农 APP 端

（二）微信公众号端

四、市场推广及业务发展成效

银商优选之"一起来扶贫"板块自2017年10月17日国家扶贫日上线至2018年10月1日，已累计有16家分支机构参与其中，包括黑龙江、新疆、江西、山西、宁夏、河南、陕西、海南、安徽、湖北、云南、厦门、大连、辽宁和贵州，累计与超过40家农业企业、合作社签约销售各类农产品超过70余款，其中已销售1.8吨库尔勒香梨、9.6吨五常大米、2.8吨山西小杂粮、2.5吨赣南脐橙、255箱宁国珍乡土鸡蛋、1592件宁夏枸杞等。

五、价值意义

第一，银联商务打造了一个专门销售农产品的平台，使得扶贫的目标、对象更加明确，真正落实了国家关于精准扶贫的要求。

第二，银联商务积极发挥总分联动、多级机构协同实施的资源优势。一方面总公司通过涉农组织如中国农产品流动经纪人协会积极联系沟通掌握农产品交易的发展情况，另一方面分支机构通过省级—地市—县级三层组织机构积极寻找可靠的涉农企业、合作社进行合作，同时也积极与各地政府、人民银行、银联保持沟通，在第一时间协助解决农产品销售问题。

第三，银联商务由内至外分享资源，最大化帮助销售农产品。除了积极发动全辖员工积极参与，还通过影响身边人、商户、收银员等共同参与，扩大了社会影响力。

第四，银联商务积极发挥移动互联网优势，通过 APP、公众号同步进行，不仅加快了传播速度、扩大了受众面，同时也提高了大家参与扶贫活动的体验，增强了参与者对于"银商优选"平台的信心。

第五，银联商务创造性地提出了"直接扶贫＋间接扶贫"的模式，开拓了扶贫扶农思路，高效地发挥了总分机构的资源优势，突破了"为扶贫而扶贫"的形式行为，真正意义上地参与到精准扶贫活动中，且是可持续的，长期帮助农民解决销售难问题。

第六，银联商务建立了专门的农产品销售的垂直平台，目标明确、对象清晰，能够集中力量更好地服务好农民群众，同时也使各地政府、参与企业、合作社更加信任"银商优选"平台，加强对货源的把控、对真实滞销问题的筛查，使之形成既帮助解决农产品滞销问题，又同步发展平台的双赢局面。

第七，有利于在农村推广培养农民的移动支付习惯。由于农民的思想观念较为传统，依然习惯使用现金和存折，对于无现金支付的接受依然需要一个较长过程。农产品经纪人作为嫁接农村与城市的关键桥梁，培养其使用银行卡、手机支付的习惯，可以直接或间接地影响到普通农民，从而对在农村普及银行卡也起到了非常重要的推动作用。

第八，银联商务有利于国家精准扶贫事业的进一步开展。通过电商扶贫、金融扶贫的方式，可以进一步支持国家精准扶贫事业。有利于企业通过自身的技术经验参与到扶贫事业中。一方面能帮助当地政府、农民解决滞销农产品销售问题；另一方面也积极参与拓展农村市场，为业务延伸到农村的"最后一公里"积累经验，可以在农村形成良好的形象，得到农民的信任，方便将来在农村开展各项业务。

案例 7　汇付数据"智·汇管家"产品应用

为更好地服务小微商户和行业客户、拓展支付应用场景，汇付数据于2017年开发了"智·汇管家"一站式金融支付服务产品，并运用于各类型行业客户。该产品集合了支付、营销、金融等多种功能模块，为教育、餐饮、大健康、连锁及 SaaS 服务商提供一站式服务入口，商户可以通过各类综合硬件，如智能 POS 终端、移动支付硬件、收银台及二维码，或其他主流的支付方式进行收款，更有多种增值服务可选。

目前，该产品已初步体现出规模不断增长的良好趋势，支付服务范围覆盖26万以上小微商户，2018年以来交易量已达到120亿元。

一、产品简要介绍

（一）产品研发背景及目标

以汇付数据多年来专注服务小微商户的经验积累，根据目前市场发展和变化的需求导向，在原有智能 POS 平台的基础上，根据商户需求因地制宜开发"智·汇管家"产品。以支付为切入点，以账户体系为支撑，通过与商户的系统对接，根据商户需求，最终帮助商户进行门店管理、进销存管理、资金管理、财务报表、定制对账单，多维度呈现收入支出数据等功能。同时能够为商户推荐金融、理财等增值服务（见图1）。

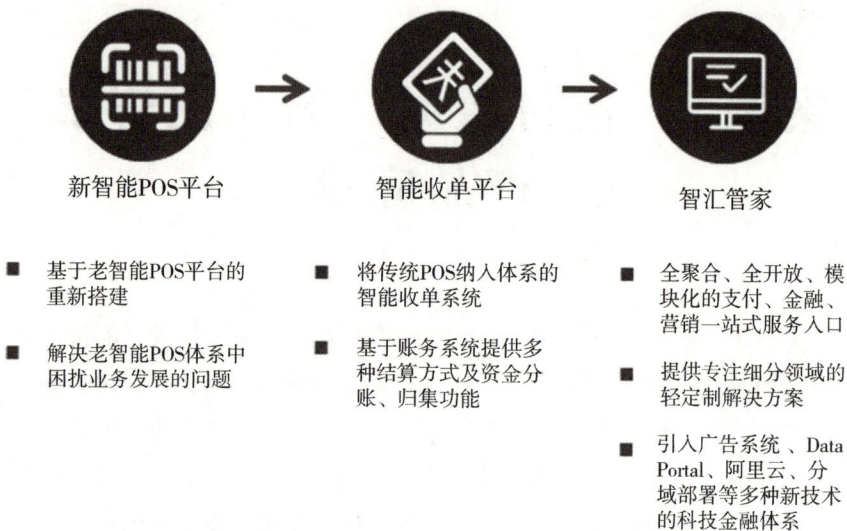

新智能POS平台 ➡ 智能收单平台 ➡ 智汇管家

- 基于老智能POS平台的重新搭建
- 解决老智能POS体系中困扰业务发展的问题

- 将传统POS纳入体系的智能收单系统
- 基于账务系统提供多种结算方式及资金分账、归集功能

- 全聚合、全开放、模块化的支付、金融、营销一站式服务入口
- 提供专注细分领域的轻定制解决方案
- 引入广告系统、Data Portal、阿里云、分域部署等多种新技术的科技金融体系

图1 "智·汇管家"产品功能

（二）产品主要功能

"智·汇管家"产品的主要功能是提供全聚合、全开放、模块化的支付、金融、营销一站式服务入口，提供专注细分领域的轻定制解决方案，搭建引入广告系统、Data Portal、阿里云、分域部署等多种新技术的科技金融体系。

（三）产品主要创新点

1. 全支付

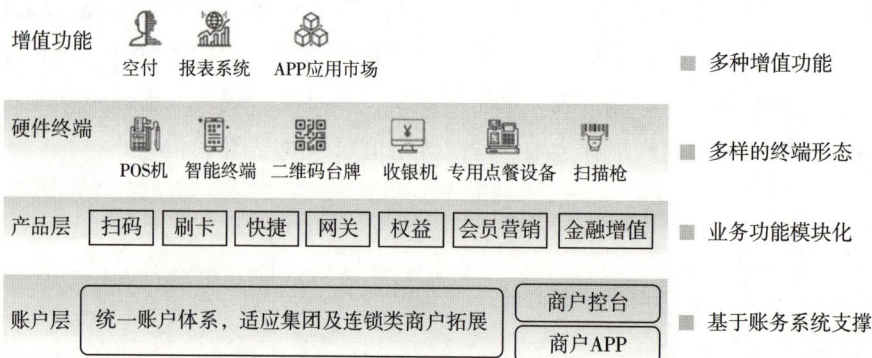

增值功能	空付 报表系统 APP应用市场	■ 多种增值功能
硬件终端	POS机 智能终端 二维码台牌 收银机 专用点餐设备 扫描枪	■ 多样的终端形态
产品层	扫码 刷卡 快捷 网关 权益 会员营销 金融增值	■ 业务功能模块化
账户层	统一账户体系，适应集团及连锁类商户拓展 商户控台 商户APP	■ 基于账务系统支撑

图2 "智·汇管家"增值服务功能

298

一站式整合各种支付方式：刷卡、非接、云闪付、微信、支付宝、银联二维码、微信公众号、微信小程序、支付宝服务窗支付、口碑、H5 支付、APP 支付、网银、快捷、代扣、充值等（见图 2）。

2. 全终端

可通过多种终端呈现：智能 POS、传统 POS 机、蓝牙 POS、扫码终端、静态台牌、脱机动态台牌等（见图 3）。

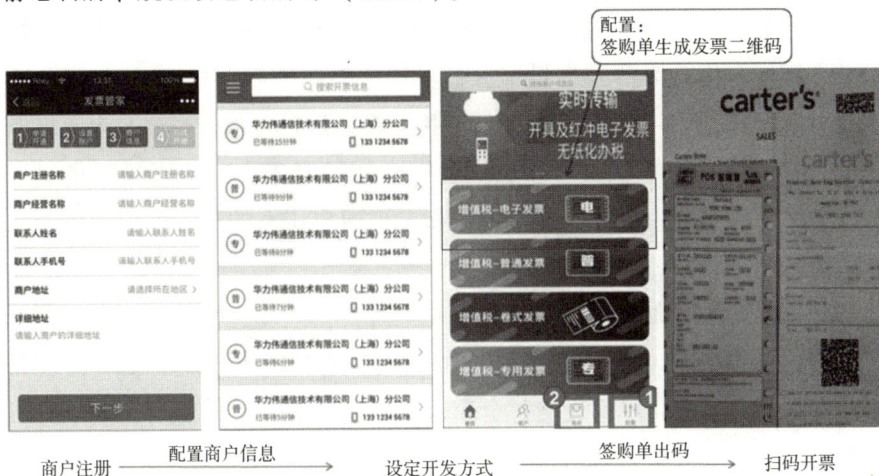

图 3　智能发票管家

3. 全对接

通过不同硬件终端进行全对接：扫码通道、收单通道、进销存对接、ERP 对接、基于智能 POS 的 APP 对接等（见图 4）。

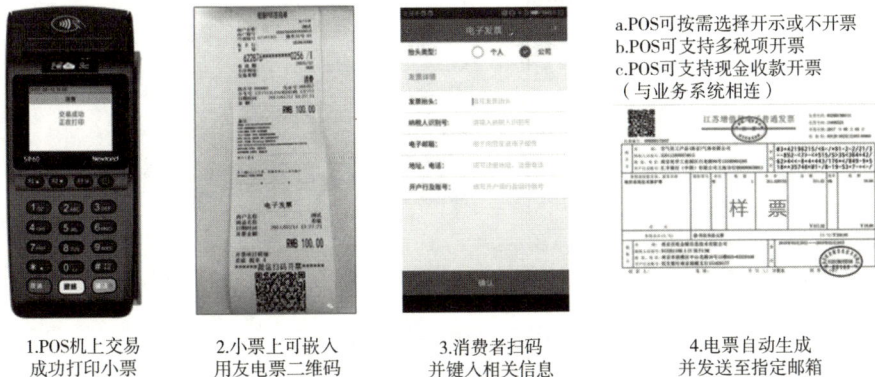

图 4　POS 收款 + 自助开票

4. 全增值

根据用户的消费习惯，通过大数据、人工智能机器学习，分析商户和消费者的交易习惯，有针对性地推荐消费分期、贷款居间、保理产品、会员营销、电子发票、卡券核销等产品或服务。

二、产品的应用场景介绍

该产品定位明确、贴近市场需求，主要运用范围有以下几方面：一是与地方银行合作，为商户提供卡权益核销、消费分期、贷款居间等服务；二是与 SaaS 服务商合作，实现系统对接，打通信息流与资金流，为商户提供基于行业特性的增值类产品及供应链金融等服务；三是服务于集团客户，帮助集团客户完成基于集团账户和连锁商户体系的统一收银、统一对账、资金归集、跨店退款等功能。

（一）教育行业应用场景

"智·汇管家"产品在教育行业的应用，是基于该行业的发展特点和用户需求量身打造，可实现支付全聚合、数据同步、管理清晰、账务清晰等功能。支付全聚合，是将支付管理方式进行统一，线上线下统一收款。线上线下数据同步进行，做到资金数据及时对账。门店之间串联打通、数据统一整合，方便管理层有效掌控经营数据，也能够实现将资金流转与经营数据进行清晰匹配（见图5、图6）。

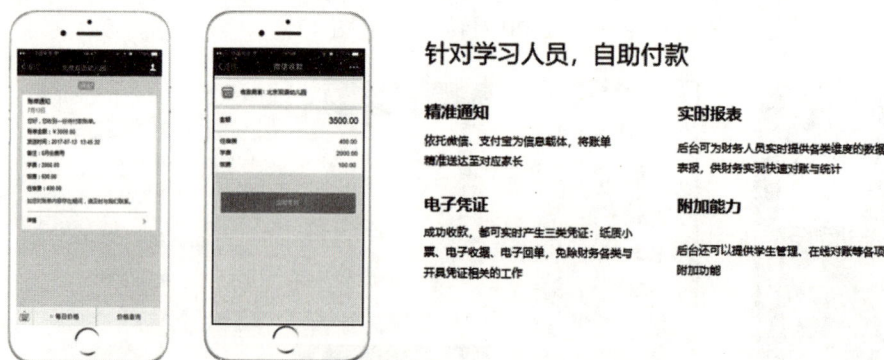

针对学习人员，自助付款

精准通知
依托微信、支付宝为信息载体，将账单精准送达至对应家长

实时报表
后台可为财务人员实时提供各类维度的数据表报，供财务实现快速对账与统计

电子凭证
成功收款，都可实时产生三类凭证：纸质小票、电子收据、电子回单，免除财务各类与开具凭证相关的工作

附加能力
后台还可以提供学生管理、在线对账等各项附加能力

图5　移动远程支付

针对场外活动，APP收款

精准通知
依托微信、支付宝为信息载体，将账单精准送达至对应店长

实时收款
后台可为财务人员实时提供各类维度的数据报表，供财务实现快速对账与统计

无需携带更多智能POS
活动现场，移动APP收款，辅助智能POS，支持现场灵活收款

通讯更方便
手机通讯更高速，自助识别4G区域

商户收款 —确认支付订单→ 手机APP扫码 —交易结算→ 完成支付

图6 项目活动场外收银

（二）服务小微商户应用场景

汇付数据服务小微商户的"智·汇管家"系列产品，主要通过与SaaS软件提供商合作的形式开展。

1. 电商模式——以成都任我行软件公司"管家婆"① 云ERP为例

由汇付数据与以"管家婆"为例的电商平台客户软件提供商签约合作。SaaS软件提供商"管家婆"担任推荐商户的代理商角色；商户作为电商体系内的供货商和"管家婆"软件的使用者，使用"管家婆"系列产品进行订单、商品、库存和账务等的管理。汇付数据提供支付服务，并运用分账系统进行不同角色之间的资金划拨。

具体来说，用户登录电商平台选择商品，加入购物车后，支付时对所有购买的商品进行统一支付。"管家婆"在"智·汇管家"平台开通渠道

---

① 网上"管家婆"是任我行软件公司开发的中小企业云管理平台，为中小企业提供免安装、免维护、年付费的SaaS模式管理软件，帮助企业有效降低信息化成本。网上"管家婆"围绕网店直营（B2C）、线上线下业务一体化、多电商平台数据实时同步、在线分销订货（B2B）为重点，可有效帮助中小企业在电商时代建立起一个全方位的实时运营管理平台，实现企业内/外部高效协同，全面提升运营效率。"管家婆"云ERP网店版：针对中小企业的电子商务解决方案，整合了进销存、网店订单处理、仓储物流和财务等应用，无论是单网店、多平台多网店还是线上线下业务并存，网店版的应用均可实现电商运营效率的全面提升。"管家婆"云ERP进销存版：充分体现了SaaS软件高效、易用、省心、安全的特点，可帮助中小企业规范业务流程，实现采购、销售、库存、收入、费用、成本、利润等信息的全方位动态在线掌控和管理。"管家婆"云分销版：是供货商与其下游分销商之间的在线订货、退换货、订单状况跟踪和往来结算的信息化平台，实现了供货商与分销商之间高效的信息沟通、数据交换及商品交易。

商角色，并建立相应的代理商角色用于为商户进行录件支付完成时，汇付数据按照"管家婆"平台提供的针对购物车中所有商品的子订单信息，对用户的一笔支付金额进行分账入账处理，将正确的金额计入对应的商户账户余额中，引入延迟入账模式，针对电商模式下特有的用户确认收货后资金才结算给商户，"管家婆"平台可以根据业务需要指定资金入账时间（见图7）。

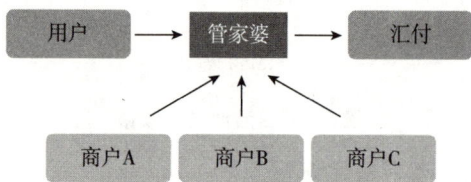

图7 "管家婆"云 ERP

使用"管家婆"的商户，可充分享受到作为汇付数据"智·汇管家"用户的一系列服务，如账务管理、金融理财、供应链融资等。汇付数据根据日常交易产生的数据进行分析，针对商户的经营需求，推荐适当的产品和服务。

2. 服务农村电商平台、农贸市场等"三农"领域

汇付数据充分认识到作为支付行业技术领先公司的引领作用和社会责任，充分发挥支付产品和服务在"三农"领域的重要作用，将"智·汇管家"产品创新应用于"三农"业务。

服务农村电商平台，通过打通线上线下不同场景，整合线上线下支付途径，打通农产品交易订单、物流、支付、对账等众多环节，提升农产品流通速度，深化金融科技在"三农"领域的应用，解决农产品流通环节的市场痛点。真正做到强农、惠农、助农、乐农。

针对农产品销售金额小、仅支持现金支付、面临找零、假币等弊端、摊位狭小不利于摆放设备、摊主小额对账辛苦等市场痛点，汇付数据"智·汇管家"平台运用三种模式服务农贸市场。模式一：秤 + POS 模式，将电子秤与 POS 连接，免去烦琐交易细节。模式二：独立 POS 模式，仅安装 POS 的商户在交易时由摊主在 POS 上输入交易金额。模式三：贴码模式，由菜场摊主统一放置静态二维码牌。

302

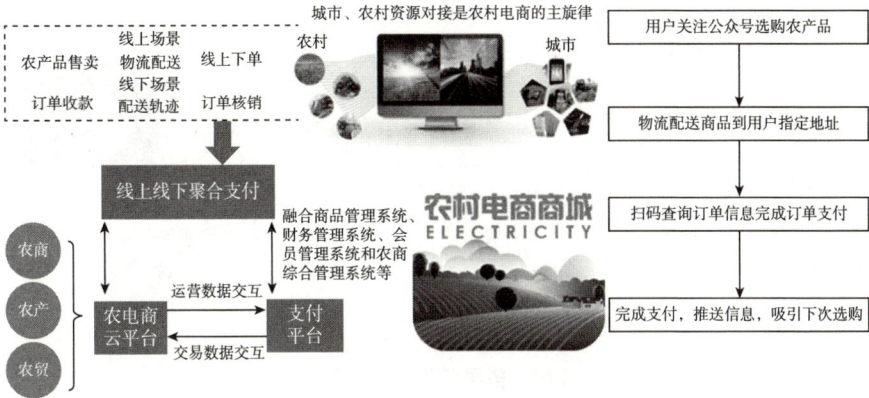

图 8 农贸行业应用方案

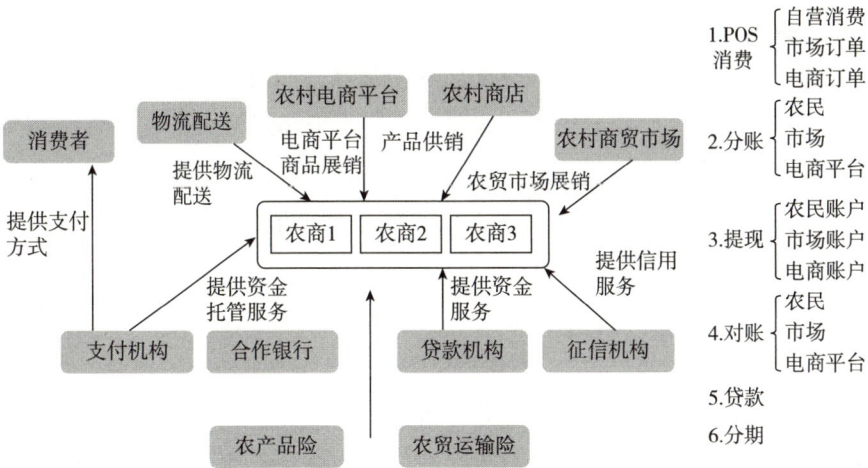

图 9 农贸生态应用场景

由此，不仅摊主对账更加快捷，更是便于农贸市场管理数据、了解经营情况，同时有助于提升市场管理口碑。

（三）服务集团客户应用场景——以深圳黑蚁集团为例

深圳黑蚁集团，旗下商户分为总部直营和商户独立加盟模式，直营模式的商户交易资金由总部统一管理，加盟模式的商户交易资金由合作方进行管理。

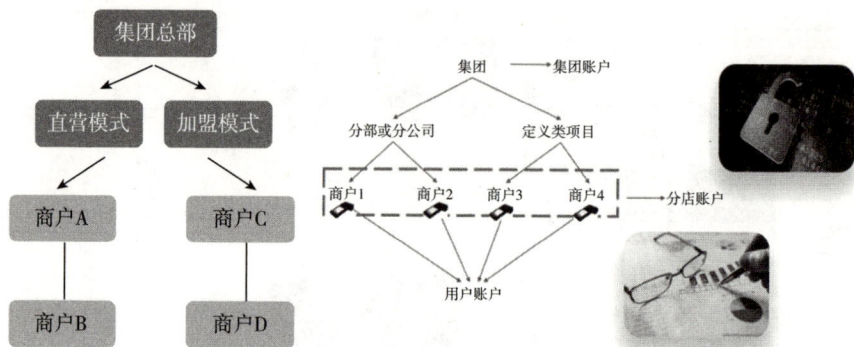

图 10　多层级集团账户管理

利用"智·汇管家"提供的集团账户体系，建立黑蚁集团管理架构，管理架构中不同节点均可设立管理员/操作员角色进行多维度的交易查询、对账、数据分析。

利用"智·汇管家"提供的集团账户体系，同时可以实现直营模式商户的交易资金统一归集到集团总部账户中；加盟模式商户的交易资金统一归集到合作方账户中进行管理，针对集团需求，"智·汇管家"还提供垫资退款业务，集团客户可以预先进行垫资账户充值，通过垫资账户余额，为旗下商户提供实时的退款业务。

三、未来发展与展望

2019 年，汇付数据将继续积极地促进支付在提升普惠金融服务水平方面的作用，找准与民生相关的实体经济行业，在普惠金融建设方面取得显著成效。继续关注小微商户需求，升温普惠金融，推进金融产品及服务的创新，并将稳步扩大公益服务覆盖面和渗透率，使更多企业和个人享受到金融服务。汇付数据将继续严格遵守人民银行各项监管政策，严防支付领域风险，继续坚持支付为民的基本理念不动摇、坚持服务实体经济的根本宗旨不违背、坚持履行社会责任的民生基础不松懈。不断致力于提升支付服务水平、创新支付服务产品，为移动、小额、便民、高频的支付服务市场发展贡献应有的力量。

案例8　拉卡拉收单行业精细化结算平台

　　拉卡拉支付股份有限公司（以下简称拉卡拉）成立于2005年，是国内领先的综合金融服务平台，首批获得了央行颁发的第三方支付牌照。多年来，拉卡拉秉承普惠、科技、创新、综合的理念，打造了底层统一，用户导向的金融服务共生系统。

　　尽管技术变革驱动着支付升级，但在如今技术水平不断进步、开源共享的大趋势下，技术创新只能让企业在一段时间内保持领先。第三方支付企业要想在竞争激烈的支付行业中站稳脚跟，还是要回归本源，以人为本，以商户为本，及时响应用户需求并解决问题，提供优质的服务品质才能获得长久的领先地位。拉卡拉深知企业要想屹立于行业不败之地，必须坚持以人为本，唯有以用户为导向、做精细化服务才能掌控未来。

一、背景介绍

　　银行卡收单行业经过多年的发展，日趋成熟和稳健，随着银行卡刷卡手续费定价机制改革的落实和信用卡利率市场化的稳步推进，我国银行卡产业转型升级不断加快，银行卡产业各类型创新产品和服务不断涌现；终端受理环境不断完善，收单市场规模稳步增长。对于收单机构而言，市场的竞争趋于白热化，由费率竞争转变成服务竞争、注重用户体验，对商户的经营和服务从原来的粗放变成精耕细作。为此，拉卡拉不仅在前端推出具备市场竞争力的收单产品，如智能POS和收款"小白盒"，还根据商户需求进行细分，推出行业精细化结算平台，分层级满足各类商户的资金时效性需求，结合行业特性、商户特性提供差异化的特殊结算需求，得到了市场特别是商户的一致好评和认可。

二、产品说明

（一）产品概述

拉卡拉通过深入了解商户的经营特点及资金需求特性，针对性地对不同商户的需求提供多样化的清算时效服务和差异化的结算品质服务，形成完整的多样化、模块化和特定商户定制化服务的收单行业精细化结算服务平台。

细分为之服务商户的资金时效性需求特性，拉卡拉创新性地提出了三种到账模式：一是"梦里到账"，主要针对生鲜批发市场的小微商户，他们通常要在凌晨采购，因此需要在04：00前收到银行端的结算资金，满足小微商户资金少但周转快的特点；二是"睁眼到账"，主要针对便民菜市场和餐饮的小微商户，他们通常需要在清晨进行大量的采购和买卖交易，为此，希望能在06：00收到前一日的收单结算资金；三是"开门到账"，主要针对正常营业时间的企业类商户和一般小微商户，小微商户老板在09：00对外开门营业，此时需要盘点昨日的经营情况和收款情况，如果此时能收到结算资金，将极大地满足小微商户的诉求及节约其经营管理时间。企业财务人员09：00上班，开始登录企业网银进行企业对账和对外划款，理想的资金划拨期望时间在09：00~09：30，极大地改善了现行企业商户的财务流转时效。

根据受众商户的日常经营周期及多样性，拉卡拉创新性地推出两大类特定结算周期的商户结算服务，并提供一日多场次的清算服务。一是新增22种日切时间不同的特殊结算—非垫资商户结算周期服务。跳出现行市场上普遍支持的结算周期为23：00－23：00、24：00－24：00的商户日切结算周期，推出以小时和分为最小日切粒度，自定义每个商户结算日切时间和对账服务，结算周期为D＋1或者T＋1。例如，22：00－22：00、02：00－02：00、04：00－04：00、16：30－16：30，总计22种特殊结算—非垫资商户结算周期服务。二是新增18种特殊结算—垫资商户结算周期服务，即可在清算款未到前，根据自定义的日切时间点给商户提前结算。三是基于优质商户的诉求，并结合商户的在网时间长度、贡献度、交易情况、实际经营情况、商户风险可控等严苛标准，为商户提供每日多场次的结算服务，提高商户的资金流动性，降低对账的烦琐度。每日多个场次根据商户的诉求，可以提供自定义的每日结算场次和每个场次的结算时间点，例如，商户自定义每日四个结算场次，第一个场次从 0 点到 8 点，第二个场次从 8 点到 12 点，第三个场次从 12 点到 17 点，第四个场次从 17 点到 0 点。

（二）平台架构

收单行业精细化结算服务平台的逻辑架构、系统部署说明和消息传递关系分别见图 1、图 2、图 3 所示。

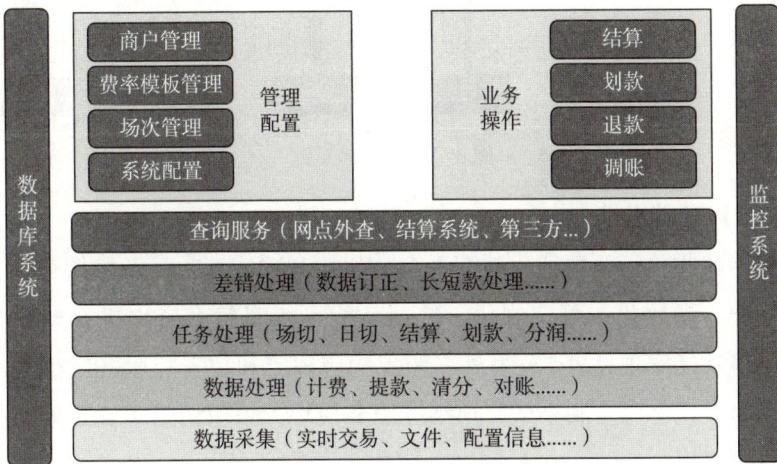

图 1　平台逻辑架构

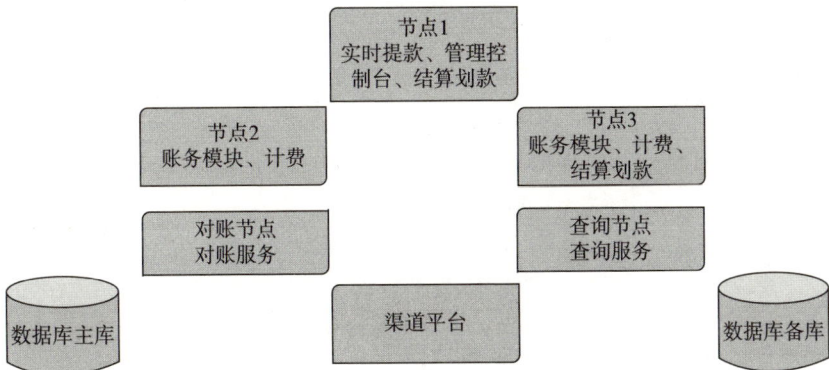

图 2　系统部署关系

307

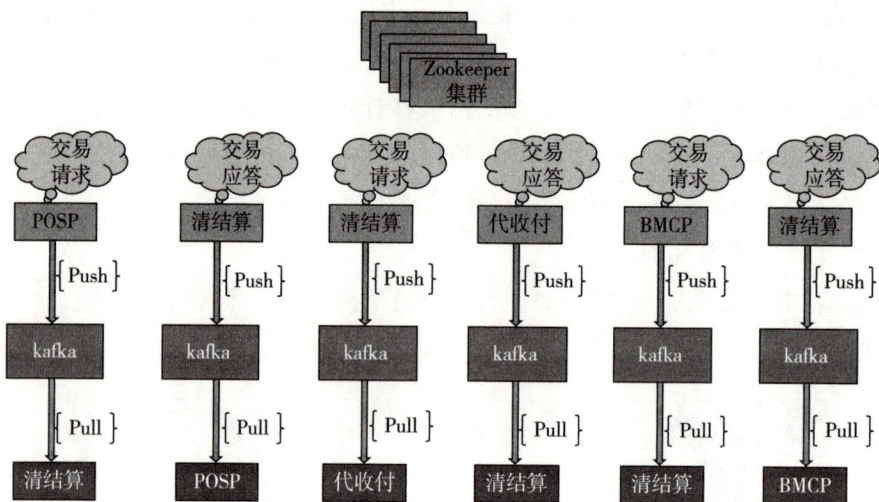

图3　消息传递系统

（三）功能分类

拉卡拉收单行业精细化结算平台从架构和功能上，具备松耦合性，功能模块化、参数化和可定制化，定制功能可按照每个商户进行差异化定制，具体功能实现见表1。另外，为了响应国家和拉卡拉服务民生及小微商户的号召，专门定制小微商户结算服务模块，采用白名单和定期监控排查等机制实现。

表1　　　　　　　　拉卡拉收单行业精细化结算平台功能

平台功能	描述
商户管理模块	商户号、商户信息、费率、结算批次选项、日切时间、差错处理方式、对账方式、商户属性等
小微商户专门服务模块	定制化结算服务，结算服务批次优先，交易和结算异常监控，黑白名单监控机制等
支付交易方式	根据商户的特征和风控，限制商户支付交易方式，如条码、闪付等
交易渠道	可定制其交易渠道等
结算渠道定制	根据商户的开户行，定制其可流畅的结算渠道，如大小额、超网、网联、银联、农信银等
限额控制	限制商户可结算的余额

平台功能	描述
防重机制	可定制化限制该商户一日或者一定时间结算的可重复的次数，同卡同金额的重复次数
阶梯费率	根据营销活动和商户特点，设定其阶梯费率，鼓励正规交易，限定非正常交易，控制相应的风险
商户结算余额账户	每个商户建立相应待结算余额，控制其结算余额不能超过其交易金额，以及可供查询
商户营销活动	营销活动功能定制化处理

（四）业务流程

收单行业精细化结算服务平台业务流程如图4所示。

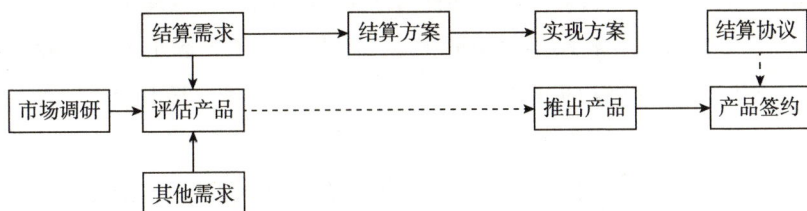

图4 业务流程

三、产品特点

收单行业精细化结算服务平台不仅可以满足大众商户的结算时效性要求和结算日期时间周期要求，更为特定行业、特定商户推出定制化的结算服务。例如，针对新疆地区的商户，因存在两个小时的时差问题，为新疆地区的商户提供定制化的延后两小时日切时间段的定制化结算服务；针对酒吧、KTV类的深夜经营商户，包括商超类商户，满足其基于凌晨营业结束或者换岗交班等期望提供的定制化结算服务；针对中石油、中石化等大型国有企业商户，基于此类商户存在16：30左右收单资金须统一归集的背景，拉卡拉为其提供个性化的日切结账服务、个性化的资金结算服务（例如，按照个性化的日切时间段，在特定的时间完成指定要求的结算，并提供特定的结算备注服务）；针对中国移动、中国联通等全国性门店的大型商户，为满足其系统化核对收单结算资金明细的对账需求，理房通提供指定唯一付款通道、特定结算周期、特定结算备注服务等个性化的结算综合服务。

收单行业精细化结算平台作为拉卡拉支付服务的中后台的支撑系统和清算服务品质承载系统，在为拉卡拉千万级商户提供稳定的收单服务、结算服务的同时，深挖收单市场商户的差异性和多样性，并将最前端的市场需求转换为收单行业精细化结算平台的专业技术实现语言，极尽所能，满足商户的"挑剔"需求，向商户提供一站式收款服务、差异化结算服务、统一对账服务等，在商户结算的高效性、结算服务的多样性、特定商户的个性化等取胜，成为吸引商户的利器。

收单行业精细化结算服务平台具有以下特点。

1. 功能模块化：将商户的需求抽象并形成不同的功能模块。

2. 要素参数化：各功能模块的要素，参数化配置，满足可拓展性。

3. 实时批量分离：实时交易与批量交易分开处理，互不影响，增加实时交易处理能力，提高批量结算效率。

4. 集群式部署：交易子系统、消息系统集群式部署，增强系统稳定性，提高交易处理性能。

5. 同步转异步：建设消息系统，将现有交易处理方式由同步转为异步，增加并发处理能力。

6. 数据库操作分离：查询服务与结算服务数据库分离，减轻对数据库服务器的压力，提高结算效率。

7. 对账的多样化：支持与上游通路的对账、下游商户的对账、与账务核心的对账、代付通路的对账。

8. 分批次快速对账：与网联、账务核心实现分批次对账，快速处理差错，缓解集中对账的压力。

9. 商户结算服务多样化：建立商户结算服务多样化识别属性，每类属性配备特定的结算日切时间段、结算周期、结算场次、个性化服务参数、个性化付款通道参数等，实现可灵活多变的、可拓展的、支持个性化的综合性的结算服务平台。

案例1 中国建设银行数字校园案例

一、案例背景介绍

教育部发布的《教育信息化"十三五"规划》《2016 年教育信息化工作要点》《教育部 2018 年工作要点》均要求深入推进教育信息化建设。同时，校园领域是 2018 年央行移动支付示范工程重点场景之一，学生群体是社会未来发展的中坚力量，具有显著的高潜力、高成长、高循环等特征，其教育、生活与就业市场蕴含着巨大商机，是同业及第三方支付机构争夺的热点。

高校是中国建设银行深耕多年的优势领域、市场前景广阔。高校的拓展可以带来机构类的存款与贷款，更重要的是，通过高校的服务与营销，把中国建设银行的金融服务送达大学生群体，为中国建设银行的客群带来了源头活水，实现了 B 端、C 端的共同发展。服务好高校，服务好年轻客群，就是抓住了当下，更是抓住了未来。

本案例重点回顾中国建设银行在服务高校与大学生群体的模式历程，突出中国建设银行顺应教育信息化建设浪潮，通过金融科技的迭代升级，打造出独特而又有推广意义的数字校园金融生态发展模式。

二、产品或服务功能及业务流程

数字校园的实施方案主要分为三个阶段，数字校园 1.0，数字校园 2.0，数字校园 3.0 三个阶段。

（一）数字校园1.0

1. 模式特点

学校的对公账户开立在建行，师生个人金融卡也开立在建行，基于校园一卡通的基础信息化建设，在校师生通过持有实体（一卡通白卡）并与金融卡绑定，通过银行柜台或圈存机进行充值，来实现校园内门禁和食堂消费。

2. 模式痛点

高校B端痛点：信息化建设处于起步阶段，一卡通业务功能少；高校财务系统未与建行系统对接，财务人员手工操作工作量大。

高校C端痛点：以校园白卡及师生个人金融卡实体卡为主，柜面及圈存机操作手续复杂，且实体卡携带不便、易丢失、换卡手续麻烦，师生体验较差。

建行痛点：仅有账户开立在建行，建行产品及服务还未嵌入校园场景；高校师生核心信息及交易数据在一卡通公司，未与建行进行数据对接。

（二）数字校园2.0

1. 模式特点

高校信息化建设步伐进一步加快，银行介入了高校一卡通系统建设投入，一卡通功能进一步完善。中国建设银行基于C端柜面及圈存机操作手续复杂的痛点，将手机银行、网银线上充值手段等移动手段引入高校，提升了C端体验。

2. 业务痛点

高校C端痛点：仍以持有实体卡介质为主，携带不便、易丢失、换卡手续麻烦，师生体验未有明显改观。

中国建设银行痛点：与学校合作协议到期后易被他行取代；高校师生信息未与中国建设银行打通，C端黏性不足。

（三）数字校园3.0

通过龙支付二维码的创新行业应用，与在校师生身份信息进行数据对接，实现在门禁及消费等线上线下全场景的扫码应用，提升在校师生"一码通校园"的便捷体验。该自主创新应用是移动便民示范工程在支付领域的一次重大创新，金融科技水平领先同业。

在前两个阶段模式基础上，继续依托建行在高校的对公资源优势，一方面为学校提供包括银校直联、批量代扣、学费云、手机银行、龙支付、个人网银、信用卡等多项产品，并为其提供教培客群及大学生客群综合服务方案，有效地将 B 端、C 端需求打通，为高校金融生态经营搭建桥梁。另一方面，从培养 C 端使用银行产品和入口的习惯入手，依托金融科技、全国首创龙支付数字校园卡，科技水平同业领先，实现"一码通校园"的便捷体验，有效缓解了实体卡易丢失、更换复杂的痛点，同时通过与一卡通公司数据技术对接，实现了高校师生信息共享。

数字校园 3.0 不仅从 B 端、C 端服务深度和广度上实现进一步迭代升级，更在 B 端优势基础上，提升了 C 端体验，实现了 C 端反哺 B 端。

数字校园门禁码，实现了校园、宿舍、图书馆等门禁码全覆盖；数字校园消费码，实现了校园线上线下消费全场景覆盖。

三、产品或服务应用特点及创意

运用建行核心技术、实现高校线上线下场景全覆盖。实现与一卡通公司对接，利用龙支付核心技术进行的门禁刷脸应用，形成校园综合服务解决方案。通用性强、易于推广复制。筛选与上述一卡通公司合作的高校清单，了解其技术配置情况，可将数字校园卡快速推广，并配套龙支付线上线下的优惠活动提升用户活跃度及黏性。

四、产品或服务推广情况

通过与校园一卡通系统进行对接，在校园实体卡基础上，实现建行数字校园卡在门禁及消费等场景上的扫码应用，实现在校师生建行储蓄账户、龙支付以及数字校园卡全覆盖，且实现每年新生全覆盖。同时，数字校园卡能够解决实体校园一卡通易丢失、易被冒用等弊端，提升在校师生在校园线上线下场景的便捷体验。

（一）开展营销活动

结合高校开学季活动以及移动支付便民示范工程宣传月活动，通过配套专项营销费用用于数字校园卡充值开展营销活动，提升龙支付和数字校园卡活跃度和场景覆盖面，实现互利共赢。在校师生通过龙支付进行"数字校园卡"充值每人可享受三次优惠机会，第一次可享受"满50元立减10元"的优惠，第二次、第三次可享受"满50元随机减5到15元"的优惠。

（二）发动学校力量

学校是推广"数字校园卡"项目的关键，学校团委是项目推进的重要资源，发动团委学生会成员积极参与，引导大家提高认识，将有助于加快推进项目的实施。中国建设银行充分发挥团委学生会的力量，制作H5宣传片在团委学生会微信群中进行转发宣传，并组织开展转推荐活动，每推荐10人以上成功充值"数字校园卡"将得到一份精美礼品。

（三）上门驻点营销

为全面推进数字校园项目，中国建设银行组建营销团队定期上门做驻点，形成常态化高校驻点服务，全程指导在校师生使用建行"数字校园卡"。同时，加强宣传力度，通过微信朋友圈、展架、海报、折页等形式在校园内大力宣传建行"数字校园卡"场景建设及优惠活动。

五、案例启示

大学生是社会未来发展的中坚力量，具有显著的高潜力、高成长、高循环等特征，其教育、生活与就业市场蕴含着巨大商机。做好大学生综合服务，是响应国家号召、彰显国有大行社会责任的重要举措，是抢抓大学生消费市场的必然选择。近年来，中国建设银行高度重视高校场景移动支付业务的拓展，结合高校支付环境特点，全力推动数字校园卡项目的开发落地，数字校园3.0应运而生，在合作高校实际应用过程中取得了良好的效果，为中国建设银行数字校园项目树立了较好的口碑，为项目的进一步推广打下了基础。

案例2 中国民生银行公租房资金收付和养车储值包项目

一、中国民生银行公租房资金收付项目

(一) 合作对象

厦门安居建设有限公司

(二) 合作对象概况

厦门安居建设有限公司成立于2016年4月，注册资本金5000万元人民币，系厦门安居集团有限公司全资子公司，主要负责项目的开发、建设工作。截至2018年10月，公司共承建16个保障性住房项目，总建筑面积约404.91万平方米，项目完工后可提供房源5.57万套。16个项目中，已开工建设项目9个，未开工项目7个。

(三) 行业背景

大力发展公共租赁住房是2009年温家宝在《政府工作报告》中首次提出的。2010年6月，七部委联合出台了《关于加快发展公共租赁住房的指导意见》，住建部又于2012年5月28日发布了《公共租赁住房管理办法》，对公共租赁住房的管理、分配、运营与退出机制进行了详细的规定，使公共租赁住房的建设和管理逐渐步入了规范化的轨道。公共租赁住房有利于引导国民"先租后买"，合理住房消费，有助于克服廉租住房和经济适用房的弊端，有益于弥补个人出租住房的不足。目前租房行业主要是通过微信、支付宝面向租客收款，并未有一个底层钱包账户体系打通信息流以及资金流形成一个行业闭环。因此，民生银行通过钱包底层将公租行业用户进行深层次的绑定关系，并提供便捷的钱生钱理财工具。不仅能够解决用户消费、对账的需求，还能降低平台以及用户成本。

315

（四）主要难点

需打通租客、物业方、承租方信息流和资金流痛点，高效完成线上付款及多方分账功能。

（五）主要创新点

该公租房平台通过接口采集水、电、煤数据以及房租、家具出租等费用通过对账单形式体现并推送以及配合智能家居系统进行水电门禁控制，租客可通过平台使用民生收付易产品进行在线主动支付，也可通过提前预存租金至如意宝，交租时进行支付。同时可以通过一、二级商户，将租客的总费用分成房租、家具费、水费、电费等，直接结算至政府、家具供应商、水厂、电厂等对公账户，资金不经过平台账户，不仅满足物业方需求，也满足人民银行监管要求，实现资金流与信息流同步。同时也可以通过"钱生钱"等产品的输出提高用户收益。

（六）业务主流程

1. 银行操作员在民生银行管理平台将安居平台及其关联的物业、家具供应商等配置为行内的一、二级商户，分别开通支付分账产品；

2. 一级商户在收付易生成收单订单，订单信息包括付款客户信息、订单总金额、订单描述（如摘要、备注等）、子订单信息（如子商户信息、子商户订单费项/商品信息、子商户订单金额）；

3. 系统校验订单基础信息无误后，按子商户进行订单拆分记账；

4. 在系统结算时间为各子商户分别入账，资金不经过一级商户的账户，并统一从一级商户指定手续费账户中扣收约定手续费；

5. 为一级商户提供明细对账文件、结算对账文件、手续费对账文件，以便其进行对账。

（七）项目意义

该项目的上线，有助于公租房行业的良性发展，降低承租房与出租房、物业管理方之间的不信任关系。提高收款效率，真正满足该行业线上选房、线上付款、线上对账等功能，也能提升民生银行电子账户结算的黏性以及中间收入和金融资产的提高。

二、中国民生银行广汽丰田养车储值包项目

广汽丰田汽车有限公司是国内知名乘用车生产厂商，在国内拥有超过300万的车主，其官方APP丰云行、官方车友会微信公众号和官方小程序等平台拥有超过100万的车主用户，在汽车行业处于领先地位，是汽车行业的标杆。广汽丰田为了提升车主忠诚度，增加车主回店率，于2018年初启动了养车储值包项目，并在近9个月的时间内经过多重考察和筛选，最终选择了民生银行直销银行部合作方案，并拟率先在北京、杭州、广州三个城市的优质4S店经销商进行试点推广。

（一）民生银行为广汽丰田的项目方案

在广汽丰田线上移动端为其车主用户提供由广汽丰田厂家提供的多种售后保养储值包，储值金额可用于到广汽丰田全国任意4S店进行售后维修保养，储值包以民生银行电子账户为基础，储值同时由民生银行对其储值金额实施冻结，车主不可随意支配。在车主到店消费后，由民生银行按支付金额进行解冻支付，并将支付款直接结算给提供服务的广丰4S店。

（二）项目分类

本项目按支付类型，可分为以下几类。

储值包余额解冻支付：车主储值后，每次到店维修或养车后，民生银行根据车主消费金额对储值包实施部分解冻并支付。

储值包余额＋广丰厂商优惠补贴组合支付：广丰厂商会对客户购买养车储值包给予一定的优惠补贴，车主到店维修或养车后，民生银行根据车主消费金额提供优惠补贴＋储值包余额的组合支付功能。

按照支付发起方不同，可分为以下几类。

客户主动发起：客户在4S店维修或养车消费之后，由客户自己打开广丰APP或在公众号支付入口，手动录入消费金额完成储值包的解冻支付。

4S店发起：客户在4S店维修或养车消费之后，由4S店的经销商系统发起支付请求，可分为两种形式：（1）生成条码由客户扫码确认后，按金额解冻储值包余额并支付；有优惠礼券的提供组合支付功能。（2）推送扣款信息至客户手机APP或公众号支付入口，由客户确认后按金额解冻储值

包余额并支付，有优惠礼券的提供组合支付功能。

（三）项目创新点及意义

1. 人民银行在银发 302 号、16 号文中，对个人 II 类、III 类账户的管理进行了明确的规范指导，并提倡银行基于个人银行账户分类管理制度开展业务创新，打造多元化非现金支付方式，提升便民支付水平。民生银行正是基于此文件精神，在业务合规基础上，积极开展业务创新，深入到具体的行业应用，打造基于特定场景的消费支付应用。民生银行与广汽丰田的本次合作，正是将民生银行特色金融支付服务渗透到汽车行业的一块试金石，该业务具有"三赢"优势：其一，将为广汽丰田深度开发老客户价值提供蹊径，客户在广丰 APP 或微信号的关注度提升，回店率增加，广丰既为用户提供了更全面更好的服务，而且由此获得更多的营销机会；其二，广丰的客户将得到更好的服务，并获得更实惠更经济的养车服务。其三，民生银行的支付产品在特定行业领域得以应用，并且极具行业推广价值。民生银行储备了大量围绕"车"领域的支付应用产品，并与车厂、汽车后市场、停车泊车市场等行业类型商户进行了大量接洽，随着广丰项目的顺利实施，后续将持续推动民生银行新型支付产品针对具体行业的应用。

2. 自动分账，严禁二清：本项目严格遵照监管要求，由民生银行对整个支付模式进行审批和管理。民生银行总行和分行协动，对广汽丰田厂商及其经销商 4S 店一一进行商户登记准入审批。从资金流程方面，严控二清，根据订单将客户支付款项直结给 4S 店经销商，合规基础上优化了资金结算效率。

3. 推动车厂、银行更直接地触达终端用户，并在限定性服务场景中为进一步开发终端用户支付需求和偏好提供了便利，可以根据客户习惯选择客户偏好的支付产品，进一步响应国家便民金融的号召。

该项目于 2018 年 12 月上线运行，广汽丰田选择的试点店均为其优质 4S 店，在营销服务能力、配合力度上十分优秀，并且广汽丰田将对本次试点进行考核。民生银行已成立专门小组进行对接，并确保试点工作的顺利实施。该项目是民生银行支付应用的一个重要里程碑，对现今竞争白热化的支付市场而言，银行直接渗入行业应用场景的支付模式具有重要的开拓意义。

案例3 广州农商银行医保互联网 移动支付案例

在我国新医改的大背景下，智慧医疗正在走进寻常百姓的生活，目前是各级政府机构大力推动的一项解决人民群众"看病难、就医难"现状的重大民生工程。广州农商银行大力推动医保互联网移动支付业务，目的是与医疗机构建立一个信息共享、流程简化、支付便捷的系统平台，为合作机构及广大患者解决"三长一短"（即挂号排队时间长、收费排队长、候诊排队长、就诊时间短）的实际问题，进而获得客户对广州农商银行金融业务的支持，提升银行的品牌形象，从而实现医院与银行互利，合作企业与社会共赢的全新局面。

一、案例背景及简介

番禺区中医院（以下简称中医院）作为隶属于广州市番禺区卫生局的三级甲等医院，始建于1958年，至今已有50多年的历史。中医院一直致力于为患者提供优质、高效、安全的医疗保健服务，当前主要服务对象为番禺区近300万的常住人口。医院现有编制床位数600张（实际开放床位641张），员工1100人，医疗设备总值超亿元，年门急诊量120万人次，出院量约2万人次，2017年医疗收入高达4.89亿元。

在政府的关怀和支持下，中医院于2009年将番禺区人民医院旧址并入其属地，并进行了升级改造，当前占地面积较原址增加6倍。在患者需求不断增长及医院完成扩建工作的情况下，医院现有的综合收费系统已不能满足就诊需求。

鉴于当前的实际状况，广州农商银行与中医院合作开发"移动互联网医院及相关服务"的项目需求，让患者通过移动服务平台，实现挂号、支付结算、就诊指引、检验报告查询、诊疗缴费等一站式线上支付的功能。

二、项目建设目标

该项目下的"移动互联网服务系统"，是番禺区卫生局于 2009 年就区内医院 HIS 系统等进行统一招标引入的，服务方为金蝶医疗软件科技有限公司，当前番禺区大部分医院均使用金蝶公司提供的医疗信息系统。

截至 2017 年 12 月底，番禺区辖下 36 家医疗机构，其中使用金蝶 HIS 系统产品的 29 家医疗机构，均为番禺区卫生系统内的公立医院；未使用的 7 家，均为番禺区卫生系统外的民营医院及院校公立医院。

由此可见，金蝶公司提供的系统平台，在整个番禺区医疗机构的覆盖率已高达 80.56%。支行希望通过本次银行、医院、金蝶三方合作，打造银医合作标杆，同步与金蝶医疗软件公司共享客户资源，扩大同类项目合作数量，争取价格优势。

在该项目中，广州农商银行将通过引入金蝶公司提供的"移动互联网服务系统"，帮助中医院打造智能化、流程化、整体化的金融服务体系，有效地简化患者就医流程，减轻收费窗口压力，提升中医院的服务质量。

三、项目落地及成效

经过 3 个月产品研发，2018 年 9 月底，广州农商银行推出的医保互联网移动支付业务在番禺区中医院正式上线，成为该医院医保支付唯一的收单结算银行。广州农商银行医保互联网移动支付业务是在银联医保支付方案的基础上，聚合了微信、支付宝支付方式，患者通过绑定社保卡、医保卡、银行卡后可在线上办理预约挂号、就医、缴费等业务，极大地提高市民就医及医院办公效率。新业务试运行三周后，新增用户超 1 万户，累计交易金额约 331 万元，得到了中医院与就诊市民的认可。

广州农商银行与中医院搭建的金蝶医疗患者移动服务平台作为金蝶医疗移动互联网医院服务移动化的重要部分，实现了就诊全流程移动化，并将线上服务与线下服务有效结合，切实缓解了当前医院普遍存在的"挂号排队时间长、就诊等待时间长、缴费排队时间长"等问题，提升了患者满意度、缓解了医患关系紧张等问题，创造了新的就医服务模式。

四、项目功能介绍

移动互联网医院应用架构是以患者为中心，以改善患者就医体验为目标，以优化医院的基础业务流程（临床服务、医疗管理、运营管理）为基础，打通院内与院外，建设面向患者的移动服务平台和面向院内职工的移动工作平台，也将医院的医护人员、管理人员、医院领导从固定僵化的传统工作模式中解放出来，实现操作移动化、管理移动化、决策移动化，包括智能导诊、预约挂号、就诊指引、检验检查、我的病例、我的住院、健康咨询、就医反馈等功能，让医院的日常业务操作与管理决策变得触手可及，提升医院的灵活性与快速反应能力，促进医院内部的沟通、分享、协作，提升医院的创新能力。

五、后续推广情况

医保互联网移动支付是广州政府推动"2018 年广州市十大民生工程"重点项目之一，广州农商银行以此为契机，及时开发和完善适应市场需求的支付产品，同时推动各经营机构拓展业务场景。目前，除番禺区中医院合作项目以外，广州农商银行还初步与南沙区第三人民医院、番禺区第三、第五人民医院达成合作意向，积极推进项目开展，加快项目落地。

作为"互联网＋"在医疗健康中的重要应用，实现手机移动支付应用功能是智能化医保缴费和就医政策的重要一步。后续广州农商银行将进一步扩大服务范围，覆盖更多的医疗健康产业，继续积极推进惠民、利民工程建设，促进区域经济发展，切实开展各项普惠金融服务。

案例 4 广州农商银行智慧公交项目

移动支付创新发展，是贯彻落实国家"十三五"规划纲要、响应国家普惠金融发展规划、推进"互联网＋"的重要举措，是加强民生服务、建设"智慧城市"的重要抓手，也是建设金融强国和满足人民美好生活需要的具体行动。广州农商银行为市民提供便捷、安全移动支付出行服务的同时，大力拓展银行金融 IC 卡与银联云闪付应用场景，以公共交通为突破口，与广州市从化区公共汽车有限公司合作开展智慧公交项目。经双方共同努力，项目已成功落地。

一、行业现状

现存公交现金与公交卡无法满足乘客诉求。目前，现存公交线路现金与公交卡支付方式单一，传统终端无法满足乘客的支付需求，存量公交线路与通勤车辆受理现金存在以下缺点：一是乘客需自备零钱，容易出现零钱不足情况；二是公交公司与银行工作人员每天需对现金进行大量清点，工作量大，差错率高；三是因纸币磨损、假币等造成不必要损失。

在乘客使用公交卡乘车方面，公交卡方案存在以下缺点：一是乘客需要将公交卡随身携带；二是公交卡容易丢失，且丢失后不能挂失；三是公交卡充值网点少，充值不方便。

二、案例背景和合作方案

广州顺途公共汽车有限公司（以下简称顺途公汽公司）为民营公交运营公司，从化公交公司承担从化区大部分的公交以及部分广从线路的运营，运营车辆超 200 台，负责从化区 2 号、3 号、4 号、9 号、10 号公交线

322

路及广从11号线等线路运营。通勤车辆以现金收款为主，羊城通支付为辅，其中现金占比高达90%。公交公司每日需安排十几名员工做现金清点，工作繁杂，人力资源耗费大。更让公交公司烦恼的是，每日收缴的假币高达千元。由于公交公司日常零钞在广州农商银行网点进行清点，网点每日清点的时间少则半天，多则一天，一定程度上影响了其他客户的金融服务体验。

广州农商银行获知有关信息后，多次与顺途公汽公司进行沟通，目前双方就开展从化公交汽车移动支付业务合作达成共识。

三、主要做法及成效

智慧公交项目将广州农商银行联合顺途公汽公司在从化地区开展公共交通行业的应用实践，该项目是移动支付智慧公交在从化地区的尝试。项目将以智能化POS终端为载体，公交线路通过广州农商银行支付结算渠道，创新性地融合了多种新型支付方式，包括银联IC卡闪付、银联手机闪付、银联二维码支付、微信支付、支付宝扫码支付等，让市民群众畅享低碳便捷高效出行金融服务。项目落地后，将显著促进区域经济发展，实现惠民、利民，并实现金融服务普惠化，同时为公交公司提供安全、便捷、智慧的金融以及数据服务。

为优化乘客的支付方式，解决从化公交公司现金量大、人力资源成本高等问题，同时释放银行网点服务人员，广州农商银行研发了"太阳智付"公交便民服务产品，与从化公交公司开展智慧公交项目合作。经过近三个月的研发，2018年7月，广州农商银行"太阳智付"公交便民服务产品正式上线，首批在广州市从化区公交9路、10路的所有车上投入使用。该产品布放车载聚合支付终端，终端采用交易实时通信，响应速度快，司机可根据距离设定变额票价。产品上线以来，累计交易超过6万笔，累计金额超过20万元。

支付交易处理。乘客发起近场支付后，车载终端实时将聚合支付交易上送，整个交易过程采取终端全联机支付认证方案，交易过程1~2秒，控制在3秒以内。付款不成功不能乘车，不涉及付款失败资金垫付，避免了客户使用超额度信用卡、伪卡消费等资金赔付风险，目前处于同业领先位置。

乘客可使用各家银行卡（含借记卡和信用卡）、银联云闪付、银联二维码、微信支付宝二维码、Apple Pay、Huawei Pay、小米 Pay、三星 Pay 等各种支付方式乘车，大大提升了乘客乘车的便捷性和灵活性，也解决了困扰公交公司多年的现金量大的问题，得到群众、公交公司和社会的一致好评。

四、不断推行智慧交通项目

为推动金融 IC 卡移动支付，促进普惠金融惠民服务，发展"互联网＋"在公共交通行业的应用，广州农商银行一直全力支持智慧交通项目的建设和应用推广，后续将继续大力推行智慧公交项目，不断优化支付结算及普惠金融发展环境。

（一）不断扩大智慧交通覆盖范围

目前广州市从化区公共汽车大部分已安装智慧公交设备，可通过银行卡、手机 Pay、微信、支付宝、银联二维码等实现无现金乘车。后续将不断扩大智慧公交覆盖范围，针对机场大巴、通勤车、出租车、水上巴士等公共交通领域，制定专项服务方案。2018 年 8 月，广州农商银行推出"太阳智付"公交产品在出租车行业正式上线，利用广州农商银行"太阳智付"产品的优势，并采用"依托主商户准入，子商户批量入网"的业务模式，成功拓展白云区出租车公司。出租车移动支付项目是广州农商银行作为司机结算银行，在出租车上布放聚合支付二维码。乘客可使用手机二维码支付乘车，极大地提升了乘车支付的便捷性。

（二）持续增强智慧公交推广力度

项目上线以来，广州农商银行积极通过线上线下两种渠道大力进行宣传。一是通过发布微信公众号及印制宣传单在全辖 700 个网点向客户推广智慧公交的便捷支付；二是组织员工到公交站点、学校进行宣传；三是开展乘车优惠活动推广。银联云闪付"一分钱乘公交车"等优惠活动，通过营业网点宣传专区、电子门楣等渠道，大力宣传"一分钱乘公交车"活动,市民响应热烈,大大提高了智慧公交使用率。

　　智慧交通项目的推行,广受市民好评,大大提高了市民出行的便利。实现手机移动支付应用功能是智能化公交策略和绿色低碳出行方针的重要一步,后续广州农商银行将进一步扩大服务范围,覆盖更多的公共交通运营线路,并以"完善支付支撑体系"与"促进业务快速见效"并轨发展思路,继续积极推进惠民、利民工程建设,全力为老百姓在交通领域打造移动便民服务,在便民生活、休闲娱乐、健康医疗、旅游服务、政务服务、教育事业等便民场景,努力使便捷、高效的支付方式惠及更多百姓,促进区域经济发展,切实开展各项普惠金融服务。

案例5 蚂蚁金服贷款资金定向
支付系统

我国农村经济发展长期以来存在金融难、普惠难的问题，农村金融服务运营成本高、信息不对称、收入难核实、有效供给不足。

根据《2015年度中国银行业服务改进情况报告》数据显示，银行业涉农贷款仅占28%，农村可抵押资产很少，因此从银行获得贷款余额占比低。另外，居民信用档案建立数量对比悬殊，城镇和农村的比例为4∶1，由于农户信用数据缺失，导致得不到信用贷款支持。每万人拥有银行类与金融服务人员数量方面，城镇与农村比例为329∶1。

截至2017年末，全国涉农贷款余额30.95万亿元，同比增长9.64%，低于人民币贷款增速3.56个百分点。据社科院发布的《"三农"互联网金融蓝皮书》数据显示，我国"三农"金融缺口资金达到3万亿元以上。

2016年1月，蚂蚁金服成立农村金融事业部，将信贷、保险、支付等服务全面惠及"三农"，用互联网的手段沉淀数据，逐步建立农村信用体系，消除农村信用鸿沟。目前，蚂蚁金服正积极运用大数据等技术创新，探索降低金融服务的成本和信息不对称性。

实践证明，大数据技术让普通农户、小微涉农企业等农村用户，得以享受与城市用户无差别、平等便捷的普惠金融服务。截至2018年9月底，蚂蚁金服在信贷方面服务的"三农"用户数达1.33亿。其中服务了467.4万家农村小微企业、农村个体工商户、农村种养殖户。

在服务深度上，蚂蚁金服持续拓宽使用场景，促进已授信农户的支用。除了现金支用，还大力拓展非现金场景，如农村淘宝的农资农具购买平台和液体配肥机深度应用等，使得授信能够实现定向支付。

一、线上场景的贷款定向支付

我国农村经济发展长期以来存在金融难、普难惠的问题，背后的主要原因是信息不对称所导致的信贷风险与成本高企，而造成信息不对称的原因又在于农村价值链的数据断裂。蚂蚁金服正积极运用大数据等技术创新，探索降低金融服务的成本和信息不对称性。

蚂蚁金服通过"数据化预授信模式"，满足农村消费者和小型经营者的碎片化信贷需求。这一群体客户基数大，单笔资金需求小，数据化预授信模式将大数据技术运用于风险授信决策，为这类客户提供无须抵押物担保的"310"信贷服务（3 分钟在线申请、1 秒钟资金到账，全程 0 人工干预）（见图 1）。

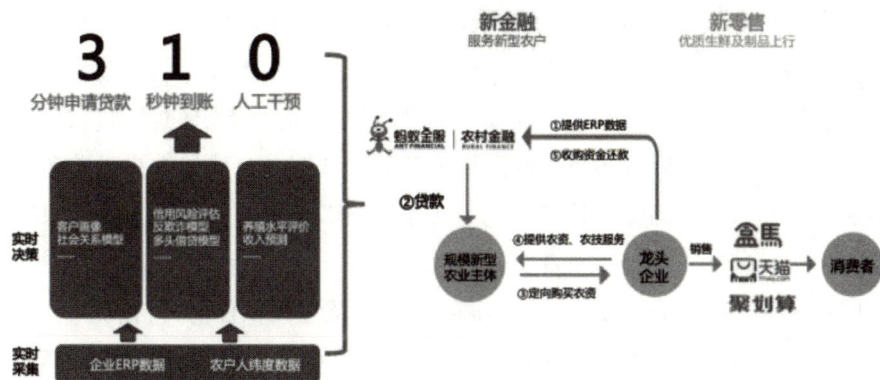

图 1　业务模式流程

在资金支付环节，蚂蚁金服创新性地打造了贷款资金定向支付系统，将贷款以现金发放的方式优化为放款到本人的支付宝账号，用于在村淘上定向购买生产资料或生产工具，改"借钱"为"借物"。同时，贷款定向支付系统嫁接了电商平台，客户购买的物品、数量、价格、使用范围、期限、用量、发货时间、物流信息等一目了然，为贷后管理提供了全面信息，也为生产出的农产品溯源提供了丰富信息。

如何通过技术和业务创新打通"三农"用户、金融机构以及产业上下游甚至是消费者之间的价值链，是解决农村信贷问题的关键。"数据化产融模式"打通农村经济价值链，旨在解决规模种养殖户在资金与销售上的后顾之忧。

从 2016 年开始，蚂蚁金服联合农业龙头企业，为其上游种养殖户提供产融信贷服务和销售渠道。网商银行与当下农业行业具有影响力的龙头企业进行业务合作，通过农业大数据搭建行业化风控模型，对龙头企业上下游的农户给予信用贷款资金支持；目前，此模式已先后在家禽行业、生猪饲料行业落地，预计养殖行业数据化产融市场空间超过百亿元。

在客户提出贷款申请和授权的情况下，龙头企业将其合作的种养殖户经营数据通过系统方式与蚂蚁金服对接，蚂蚁金服根据对行业的了解和研究，基于行业的种养殖周期、成本构成、收益情况等并结合蚂蚁金服的大数据风控能力进行自动化授信。

在贷中阶段，蚂蚁金服打造贷款资金定向支付系统，不直接发放现金，而是将贷款打入农户的支付宝账户，并运用技术手段限制了此贷款资金仅能用于在农村淘宝农资频道上定向购买龙头企业指定的种苗、饲料、兽药等生产资料，同时龙头企业提供全套的农技服务，确保农户种养殖的成品质量和品质，确保贷款资金的"专款专用"。贷款支用时，农户只需拿出手机，打开支付宝，花费 3 分钟时间申请贷款，1 秒钟反馈授信结果，其间 0 人工干预，农户无须接受尽调问询，也无须提供任何材料。

待种养殖周期结束后，龙头企业以具有竞争力的价格全额回购或指定收购商收购产品，稳定农户的销售渠道以确保还款来源。

业务特点：

1. 农户提款环节"310"体验，贷款过程形成资金流、信息流闭环

数据化产融模式更好地整合了农村经济链条中各参与方的优势力量，通过开放人工智能、安全风控等技术能力，综合运用龙头企业 ERP 数据、农户个人信用状况等大数据搭建行业化风控模型，弥补传统金融服务的短板，实现"3 分钟在线申请，1 秒钟资金到账，全程 0 人工干预"的贷款模式。

2. 打通农村经济价值链，解决规模种养殖户在资金与销售上的后顾之忧

在贷前阶段，蚂蚁金服联合农业龙头企业采用多维度数据分析上游种养殖户的经营状况和信用状况，并根据其偿债能力实现智能化的授信额度决策；在贷中阶段，网商银行打造贷款资金定向支付系统，不直接发放现金，而是将贷款打入支付账户并定向核心企业或农资平台购买农资农具，确保贷款资金的"专款专用"；在贷后阶段，蚂蚁金服不仅通过大数据跟踪养殖户经营状况和风险状况，同时由龙头企业收购农产品并利用电商平台进行推广销售，锁定客户销售渠道的同时控制还款来源，为资金回笼提供保障。

打通产业链上下游，运用大数据风险、保险增信、龙头企业担保等相结合的方式为产业链各方控制风险，真正形成覆盖每个角色的价值链，保障即使再小的"三农"用户也能平等地享受普惠金融服务，获得公平的发展机会。

二、线下场景的贷款定向支付

在线下应用方面，蚂蚁金服在 2017 年 8 月首度将贷款定向支付的能力引入线下、赋能外部机构，通过与支付宝、网商银行的积极协同，联合中农集团等合作伙伴，为农村液体肥的销售打造了专门的"配肥＋信贷＋支付"的金融综合解决方案。

农资当面付产品是通过中农旗下的液体配肥机深度应用，在测土配方、作物生长情况、历史种植记录等的基础上，为种植农户提供智能化肥推荐与配肥生产，提供从咨询到施肥的"一揽子"服务。同时，根据肥料的成分和价格在配肥机上生成支付宝订单码。网商银行按照大数据风控能力，综合评估种植农户的还款能力与还款意愿，直接给优质会员贷款授信。会员通过支付宝扫码，便可轻松选择用贷款进行所购化肥的支付。

在我国农村地区，千百年来一直存在农资赊销的习俗，这让经销商承载了大量的资金压力。蚂蚁金服农资当面付产品的上线，是首次深入农业生产行业，助力农村"赊转贷"的一次有益尝试。一方面，通过农业生产资料订单码的生成，直接使用网商银行的贷款支用，打通了农村信贷的"最后一公里"，让种植农户可以全天候、更便捷地使用网商银行的贷款。

有效缓解了经销商的资金压力；另一方面，由于是将生产场景与信贷业务无缝打通，信贷资金直接定向支付给农资经销商，确保了农资采购交易的真实性，避免了信贷资金被挪用的风险。

蚂蚁金服农村金融贷款定向支付的创新，将移动支付的推广从消费端扩展到了农业生产经营端。更重要的是，作为一种基础能力，是蚂蚁金服科技能力赋能"三农"行业的一次创新，为蚂蚁金服打通农村支付、信贷"最后一公里"提供通用基础解决方案，蚂蚁金服也将为其他行业的变革持续提供输出能力。

案例6　银联商务"山城通"
智慧旅游服务

一、项目背景

国务院办公厅印发《关于促进全域旅游发展的指导意见》，就加快推动旅游业转型升级、提质增效，全面优化旅游发展环境，走全域旅游发展的新路子做出部署。重庆市发布37项重点任务分工，加快全市全域旅游发展，旅游将加快与城镇化、工业化和商贸业的融合发展步伐。按照重庆市委、市政府关于"把旅游业培育成为重庆市综合性战略支柱产业"的发展目标，重庆市旅发委提出了建设重庆全域数字化智能化旅游服务平台的创想。经严格甄选，银联商务股份有限公司接受市旅发委的委托，成功开发并上线运行了"山城通"（含APP、微信公众号及小程序）。

"山城通"能够为全国乃至全球来渝游客提供旅行前、旅行中、旅行后全流程支持，吃、住、行、游、购、娱全场景覆盖的智慧旅游服务。"山城通"APP不仅支持银联"云闪付"的全场景应用，还可提供包括酒店预订、景区门票验证、购物消费、优惠券发放等在内的全套智慧旅游服务功能。鉴于"山城通"具有的权威性、开放性、兼容性特征，其能够为各行各业的B端商户提供展示、销售自己商品及服务的优质平台，也能够为广大C端用户提供丰富多样的功能和服务。

二、项目基本情况

在重庆市委市政府领导和重庆市旅发委的统筹指挥下，在重庆市商委、民政局、工商局、食品药品监管局等单位的协同指导下，在重庆全市各区县相关主管部门的支持下，并在全市旅游产业相关各方的密切配合下，"山城通"项目由银联商务股份有限公司具体承担技术开发、产品设计、市场推广、业务运营工作。

根据重庆市旅发委的要求，银联商务股份有限公司迅速确定了合作内容、主要实施方及建设周期。在实施过程中，各方以定期例会的方式定期沟通协调，有效地推进了各方面问题的解决。最终在各方协同配合下，顺利完成产品投产上线。

自2018年8月下旬上线以来，"山城通"APP用户注册数为25430人，累计交易50529笔，交易金额为183万元，累计商户入驻店铺536户。

项目上线重大事件表：

（1）2018年6月下旬，重庆"山城通"项目启动；

（2）2018年8月上旬，"山城通"APP V1.0.0版本产品发布；

（3）2018年8月下旬，"山城通"亮相首届中国国际智能产业博览会，银联商务与重庆旅发委签署战略合作协议；

（4）2018年9月至今，产品正式推广逐步开展营销宣传活动，产品不断进行优化更新。

三、项目发展策略

一是确保"权威性、开放性、兼容性"的发展原则。通过强化市委市政府领导、各主管单位主导、各国有企业参与的发展方式，确保"山城通"各类涉旅商户消费价格、优惠折扣的公信力和透明度，确保各类涉旅信息及数据的准确性，确保各类涉旅企业级商户入驻平台的公开、公正和公平性，确保与其他相关平台或系统对接交互的兼容性，确保各类主流支付方式的安全、便捷和稳定性。

二是秉持"资源共享、优势互补、合作共赢"的发展理念。"山城通"是服务广大重庆市民的便民利民平台，是服务来渝游客的智慧旅游平台，服务社会、服务民生是其首要的价值体现。各方参与主体在履行社会责任的基础上，只有坚持共享合作的发展理念，才能真正实现价值共赢的发展目标。

三是坚持"体验优先、产品先进、技术领先"的发展思路。各方参与主体要积极研究、深入学习国内外同质性服务平台的产品功能、服务模式、技术手段及运营方式，确保"山城通"产品功能不断完善，用户体验持续优化，技术手段始终领先。

四、项目营销方案

项目上线后，为了让来到重庆的游客拥有更为便捷、优惠、安全的旅游出行体验，重庆"山城通"开展了丰富的营销活动。

(一) 首届"中国农民丰收节"营销活动

1. 扫码注册"山城通"，在山城通上购买产品享"云闪付"随机立减。

2. 指定商户满 50 元省 10 元，满 100 元省 20 元。

(二) 使用"山城通"部分景区 5 折优惠活动

全国各地游客下载使用"山城通"，即可享受渝东北 14 个区县部分 A 级景区实行门票挂牌价格的 5 折优惠，三峡区域各区县的知名王牌景区参与其中。

(三) 自驾车过路费减半伴你畅行 19 个省市

1. 这次惠民优惠活动，从 2018 年 10 月 8 日 0：00 起，到 2018 年 11 月 30 日 24：00 结束，共计持续 54 天。

2. 优惠活动中，对吉林、辽宁、河北、天津、上海、山东、江苏、浙江、福建、江西、广东、四川、云南、广西、湖北、湖南、贵州、陕西、甘肃 19 个省市 7 座及以下小型客车通过渝东北区域各高速路时，实施通行费 5 折优惠。

五、产品功能规划

(一)"山城通"一期已实现功能如下

1. "首页"功能模块：为用户呈现最基本的使用功能，展示最新的产品功能及各类信息。

2. "玩转"功能模块：为用户提供吃、住、行、游、购、娱等各个方面的具体入驻商户信息，供用户查询、预订并预付相关可能产生的费用。

3．"卡包"功能模块：为用户绑定银行卡、园区卡等各类卡种的页面，确保后续完成安全快捷的支付体验。

4．"我的"功能模块：为用户提供消费查询、评价分享、投诉等个性化的服务功能。

（二）截至 2018 年底，"山城通"二期拟实现功能

1．"首页"功能模块：增加更加丰富的功能入口，为用户提供当地特色服务，以及各类产品活动信息和商户信息。

2．"玩转"功能模块：更加细分商户，丰富商户类型及各类营销活动玩法，提升用户参与感和趣味性。

3．"旅游商城"功能模块：主要展示旅游相关产品及内容，用户可以通过条件进行旅行线路产品定制。

4．"我的"功能模块：新增各种管理模块，进一步提升用户使用体验。

5．平台功能：进行实时风险控制体系建设，为平台交易安全防范提供有力保障。

（三）截至 2019 年底，"山城通"三期拟实现功能

全面覆盖游客在重庆的游前、游中、游后的各项需求，持续整合景区、旅游产品、商家服务、监管等信息，为游客提供全要素、全过程的旅游信息服务。

1．旅游前功能点：游客可通过 VR 查看重庆各景点介绍详情，提前智能规划好旅游线路和产品。

2．旅游中功能点：游客可通过"山城通"在线预订酒店，扫码、人脸识别直接入住；游览时游客可以通过扫码乘坐公交和景区直通车，同时游客可以使用查找停车位，自助停车缴费、智能语音讲解等服务；游客在旅行过程中遇到任何问题，可以通过"山城通"平台及时向政府相关部门寻求帮助。

3．旅游后功能点：游客可以申请电子发票、对商家服务进行信用评价、投诉、申请退款等服务，得到诚信体系的保障，并可以撰写游记，尽情分享自己在重庆的美好感受。

此外，将进一步完善全域数字化智能化旅游服务平台功能。

1. 用户消费体系建设：用于支付、营销、服务行为与消费数据的采集与分析。

2. 诚信体系建设：以建立游客、商家、政府三方共赢的诚信体系，为政府进行旅游监管和政策指导提供抓手和数据服务支撑。

3. 地理信息服务体系建设：基于LBS服务，用于智能停车、叫车、景点智能语音讲解等周边服务。

4. AI服务体系建设：支持人脸识别、AI识景、智能客服，基于用户行为理解、识别、分析，进行个性化旅游产品、商家服务推荐。

六、"山城通"产品亮点

"山城通"APP的特点在于"四个全"。

1. 一是全流程支持，能够满足旅行前、旅行中和旅行后的各种消费和使用需求。

2. 二是全场景体验，能够为旅游中吃、住、行、游、购、娱等全部消费场景提供综合服务。

3. 三是全地域覆盖，能够将功能和产品覆盖到全市所有A级景区，并可在能受理银联"云闪付"的各类商户处使用。

4. 四是全功能兼备，具备了人脸识别、二维码验证等智能化技术，支持受理银行卡、二维码支付，近期还将包括预付卡、社保卡等各类支付方式，能够提供各种不同类型的优惠折扣活动。

就智能化技术而言，以景区自助闸机为例，通过"山城通"APP注册绑卡并设置人脸信息后，自助闸机将自动识别人脸后开启门禁，出入景区畅通无阻，不再需要物理介质的通行卡或门票，这将极大地提高通行效率和旅行体验，提升景区的服务水平和效果。

七、社会效益

重庆"山城通"项目在重庆旅发委、银联商务股份有限公司各级领导的支持下，产品按时并顺利上线。项目的快速推广令重庆广大市民和外地游客充分体验到"山城通"的方便、快捷，获得了游客和社会各界的一致好评，为"山城通"APP 的全面推广夯实了基础，也赢得了重庆当地政府、重庆旅发委对银联商务工作的高度认可。

目前"山城通"APP 能够覆盖到重庆全市所有的 111 个国有 A 级旅游景区，尤其是其中的 52 家国有的 A 级收费景区，极大地便利了来到重庆游玩的游客，提升了重庆旅游的品牌形象。"山城通"将旅游服务搬至线上，符合未来智慧旅游的发展趋势，也为未来搭建智慧旅游平台，实施客流实时分析及统计，实现旅游大数据应用做了良好的铺垫。

未来，银联商务与重庆旅发委将进一步深入合作，共同将"山城通"建设成为具有高度权威性和公信力，能够满足全体重庆市民各项民生需求，办理各项与民生相关事务首选的便民利民服务平台，让"山城通"成为全国乃至全球来渝游客畅游重庆首选的智慧旅游服务平台。

案例 7　银联商务农村资金定向支付系统

一、业务背景

中国最早的互助资金是于 20 世纪 90 年代初期发展起来的贵州省威宁草海社区基金。随后，国际援助机构和民间组织在多个地方进行社区基金项目试点，如澳大利亚开发署、荷兰政府分别援助的青海省海东项目和安徽省霍山项目。大规模试点阶段始于我国政府 2006 年后实施的以村为单位的整村推进扶贫战略。在提供村庄基础设施建设的同时，政府扶贫部门开始积极探索财政资金到户和帮助贫困农户发展生产的新途径。

2006 年，国务院扶贫开发领导小组办公室（以下简称扶贫办）会同财政部以河北、山西、内蒙古、黑龙江、安徽、江西、河南、湖南、四川、贵州、陕西、甘肃、宁夏、新疆 14 个省区的 28 个重点县为试点，通过资金互助合作的方式开展金融扶贫。截至 2014 年底，已经在 28 个省的 1260 个县设立了 21727 个村级互助资金，总融资金额达 43 亿元。作为一种创新的小额信贷模式，通过村民会员参与资金筹备，管理资金，切实解决农民发展所需资金，帮助农民实现创收。随着农村资金互助组织工作的开展，发展原则逐步从开始仅侧重于扶贫，发展到兼顾改善农村金融服务供给与促进农村经济发展。

目前，我国在内蒙古已经拥有 700 多个扶贫互助资金协会和一个互助社。银联商务有限公司内蒙古分公司与当地互助资金协会积极沟通，深入理解协会需求，以期将银联商务普惠金融服务向牧民农户下沉。以乌审旗塔拉音乌素嘎查互助资金发展协会为例，该协会 2010 年成立时有 115 户农牧民入会，筹集启动互助资金 383.4 万元，截至 2017 年，目前互助资金的总金额已达 703.6 万元，累计发放互助金 3835.5 万元，共计 1164 户（次）获得了互助协会借款。但手工记账和电子简单记账的操作模式，严重制约了扶贫工作的进展，建立银联商务农村资金定向支付系统的需求日渐增加。

二、业务模式

农村资金定向支付系统主要包括手机 APP 与 PC 端信贷管理系统两部分，分别是通过全民惠农 APP 和"小贷云管家"贷款全流程管理平台。

全民惠农是银联商务积极响应国家惠及民生、服务"三农"的号召，精心为农民、农民工、农业企业以及涉农企业打造的综合支付和信息服务的移动平台。全民惠农 APP 主要提供用户提交申请、查询申请情况、消费支付的入口。除此之外，农民还可以享用 APP 上的其他应用服务，包括农业政策、农产品价格行情、天气预报、万年历、农产品收购、发布农产品供求信息等。

始建于 2013 年的银联商务"天天富"金融平台，致力于服务小微企业，为银联商务服务的 800 多万商户提供包括 POS 贷、消费贷、保理、理财、保险、支付等在内的一站式金融服务。随着"天天富"平台的不断建设，银联商务意识到除了数据信息服务，小型金融机构对贷款全流程管理系统的需求也日趋明显。为此银联商务又集中科技力量搭建了"小贷云管家"贷款全流程管理平台。"小贷云"管家包括申请、审核、放款、回款在内的一整套贷款操作和管理流程，并提供贷前、贷中和贷后全流程风险监控和预警功能。一方面为广大有融资需求的商户提供更为多样化和便利性的金融服务；另一方面切实满足了众多小微金融机构向新业务发展的诉求，让他们可以更好地触碰到互联网金融，成为"牵线"小微银行、小额贷款公司和小微商户的一大利器。

银联商务根据互助资金协会具体业务特点，向各互助资金协会、各级扶贫开发办公室、各级财政局以及其他参与机构提供统一的线上服务平台，通过该平台可以为资金互助协会提供注册管理、信用评估、法律咨询、信息管理、找寻低成本资金等服务，同时也可以为各级党政部门、企业、银行提供准确信息，为后者的行政决策、扶贫资金和贷款发放、农畜产品收购和农资销售等提供准确的决策依据和信息数据。

三、业务流程

1. 由协会成员通过全民惠农 APP 发起申贷流程，提供身份证号、手机号、开户名、银行账号等信息。

2. 借款人的四要素信息通过接口传送至银联商务"小贷云"管家中，借款人及 3 至 5 位担保成员到协会办公场所提交担保材料（含畜牧收益、生活生产成本、负债情况等内容）。

3. 协会通过"小贷云"平台发起审贷会流程，每一位参与审贷的成员可获取系统提示的评分以及借款人和担保人相应信息，并决定是否予以借款。

4. 如审贷会流程批准借款，且此资金无定向使用要求，则由协会会计通过托管银行提供的网银向借款人指定的银行账户放款。

5. 如审贷会流程批准借款，且此资金有定向使用要求，则由协会会计通过银联商务提供的支付账户（或银行 II 类账户）进行放款。借款人只能在隶属协会提供的指定商户处进行消费。农民可在全民惠农 APP 查询贷款情况以及消费情况。此外，限制资金使用方向，不支持提现，只支持充值。

6. 通过支付账户的借款到期未使用完，可主动发起还款。

四、系统介绍

农村互助资金定向支付系统主要包括手机 APP 与 PC 端信贷管理系统两部分。手机 APP 主要是提供用户提交申请、查询申请情况、消费支付的入口，而 PC 端信贷管理系统则被提供给贷款机构用于管理申请信息、审批贷款、跟踪还款等。

（一）APP 应用—全民惠农农村互助
用户可以通过全民惠农的"农村互助"应用入口提交申请。

1. 提交申请
点击"开通账户"可以引导用户按照要求提交申请信息。

注：不同的机构可能要求提供的内容不一样，APP 端主要是提供一个申请，还需前往线下服务中心提交所有要求的材料。

2. 额度查询

一旦申请通过，贷款机构就会通过 PC 系统完成审核，并将审批金额通过网银预充值到开设的全民付企业虚拟账户，再由账户系统根据指令将金额分配到具体的申请人的特定账户。

注：为保障资金的安全性和可追溯性，该特定账户只支持充值，不支持提现。

3. 消费支付

在成功获批贷款之后，用户就可以根据额度进行消费。可以通过 APP 内互助商城或者到线下实体店消费，通过扫码付完成支付。

（二）PC 端信贷管理系统

用户通过 APP 提交的申请会传送到 PC 端信贷管理系统，由贷款机构进行处理，所有的审核结果都会实时传输给全民惠农。贷款人可以随时通过 APP 了解贷款进展、查询额度。

1. 信息完善

在通过 APP 提交申请之后，申请人需要前往贷款机构的线下门店完善信息，提交所有要求的材料。

根据不同机构，所要完善的资料会有所区别。内蒙古互助社要求提供贷款基本信息、家庭情况、劳动力情况、土地情况、收入情况、奖励和补贴、财务情况和担保信息。

2. 审核、复核

由贷款机构的客户经理根据流程进行审核，然后再提交申请单给复核员审核。系统提供五级审核流程，从审核人员—复核人员—风控助理经理—风控经理—风控总监。申请单具体的流程，依管理员设置的申请单流程及角色权限而定。

3. 放款管理

客户经理提交的申请单，一旦通过了申请，会收到短信或者邮件通知。客户经理可登录系统提交放款申请。

复核员在收到客户经理提交的放款申请后再进行放款审核，一旦审核通过，信贷审批系统会将信息同步传给全民付账户系统，账户系统就会根据放款申请将资金充入申请者的特定账户。

注：贷款机构需提前在全民付企业虚拟账户中充入同等资金，才能划款至贷款人的特定账户。

4. 回款管理

目前，贷款人还款直接通过网银转账或者前往贷款机构线下门店现场还款，由贷款机构在信贷审批系统中录入回款信息，同时同步给全民惠农，申请人可以实时通过手机查询自己的还款状态。

五、价值及意义

第一，为扶贫互助资金协会提供全流程的资金管理工具。针对过去互助资金协会等互助组织审贷流程为纯人工、无流程存档，无其他征信通道验证，无完整的审贷规则等情况，服务中心会为互助资金协会提供一套完整的小额信贷工具。借贷流程的特点是简单、完备，操作界面为蒙汉双语。

此工具依托贷款管理系统，可对小额信贷产品实现全流程托管，并结合政府扶贫办、互助资金协会的实际需求，加入更多适用于农牧区实际情况的评分数据；并根据数据变量对评分模型重新调整，得出更贴合农牧区实际情况的评分，作为依据提供给互助资金协会，并将原有的审贷流程规范化、电子化，尽量消除人为因素的干扰。

第二，为政府部门及扶贫主管部门提供管理工具。针对互助资金的实施主体法律地位不明确、资金规模小、内部管理不规范不专业、政府监管职责不清等问题，通过服务中心的系统可提供一系列解决方案和咨询服务。通过搭建平台完成对资金的全流程监管，并引入金融机构和社会力量参与到扶贫开发事业中。通过数据分析帮助扶贫开发办公室等机构完成精准扶贫工作。

第三，在互助资金的服务平台上接入其他类型的金融产品。在完成上述工具型功能后，为特定区域的用户提供更为灵活多样的其他机构的产品，如银行、农信社、小贷公司、保理公司的产品和服务。

第四，为政策性扶贫贷款提供定向消费的账户体系。目前各级政府、扶贫办、政策性银行（如国家开发银行、农业发展银行等）大力度扶贫助农，也会要求专款专用，但实际操作过程中只能监控企业或者事业单位的资金流向，对基层农牧民资金流向没有切实有效的监管措施，因此造成贷后管理困难甚至无法福泽一方百姓。针对这一扶贫痛点，本平台的放款管理内容中接入账户体系，并按放款单位的需求而指定用款商户和内容，确保每一笔政策性扶贫款项可落实到农牧业生产等专有用途，而非他用。

第五，建立农牧区居民的诚信数据体系。在引入低价资金给互助协会，造福于贫困地区广大农牧民的同时，加紧建立相关数据系统，为政府决策、金融部分放贷、企业建立产业化链条提供准确而可靠的依据。

第六，提供民间借贷的金融、法律咨询服务。结合目前的政策法规及法律援助等内容，在线上平台录入一定的金融咨询内容（如借贷文件范文、民间借贷规范等）并结合村民实际需求提供合规、合法、合理的借贷咨询服务，帮助农牧民避免金融风险，在法律框架内完成正常的民间借贷。

第七，提供农村金融服务平台功能，提供银联商务公司的技术与设备，实现村内存取款、便民缴费、其他增值业务；实现农畜产品实时信息显示，让村级经济实体准确掌握最新交易信息；提供生资购买撮合平台、市场交易信息、劳务信息，让农牧民购买到物美价廉的生产生活资料。

第八，提供移动应用及支付功能。一方面通过手机 APP 发起贷款申请、查询贷款；另一方面结合线下二维码等支付形式，贴合农民日常消费的场景，提高农民参与移动支付的习惯和应用能力。

六、业务发展成效

2018 年 4 月系统正式搭建完成，并对内蒙古乌审旗塔拉音乌素嘎查互助资金发展协会进行了系统培训，为工作人员开通了系统操作权限并现场演示。

截至 8 月底，系统运行正常，已有三名农户成功发起申请，其中一笔已经获得审批放款，相信随着协会工作人员对系统的熟悉程度不断提升，以及农户对通过互联网提交贷款需求的便利性的认识，后续的互助资金协会助农贷款会逐步迁移至"小贷云"管家平台。

平台的上线，对农户信息进行集中化管理，并经过银联商务大数据验证和信用评估，方便协会对农户各方面综合授信评估，评估维度更高授信额度更精准，进一步提升了农村地区信用体系建设。

案例 8　京东支付交通出行项目

一、整体项目亮点

"出行"场景具有"高频、低补贴"的特点，是低频向高频转化的有力抓手，京东支付通过开展出行项目，让客户感受到"京东每天都在身边"，这是重要战略意义之一。

京东出行项目涵盖城市公交、地铁、高速公路等公共出行场景，解决方案包括京东闪付、京东付款码、京东快捷支付。

自 2018 年 4 月在湘潭公交上线京东付款码/京东闪付，至今京东出行项目已覆盖 100 座城市，19 个省份，总计 11535 条公交地铁线路；支持 3 个高速直接收费场景及全国 90% 以上城市的 ETC 场景。

通过出行项目，京东支付扩充多个一、二线城市的应用场景，提升场景间交叉能力，还快速发展至三、四线城市，占领线下市场份额。截至 10 月底，出行项目总共带来京东支付 29427615 人次，同比去年上涨 20 倍。新增外部首单用户 575495 人，累计活跃用户 946626 人。

二、闪付出行项目

（一）项目背景

闪付出行项目是将京东支付强大的账户能力和银联云闪付的创新技术结合起来，在出行场景为用户提供方便快速的支付能力，提升各城市交通人效。

该项目是对智慧出行的有益尝试探索，也是京东金融"金融＋互联网"开放生态战略的重要组成部分，为用户提供了更加便捷、安全、高效的金融科技服务。

344

（二）产品流程

1. 开通京东闪付

乘客下载京东 APP 完成注册并开通京东闪付，用户只需 7 秒即可完成开通并将闪付添加到手机中。目前闪付可在华为、三星、iPhone 等所有支持 NFC 功能的手机上使用。

2. 使用手机闪付功能乘车

用户乘车时，无须解锁手机，只要将手机贴近地铁或公交的闸机，即可唤起京东闪付，验证指纹后即可完成支付，整个过程仅需 1 秒。

3. 账户管理

用户可以进入到闪付主页中，查看自己的乘车账单。使用京东闪付乘车出行，还可以享受京东和银联的双重优惠和活动。

三、码付出行项目

（一）项目背景

码付出行项目是基于京东支付强大的账户能力以及银联标准码规范结合对各省交通出行服务进行的深度体验优化。

（二）产品流程

1. 开通京东码支付

乘客下载京东 APP 完成注册并开通京东码支付，用户只需输入手机号并绑定一张本人银行卡即可开通京东码支付功能。

2. 扫描二维码进/出站乘车

用户乘车时，打开京东 APP 付款码贴近闸机扫描窗，交通公司刷码预存账户信息以及站点信息，出站时再次扫码确定乘车路径与订单信息并发起扣款。

3. 账户管理

用户可以通过账户管理功能对账户进行管控与信息查询。在这里，用户不仅可以看到自己的账单，还可以刷新暂停码，降低支付功能防范风险。

四、交通出行权益项目

（一）项目背景

在拥有大量出行场景和多种多样的出行方式后，京东金融又基于自有的支付营销系统，为用户提供更实惠的出行服务，吸引更多用户使用环保快捷的公共出行交通方式。

（二）产品流程

1. 进入权益购买页

用户开通京东闪付或京东码支付后，可在京东页面中进入出行权益浏览页，选择自己所在城市、出行方式和使用支付方式。目前已支持多个城市多种出行方式的权益售卖。

2. 进入权益详情页，完成购买

用户点击"所选权益"，可进入权益详情页，查看权益相关规则。点击"购买"即可前往付款。

3. 查看我的权益

完成购买后，用户可在"我的权益"中，查看已有权益的信息、有效期等。除了出行权益，我们还为用户免费提供保险服务、商城优惠等。

五、北京地铁出行项目

（一）项目背景

北京地铁出行项目是"京东支付"为满足乘客在轨道交通应用移动支付领域的迫切需求，与北京地铁、易通行 APP 共同合作，向乘客提供的更为便利的出行服务。

（二）产品流程

1. 在线购买地铁票

乘客下载易通行 APP 并完成注册，就可以在线购买地铁单程车票，到达出发车站后，可通过网络取票机扫描易通行 APP 上的二维码，完成取票、进站乘车。

2. 扫描二维码进/出站乘车

用户可在易通行 APP 选择"京东支付"进行授权开通"乘车二维码"服务，可直接通过扫描二维码进站乘车。

3. 开通产品

step 1：下载并注册易通行 APP，开通扫码进出站功能，选择"京东支付"，输入易通行支付密码；

step 2：调起京东商城 APP，用户可以一键开通免密代扣功能。

step 3：开通完成后，回到易通行 APP，用户即可扫码乘车。

4. 账户管理

用户后续可在京东金融 APP"小白信用"入口查看地铁出行明细并完成欠款订单的还款操作。

六、广州公交地铁出行项目

（一）项目背景

广州公交地铁出行项目是"京东支付"为满足乘客在交通出行应用移动支付领域的迫切需求，与羊城通 APP 共同合作，向乘客提供更为便利的出行服务。

（二）产品流程

1. 扫描二维码进/出站乘车

用户可在羊城通 APP 选择"京东支付"进行授权开通"乘车二维码"服务，可直接通过扫描二维码进站乘车。

2. 开通产品

step 1：下载并注册羊城通 APP，开通扫码进出站功能，选择"京东支付"；

step 2：进入京东商城 APP，用户可以一键开通免密代扣功能。

step 3：开通完成后，回到羊城通 APP，用户即可扫码乘车。

3. 账户管理

用户后续可在京东金融 APP"小白信用"入口查看地铁出行明细并完成欠款订单的还款操作。

七、闪付手环出行项目

（一）项目背景

闪付手环项目，是在 NFC 手环中加入了城市交通卡、京东闪付的相关功能。用户可以在不需要手机的情况下，挥腕刷卡乘车即可。目前手环内置支持交通卡的城市有北京、上海、广州、深圳。京东闪付支持的天津市政交通、济南市政交通、杭州地铁全线等城市线路手环亦可支持。

（二）产品流程

1. 手环中开通/充值交通卡

用户开启蓝牙，进入京东金融 APP 的"闪付手环"入口后，根据提示成功连接手环。点击"交通卡"界面，用户可以选择需要开通的城市。根据提示即可开卡充值，完成后用户就可以使用乘车。

2. 手环中添加京东闪付

用户开启蓝牙功能，进入京东金融 APP 的"闪付手环"入口后，根据提示成功连接手环。点击"京东闪付"，根据提示，即可开通绑定闪付。完成后，用户就可以使用手环中的"京东闪付"乘车。

3. 账户管理

在交通卡的详情页以及闪付首页，用户均可查询到交易记录。也可停用"京东闪付"的支付功能。

八、ETC 高速出行项目

（一）项目背景

高速 ETC 项目将移动支付创新注入高速交通领域，将高速出行服务推上一个新的台阶。传统高速 ETC 的办理，更多的是依赖线下网点服务，耗费时间长，效率低，程序烦琐。

京东将支付服务与交通出行场景无缝融合，提供线上办理、上门安装、先行后付的高效体验，以用户的活动和场景为中心，使用户不用再去找服务，而是服务主动去找用户。

（二）产品流程

1. 线上申请 ETC

用户下载京东金融 APP，在高速 ETC 板块中提交身份证和行驶证相关材料，京东会将搜集到的用户材料提交给合作方进行资料审核，审核通过后会将 ETC 设备和卡片一并邮寄到用户家中。

2. 上门安装激活 ETC

通过京东物流将 ETC 设备和卡片邮寄到家后，会有专门人员联系用户，约定时间和地点进行上门安装，安装成功后就可以立刻使用。

3. 线上查看通行账单

用户可以在线上查看通行记录，包括通行的时间、地点及缴纳的通行费。

九、交通出行项目营销案例

（一）济南公交合作——新闻发布

2018 年 7 月，京东支付联手济南公交、山东银联召开"京东支付，1 分钱出行"新闻发布会，向全市宣讲"京东出行、普惠民生"的初衷与意义。会议迎来济南 30 余家线上线下媒体联合报道，引起了全市强烈反响与拥护。

在此之后，京东支付与济南公交亲密合作开展一系列宣传活动，仅用半个月时间订单量最高达 18 万人次/日，占全市移动支付乘车业务占比的 90% 以上。

后期还通过抖音短视频、公众号宣传、线上互动游戏等宣传方式，大大提升了京东支付出行活动在当地的影响力，特别是年轻客群。开展"进社区、上街头"大型宣传活动，手把手指导用户操作方法，起到了良好的社会效应，收获了市民好评。

（二）杭州地铁合作——品牌曝光

杭州活动正值京东闪付节期间，结合京东闪付节共同造势，在杭州万象城、主要交通要塞、地铁站广泛宣传。同时在浙江银联、杭州地铁集团的支持下，切入地铁场景进行推广，快速扩张活动在当地的渗透力。在主要交通要塞地铁站，共计 20 个站点投放品牌广告。

在浙江银联、杭州地铁集团的支持下，切入地铁场景进行推广，快速扩散活动影响力。

（三）襄阳公交合作——无车日活动

"922 全国无车日"活动期间，京东支付联合襄阳公交共同打造"绿色在我身边"大型公益活动。打造京东主题车，结合襄阳当地特色，使京东形象深入人心，拉近与当地市民的距离。此活动在当地引起了广泛关注，直接促进业务水平的提升及京东品牌在当地的渗透。

（四）建立出行权益体系

为出行刚需客户推出超优惠出行月/周权益。

向出行用户提供京东全体系权益，包括：商城品类，如 3C 专场、个人洗护、零食限量券等；金融产品，如钱包险、高收益理财、京东白条等；合作商户优惠，如京东到家、万达 MALL、家乐福等。

其他出行权益，如嘀嗒、滴滴、一卡通、加油卡、火车票等。

十、交通出行项目未来规划

京东出行项目短期服务于支付业务提升，中期服务于金融业务增长，长期服务于集团各类业务线。以流量、数据、收入为具象目标，以丰富场景，交叉业务体系为核心价值。

2019 年，京东将进一步扩大业务覆盖范围及领域，联动线下商圈和京东商城资源双向推广，形成出行生态体系。同时建立业务核心能力，推出京东自有"乘车码"。在业务上尝试与银行、互联网公司合作，进一步挖掘产品变现的能力，如基于闪付的 II 类、III 类账户合作、出行场景的业务输出能力。

案例9 拉卡拉积分购产品

拉卡拉积分购深耕积分市场，为企业及海量用户提供更完善的积分消费系统，为企业用户经营强势赋能，持续扩大积分应用的多元场景，打造积分全生态链业务。拉卡拉积分购已接入超过50家大积分源企业，积分源覆盖率高居行业领先地位，接入包括三大电信运营商、银行、航空公司等大积分源企业，实现大积分源行业全覆盖；同时，接入沃尔玛、苏果等线下商超及餐饮连锁品牌，覆盖全国超5万家连锁商户，搭建大积分源与中小商户的积分流通桥梁，实现了上下游企业积分的自由流通。截至目前，拉卡拉积分购已获得近2000万注册用户的信赖与支持，实现交易额累计超过10亿元。

一、背景介绍

2017年，我国14家主要银行积分存量价值近460亿元；2013—2015年，三大电信运营商新增积分价值近140亿元；2013—2015年，四大航空公司新增积分价值达175亿元。根据以上数据粗略估计，国内各大银行、运营商、航空公司、大型零售商等主流积分市场的存量积分目前已达到上千亿元规模。而对应另一项消费者调查数据，我国只有10%消费者表示曾使用过积分，且实际产生的积分兑换率仅为12%。以上两组数据综合对比显示，目前我国千亿级的积分消费市场处于亟待开发的阶段。

大积分源与中小型企业存在积分合作的壁垒，不仅在于积分发行量级的巨大差异，中小型企业普遍存在积分使用率较低，用户忠诚度较差，积分营销难以开展等问题。中小型企业单体积分消耗存在巨大局限，积分消费路径没有进行打通。在这样的市场环境下，如何将散、乱、碎的积分整合，如何打通上下游壁垒，架设大积分源企业与中小型企业的桥梁，打通积分生态链，为商家引流，促进用户消费，成为拉卡拉积分购解决积分消费问题的关键。

（一）政策环境

2018年"两会"期间，国务院总理李克强在政府工作报告中表示，国家要继续加强供给侧结构性改革，增强持续增长动力。

国家在政策层面持续发力，支持深入开展"互联网＋"行动，加快新旧发展动能接续转换。充分释放全社会创业创新潜能。着力实施创新驱动发展战略，促进科技与经济深度融合，提高实体经济的整体素质和竞争力。发挥大众创业、万众创新和"互联网＋"集众智汇众力的乘数效应。目前，在消费领域，中国"互联网＋"创新已经走在世界前列。

鼓励创新发展的政策环境，使拉卡拉积分购更加坚定了市场信心，在积分消费领域进行深入用户调查及产品研发，充分发挥创新型企业优势，为消费领域经济发展助力。

（二）社会环境

中国大消费领域的改变证明中国正在进入"消费升级"的阶段，消费升级并不是消费者对价格趋于不敏感，而是物质型消费向服务型消费的转变，价格不再是决定购买与否的首要标准，在商品价格变动区间不大的情况下，获得更好的服务和情感上得到满足是主流消费者更为看重的消费需求。

随着智能手机普及率不断提高，中国移动手机网民规模不断增长，根据中国互联网络信息中心第42次《中国互联网络发展状况统计报告》报告显示，2018上半年中国网络支付用户规模为5.69亿人，与2017年末相比增长3783万人。网络支付已成为我国网民使用比例较高的应用之一，在整体网民数量中网络支付用户数比例达到71%。手机支付习惯的养成以及移动互联网的快速发展促使线上消费的全场景，从衣食住行各方面补足了用户的消费体验。用户的每一次消费行为都会带来消费积分，线上消费的全场景发展更是极大地丰富了积分市场的存量，积分市场规模处于快速发展阶段。

（三）技术环境

在支付扫码技术、券码受理技术、SDK技术、前端机具加密、签名技术、安全网络协议和后台通路技术等软件技术都极大成熟的前提下，积分购在成熟的技术土壤环境下孕育积分技术平台，将纷繁复杂的各类大积分源企业及中小商户积分源融合汇聚，完成了在积分兑换、汇聚、管理、支付等功能的技术创新突破，为用户提供一站式的积分消费服务。

二、产品介绍

（一）产品概述

拉卡拉积分购是拉卡拉推出的一款积分一站式管理及积分消费工具，为用户提供各种积分账户的管理，包括余额查询、一键兑换以及积分支付等功能，现已支持中国移动、中国电信、中国联通、工商银行、建设银行、平安银行、民生银行、中信银行、东方航空等50多家合作方的积分兑换业务，并支持积分（积分兑换的代金券）在沃尔玛、麦德龙、苏果、好邻居、肯德基、必胜客等上万家线下品牌商超、连锁餐饮进行消费，同时与苏宁易购、京东、网易严选、罗辑思维等达成紧密合作，拓宽更多线上积分使用场景，是实用型的积分消费助手。

（二）设计思路

拉卡拉"积分购"产品的设计思路，是打造一个积分的"线上＋线下"全生态链的积分管理与积分兑换的积分消费工具，详情如下。

1. 积分兑换：用户可登录拉卡拉积分购将自己存于电信账户、银行账户、航空账户等的积分按照比例等值兑换成商超代金券、餐饮代金券、线上购物及生活类服务代金券等。

创新实现"积分＋现金"的支付方式，用户可实现对零散积分的最大化利用，拉卡拉"积分购"可使用以下三种支付方式：

①纯积分兑换，使用"积分购"APP产品完成积分兑换，在商品页面进行积分消费购买；

②积分＋现金兑换消费，用户在购买积分商城的商品时，如积分抵扣金额不够的时候，可以采用现金补款的形式进行综合支付；

③纯现金支付消费，纯现金支付特惠购买商品。

2. 积分汇聚及管理：用户通过积分兑换的代金券，将会汇总在拉卡拉积分购的统一账户中，用户可以进行统一查看及管理。积分购为用户提供到期提醒通知服务，用户由积分兑换的有期限类代金券，系统会提前 48 小时为用户进行到期提醒，为用户提供更周到的消费服务。

3. 二维码支付：在积分购兑换的代金券，可在全国超 50000 家连锁超市、餐饮连锁、电器连锁、小微商户等进行扫码支付消费，通过收银台系统对接，除提供代金券数字串码、条形码以外，还同步生成支付二维码，收银员通过扫码即可实现购物消费。

（三）功能分类

拉卡拉"积分购"产品具备积分兑换、积分管理、积分消费等基本功能，还具有积分查询、积分营销等功能。

1. 支持各种积分、话费的查询兑换。积分兑换成代金券，无论超市购物，还是商城消费，抵扣现金直接使用。

2. 汇聚积分打折优惠产品，定期开展积分营销活动，使用拉卡拉积分购享受更多折扣，超市天天打折，扫码即可优惠。

（四）产品优势

1. 安全性：用户支付时通过二维码展示给收银员，二维码每 60 秒刷新一次，确保支付的安全性。

2. 便捷性：汇聚多种积分一体，用户可轻松通过账户进行积分余额查询、积分一键兑换和积分支付等功能，省去了用户分别兑换积分的麻烦。

3. 全面性：综合了"线上 + 线下"多种消费场景，拉卡拉积分购整合上游积分资源和下游品牌商超资源，支持积分（积分兑换的代金券）在沃尔玛、肯德基、苏果等上万家线下品牌商超、连锁餐饮进行消费，同时接入苏宁易购、京东、网易严选等线上消费场景，积分消费场景具备全面性。

4. 周到性：基于 LBS 技术，用户可搜索附近商超，免去了用户寻找商户的烦琐，使用户更加便捷地进行积分消费。

（五）业务流程

①用户在应用市场搜索下载"拉卡拉积分购"APP，下载 APP 并安装到手机；

354

②在手机端打开 APP，输入手机号进行账号注册，支持用户昵称、登录密码、用户头像的设置及修改；

③进入 APP，在积分兑换专区，选择要兑换积分的类型，进入并选择自己的积分账户，根据页面提示，进行积分查询及兑换操作；

④兑换流程完成后，在用户的"积分账户"就可以查看积分兑换的代金券；

⑤用户在个人中心"我的卡包"可以查看兑换的代金券，在相关场景进行消费时，点击兑换的代金券"立即使用"按钮，将出现的支付串码或二维码填入购物页面或展示给收银员，即可完成消费抵扣，整个积分消费流程结束。

案例10　银盛支付工业园区金融解决方案

一、案例背景

传统的工业园金融服务是银行或者金融机构根据工业园区以及园区内中小型企业资金需求，服务需求及经营特点，提供多样化、差异化、专业化的金融产品，促使企业达到快速融通资金、提高资金使用率、安全管理资金的目的。而由于员工金融需求金额小、风险难以识别、价格承受力低、易受外部事件冲击等特点，金融机构为他们服务操作成本高，风险大，缺乏商业吸引力，这是工业园区普惠金融发展的难点。但普惠金融的意义在于帮助低收入人群抓住稍纵即逝的机会和平滑消费开支，改善生活质量，因此在工业园进行员工普惠金融是很有必要的。据了解，目前工业园中的员工主要有三种。普通在职员工：管理或者长期员工岗位，这部分员工在园区用餐、消费时，直接使用微信，支付宝，银行卡等进行支付（员工本身具备一定积蓄或消费能力）。新入职员工：流水线新入职员工入职初期资金、积蓄较紧张，甚至有些是在温饱线挣扎的情况下进入工厂流水线工作，厂方需先行预支生活费给员工使用。派遣工：由其他劳务公司派遣来的员工。

为了帮助、关怀生活有困难的员工，以及协助企业财务对商家、供应商的财务统计与分析。银盛支付设计了以下工业园区的金融解决方案。

二、业务流程

1. 银盛支付向工业园企业进行企业授信；
2. 企业录入新员工，并根据录入资料将授信额度转入员工账户；

3. 员工使用信用额度进行支付，银盛支付将直接给商户（如餐厅）结算；

4. 员工发生身份变更（转正或者离职），工业园企业根据账单金额进行充值结算，恢复信用额度。

三、方案功能特点

（一）提供支付设备硬件

在园区内食堂、超市便利店等商户处布放支付设备，主要功能有以下几方面。

1. 支付功能，可以支持支付宝、微信、闪付刷卡、银联云闪付以及银联云闪付所支持的所有银行的客户端。

2. 支持固定额度支付的功能，可以在终端进行设定，在不同的时间段，支持不同金额的固定额度支付。

3. 支持银盛支付电子钱包授信额度支付二维码支付，新员工和派遣工可以在一定额度内赊购，从而满足生活必需品的消费。

另外，在生活园区提供银盛自主研发的自动售货机，机器采用银盛支付自研的系统，打通整个园区的支付财务体系。只要是园区员工，均可以享受由银盛支付授信使用额度在售货机上购买日常生活用品。

（二）提供健全交易对账管理系统

1. 根据企业需要的信息提供完整的财务报表，以及财务分析数据。

2. 支持多种角色的信息管理与数据查询。

（1）管理人员：管理与查看企业与供应商的商户信息，交易记录等，资料审核，退款处理等功能。

（2）财务管理：管理与查看各个供应商的交易信息，授信还款信息，差错处理等功能。

（3）企业主管：可以查看欣旺达所有运营商的全部信息，并且管理欣旺达的财务与后勤运营账号。

（4）企业财务：查询欣旺达所有供应商的支付数据，导出报表以进行对账，对员工的授信账户进行还款等操作。

（5）企业后勤运营：管理供应商信息，录入设备，统计数据等。

（6）供应商运营：管理设备，查看交易数据，申请退款等。

（三）建立企业员工系统

1. 客户端

（1）员工登录：在企业运营人员导入用户资料并创建用户信息后，员工可以登录企业员工钱包客户端。

（2）实名认证及用户钱包：员工登录以后，可以绑定身份证等信息进行实名认证，并发送三要素验证开通用户钱包，根据企业运营人员的配置，拥有一定的授信额度。

（3）银行卡绑定：员工登录并实名认证后，可以绑定银行卡，并且直接在硬件终端进行消费。

（4）二维码支付：在终端商进行扫码支付，如果是绑定银行卡并选择银行卡支付，则直接进行支付；如果使用授信额度进行支付，则调用银盛支付内部授信额度支付接口，此时并不直接对商户进行结算，到结算日统一进行结算。

2. 服务端

导入员工资料，员工账号的创建和停用，员工的信用额度调整，员工资料及授信额度有关的操作。

（四）实现方式（见图1）

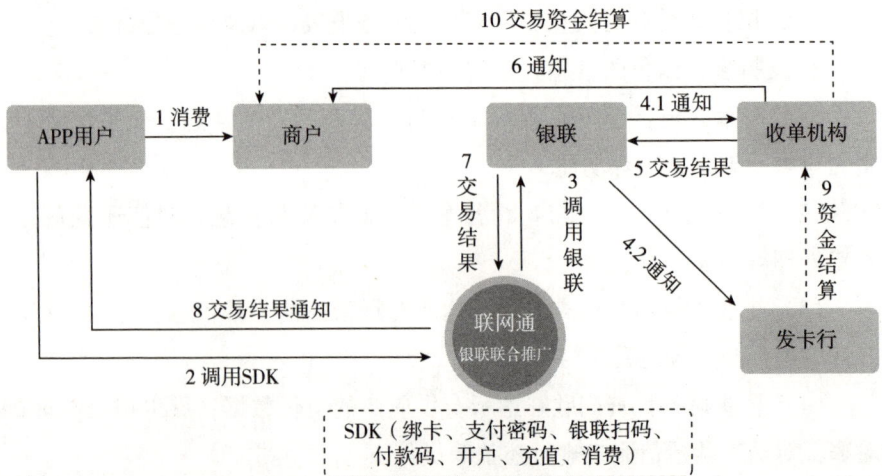

图1 方案实现方式

（五）功能模块

SDK 设置两大功能模块"银联码"和"我的钱包"，分别对应接入
APP 不同的场景需要。

1. 银联码模块

（1）银联正扫：支持用户使用扫一扫识别银联二维码，实现银联码识
别支付（见图 2）。

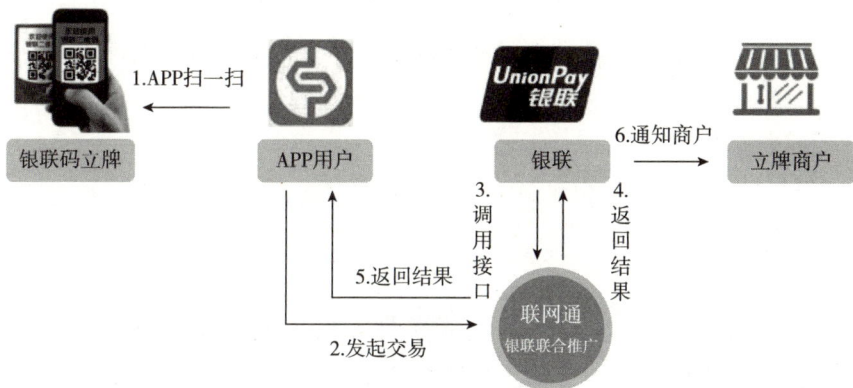

图 2　银联正扫流程

（2）银联反扫：支持用户选择绑定银行卡生成付款码实现商家扫码付
款（见图 3）。

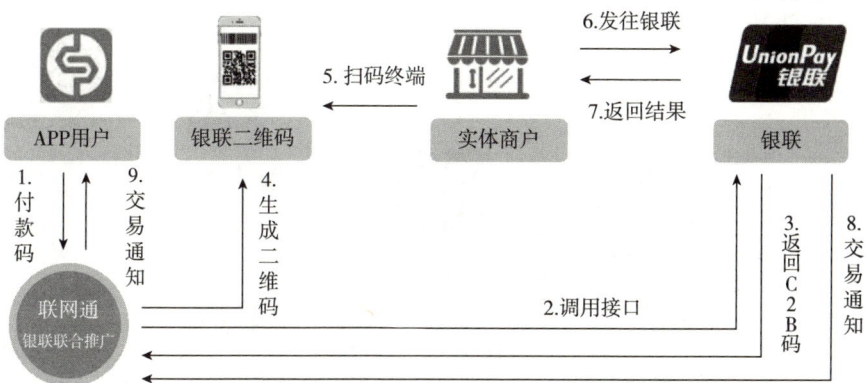

图 3　银联反扫流程

（3）交易记录：便于用户查询使用联网通 SDK 参数的交易记录。

（4）银行卡管理：用户可通过该模块管理绑定银行卡，实现绑定银行卡的解绑及业务开通。

（5）密码管理：可对用户支付密码进行修改和找回。

2. 交易记录

可查询每笔交易的详细信息（含交易金额、商户名称、支付类型、付款卡号、订单时间、交易流水）；可按月按交易状态分别查询、筛选交易记录。

3. 银行卡管理

具备添加银行卡功能（常用必填四要素：银行卡卡号、银行卡、持卡人、身份证）；短信验证确认添加银行卡，可以查看单个银行卡详情。

4. 我的钱包

（1）钱包开通：钱包实现银行账户托管，资金由银行监管，安全可靠（见图4）。

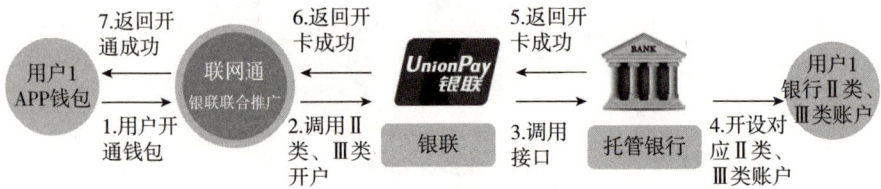

图4　钱包开通流程

（2）充值/提现：实现绑定Ⅰ类卡对钱包进行充值/支持钱包余额提现至绑定Ⅰ类卡中（见图5）。

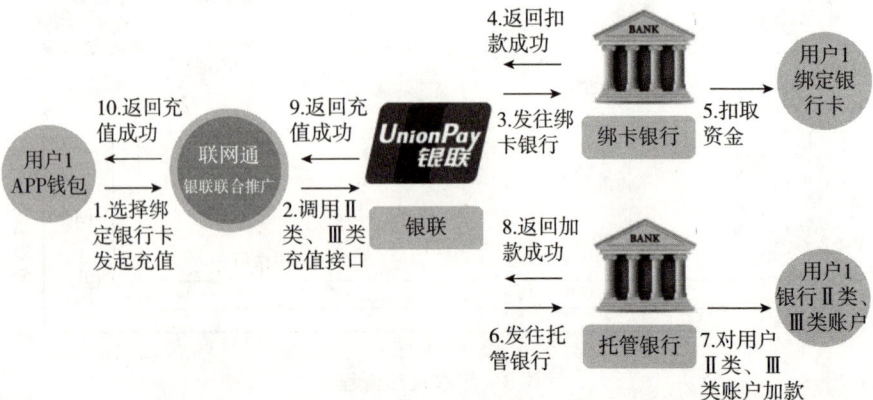

图5　钱包充值流程

360

（3）钱包消费：支持用户使用钱包进行消费（见图6）。

图6 钱包消费流程

（4）钱包明细：支持用户查询钱包余额变动明细。

（5）公共模块：包含付款码、银行卡管理、交易记录、密码管理等，与银联码模块共同维护用户绑卡信息、交易查询等。

四、风险控制

（一）实名认证：用户开户、绑卡进行实名验证，以确保当前行为为持卡人操作。

（二）安全控件：SDK采用安全可靠的密码控件，以保障用户在交易过程中交易安全。

（三）数据监控：用户行为监控，有效对用户行为进行管理，发现风险行为及时预警。

（四）密钥机制：系统对不同的业务需要生成独立的SDK，确保唯一性。

（五）APPID校验：校验访问APP的APPID与后台系统是否一致，有效防止SDK被非法盗用。

（六）位置获取：每笔交易均采集手机定位信息用于数据分析，针对频繁变动地理位置信息的用户实施预警监控。

（七）机身号获取：获取机身号信息用于数据分析，针对同一机身号进行高频注册等可疑情况实施预警监控。

（八）支付限额：后台设立用户分级配置，针对不同分级用户，系统设置不同的支付限额、业务权限等。

（九）"黑名单"机制：获取风险系统"黑名单"用户，针对"黑名单"用户禁止注册。

（十）注册监管：针对同一身份证注册限制进行管控，跟踪同一身份信息下多账户之间的使用情况，合理把控交易风险。

（十一）IP获取：获取用户手机访问网络，与地理位置等多维度比对，积极有效地发现可疑交易。

案例 11 联动优势联动魔方智能支付惠农平台

农村支付服务是农村金融服务的基础，改善农村支付服务环境，对提升农村金融服务水平、推动农村精准扶贫、实现全面建成小康社会目标具有重要意义。习近平主席在二十国集团领导人杭州峰会上明确指出：加快发展普惠金融和绿色金融能够有力促进包容性发展和绿色发展，为实现可持续发展、构建包容和可持续的未来做出贡献。

近年来，依托条码支付技术的不断成熟，支付服务场景不断丰富，但与此同时，支付安全风险事件频频发生，应对成本越来越高，这对农村金融基础设施稳健运行、农村普惠金融发展提出新的要求。联动惠商品牌基于联动优势多年支付行业的领先经验，依托大数据的风控体系支撑，始终致力于为垂直行业提供稳定、高效及安全的聚合支付解决方案。

北京农信互联科技集团有限公司（以下简称农信互联），自 2015 年成立伊始，致力于成为服务"三农"的互联网平台运营商，并以大数据、云计算、区块链、人工智能等技术为基础，建立"公司＋平台＋农户"的新模式，用数据、电商、金融，成功搭建养猪生态圈"猪联网"。并且以"猪联网"为模板，进行横向复制，构建"田联网""渔联网""蛋联网"的"X 联网"模式，逐步建立起完整的农业互联网生态圈。借助管理、交易、金融三大支柱优势，基于互联网、物联网、云技术、大数据及现代先进的生产管理理念，为农牧企业提供数字化管理、智能化生产，一体化交易、便捷化金融的全方位平台服务，构建连接企业上下游的智慧农业生态平台，使农牧产业的发展更加轻量化、智能化及平台化，最终实现大数据分析及智能化决策，以达到提高生产效率，降低交易成本，完善金融服务，提升企业未来竞争力的目的。

2017 年 6 月，农信互联以增资前 30 亿元的估值，成功完成 2 亿元的 A 轮融资，又用不到一年的时间完成 3.64 亿元的 B 轮融资，融资后估值近 74 亿元，已经成为农业领域内引人关注的"独角兽"企业。农信互联年服务生猪头数达到 5000 万头，年电商交易总额达到 500 亿元，包括数据、交易、金融三大业务领域今年上半年总体收入已超过 1 亿元。

农信互联目前在支付服务方面依然面临着诸多痛点。例如，交易金额的实时分账、中小微商户缺少统一的聚合支付入口、交易平台信息流与资金流无法统一，多点收款导致结算不统一等。针对农资行业线下支付场景的特点，结合农信互联的业务需求，基于联动魔方智能支付惠农平台（以下简称魔方平台）的云服务能力打造的支付解决方案，满足了农信互联线下聚合支付，T + 1 自动结算与分账，打通农信互联平台的订单体系，实现信息流与资金流的统一，下面将分三部分进行方案的介绍。

一、智能 POS 聚合支付

随着智能手机及条码支付的普及越来越广，线下农资商户的交易也逐渐开始使用微信、支付宝及银联二维码等方式完成。同时由于农资类交易金额较大，对银行卡支付的安全性及便捷性也提出了较高要求。智能 POS 作为聚合支付的智能设备载体，具备同时支持银行卡支付（磁条卡、芯片卡、闪付卡）、条码支付（微信、支付宝、银联二维码）、NFC 手机支付（Apple Pay、各类 Android Pay）等多种支付方式等能力，既满足了移动互联网时代条码支付的便捷性，也保证了大额银行卡支付的安全与稳定。一点接入尽享全支付结算能力的同时，基于魔方平台的云服务，可以为智能 POS 的商户提供更多定制化的增值服务，如灵活的门店店员管理、经营数据的分析与统计等，更支持第三方针对商户场景定制专属收银 APP 并自由上传至应用商店进行管理，满足商户的多种经营需求。

通过基于 SDK 及魔方平台的云服务，将智能终端的能力完全开放给第三方平台用户，磁条芯片卡读取、NFC、摄像头、打印机等硬件模块只需简单地几行代码即可调用，且 SDK 屏蔽了各种机具厂商的终端差异，便于开发者高效地根据自身业务特点打造专属收银 APP。云服务支持远程自动升级推送，解决传统 POS 应用升级烦琐的问题，让一线收款业务随时与市场需求保持同步。

二、平台订单收款

由于农信互联目前收款方式分散，且并未与后台的订单体系打通，导致资金流和信息流无法统一，财务人员对账工作量巨大且风险较高，更无法满足数字化运营的需求。魔方平台通过简单高效的订单接口，在用户支付流程发起前通过该接口实现与第三方平台订单系统的对接，及时获取订单金额等信息。用户无须输入金额即可完成支付，系统后台异步通知第三方订单平台，保持订单状态的一致性。

基于魔方平台的订单收款接口能力，打通农信互联生态圈的订单体系，实现资金流与信息流的统一。线下门店使用智能 POS 输入或扫码获取后台系统订单号，智能 POS 通过云服务访问农信互联平台，实时获取订单信息并向消费者展示。消费者完成订单支付后，农信互联平台将收到交易结果通知，实现支付订单状态的一致性，订单支付交易流程如图 1 所示。

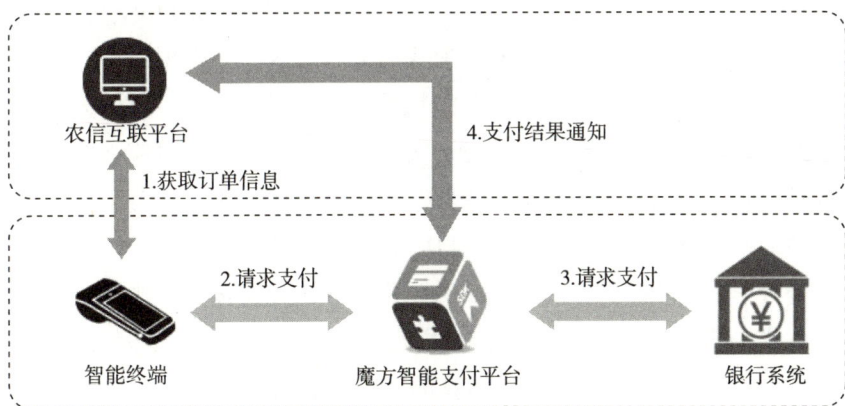

图 1　订单支付交易流程

基于智能 POS、魔方平台订单服务、农信互联平台实现订单体系的打通，形成完整的订单支付闭环，解决了系统后台订单信息流与线下支付资金流的统一问题，为农信互联建立"公司 + 平台 + 农户"的新模式，建立完整的农业互联网生态圈打下了坚实的数据基础。同时这种基于智能 POS

及云服务实现的第三方订单体系打通的能力，同样可以服务其他新零售平台、B2B 平台，助力更多垂直行业平台实现订单业务的闭环，赋能第三方平台的数字化运营，为他们提供更多支付外的增值服务。

三、T+1 自动结算与分账

通过智能 POS 完成的所有聚合支付收款交易，均会首先通过联动优势的大数据风控系统，然后异步完成交易的清分处理，并于 T+1 日自动结算至商户的指定账户，多门店收款统一结算，便捷高效的收款与结算，全程无现金的方式降低了商户的交易资金风险，解决了平台及商户的后顾之忧。农信互联作为连接了供应链上下游的农资服务平台，包括上游原料供应商，供应链核心企业，下游经销商门店，农户等。这些交易的参与角色均需要从交易的款项中实现分账，并且基于每笔订单的数据有着完全不同的分账规则，虽然实现订单闭环的打通解决了农信互联收款的问题，但是 T+1 日的分账需求依然是平台的一大痛点。

基于魔方平台强大的云服务能力，灵活高效地满足农信互联实时分账的需求的同时，有效地避免了"二清"。农信互联的交易订单支付完成后，魔方平台分账服务将会检查系统中配置的分账协议，并根据协议异步请求农信互联平台，对方基于交易订单的数据，将分账方及其对应的分账金额等数据应答魔方平台。魔方平台通过实时清分引擎，将接口应答的分账数据进行校验，完成后进行异步的清分处理并应答。T+1 日清分后的结算款将自动结算至分账方指定的银行账户中。交易流程如图 2 所示。

魔方平台的分账服务支持灵活的分账配置，支持接口分账协议或静态分账协议，满足农信互联平台针对农资供应链参与角色的不同分账需求，通过实时清分保证了 T+1 分账结算的及时性，实现了基于交易的实时分账，满足了农信互联平台整个农资生态圈的资金分账需求。魔方平台系统会智能监控分账服务的运行，保证分账资金的清分结算处理正常，并通过邮件、公众号、短信等多种途径进行报警。保障第三方平台接口出现异常时可以及时发现并进行处理，实现 "7×24×365" 稳定无故障运行。

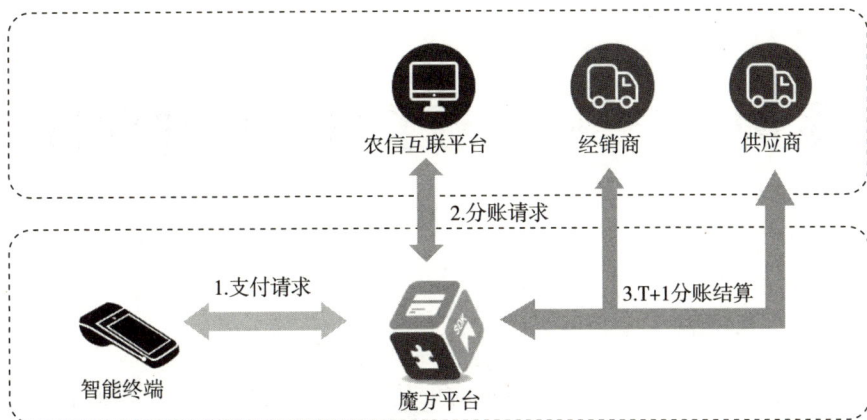

图 2　魔方平台结算流程

　　基于魔方平台实现的农信互联整体支付解决方案，通过智能 POS 作为交易入口，依托魔方平台的云服务能力，在收款环节打通农信互联订单体系实现资金流与信息流统一，在付款环节通过分账服务实现基于交易维度复杂分账，满足供应链上下游各个参与方 T＋1 自动分账的需求。通过联动魔方平台提供的整体支付解决方案，不仅满足了收付款的基本支付需求，更实现了订单体系打通、自动化的清分结算等增值服务，实现农村用户的普惠金融服务，也为农资企业的数字化产业升级添砖加瓦。

案例 12 天翼电子精确扶贫项目

一、项目背景

习近平总书记在全国国有企业党的建设工作会议上指出，国有企业承担了大量社会责任，许多脱贫攻坚、改善民生的项目实施，都是国有企业扛起来的。讲话强调国有企业是党执政兴国的重要支柱和依靠力量，是全面建成小康社会、坚持和发展中国特色社会主义的主力军。国务院国资委也对央企开展精准扶贫工作进行了全面部署和科学指导。脱贫攻坚是党中央赋予央企的神圣使命，是央企应该切实履行的重大政治责任。

为响应中央号召，大力推进乡村振兴和精准扶贫事业，中国电信天虎云商以承接和运营农业部信息进村入户工程（以下简称益农服务平台）为切入点，依托已构建的"天虎云商＋益农网＋益农社＋信息员"的电商扶贫体系，迅速建立中国电信精准扶贫专馆。专馆现已接入中国电信集团对口扶贫县（四川盐源县、木里县、新疆疏附县、广西田林县、西藏边坝县、青海久治县）符合电商销售条件的农产品 60 余款，均已取得政府背书，另有上百款国贫县、省贫县的地标农产品在专馆内销售。专馆还将持续引进其他贫困县符合电商销售条件的特色生态农副产品，通过线上开展丰富的互联网营销活动，线下对接政企、园区、商超等销售渠道，有效解决农产品销售难题，为农民拓展农产品的销售渠道和商机，增加农民收益，有效助推农村经济发展，助推产业扶贫，在全面建成小康社会的征程中展现了中国电信的实力担当。

在四川凉山、四川阿坝、新疆、西藏等山区和边疆地区，主要为农耕农种的农村经济，因当地互联网普及和覆盖度较低，导致当地农民辛苦劳作的农产品以及在当地原始生态环境下产出的优质土特产滞销，农民损失

368

较大，无法脱离贫困现状。

2018 年 10 月 22 日至 10 月 25 日，中国电信举行"打赢扶贫攻坚战，共享美好新生活"扶贫攻坚推进会议，深入学习习近平新时代中国特色社会主义思想和党的十九大精神，贯彻落实党中央国务院脱贫攻坚的工作要求，进一步推进扶贫攻坚工作。

会议决定中国电信将联合旗下电商平台天虎云商，通过线上线下结合的电商体系，充分利用中国电信的运营商资源优势以及天虎云商的农村触点作用，精准实现农产品上行和工业品下乡，为"互联网＋精准扶贫"注入新活力。通过"互联网＋产业链"整合，助力农产品进城，为贫困农民增收，真正实现帮贫困群众积极脱贫、主动脱贫的"精准扶贫"目标。

二、平台简介

天虎云商是中国电信四川公司打造的新型电商平台，以"生态农产品首选电商品牌"为特色定位，通过政府认证实现产地溯源及正品保证，同时可为大中小企业提供集电子商务、电子金融、企业信息化、大数据服务为一体的信息化服务。

天虎云商承接了农业部"全国信息进村入户总平台"（即益农服务平台）的开发和运营工作。益农服务平台是集信息进村入户、农产品上行、工业品下乡的 O2O 综合信息服务平台，由线上益农服务网和线下益农信息社两大部分组成。线上主要包含公益信息、便民服务、电商服务、体验培训等板块，覆盖话费充值、水电缴费、农技咨询、找工作、远程医疗、订票、代购、代销等 19 项信息化应用。线下主要为分布于各个行政村的益农社，目前四川已建成 3.7 万个益农社，全面加载四川涉农特色信息化应用，实现农业政策、技术、市场等信息查询，代缴代办等便民服务，农产品上行及工业品下乡以及培训体验等功能。项目启动以来，通过益农社组织农产品线上销售金额达 5178 万元。

天虎云商和益农社两块牌子一套人马，在全国信息进村入户的契机下，充分利用中国电信资源优势，充分发挥益农信息社在农村的触点作用，合力探索出一条具有信息化特色的"乡村振兴、电商扶贫"之路。

三、产品优势

1. 通过政府认证、溯源系统实现产地溯源及正品保证。

2. 依托中国电信的网点资源，天虎云商已构建起强大的线下渠道销售网络，截至目前，天虎云商已具备城市线下店 1.31 万个，高校渠道108 所。

3. 农民或农企可通过益农信息社与平台建立合作关系，依托平台线上线下分销体系，真正做到把产品"卖出去"。

4. 发挥智能信息运营商优势，提供云计算、大数据、"互联网＋"等全方位的信息化服务，精准实现农产品上行及工业品下乡，为乡村振兴、"互联网＋精准扶贫"注入新的活力。

四、产品模式

在四川省委、省政府及中国电信四川公司的指导下，天虎云商积极探索电商扶贫新模式，通过"互联网＋产业链"整合，充分利用"一桥梁、双平台、一工具"，实现农产品进城，真正帮助农民增收脱贫。

"一桥梁"指益农信息社，益农信息社的建设推进了农村信息化和农村电商高效落地，农民和农企可通过益农信息社实现农产品上行触网并实现销售。益农信息社打通了城市农村"最后一公里"，是农产品进城的重要桥梁。截至目前，省内已建成益农社 37000 个，覆盖 21 个市州、180 个县、2493 个乡镇，涉及 104 个贫困村，预计到 2019 年将实现行政村全覆盖。

"双平台"指天虎云商及益农服务平台。线上，天虎云商已建立农产品直销体系及中国电信精准扶贫专馆，在电脑端、手机端及电视端均独立展示。线下，以益农社为单元组织搜集优质绿色农产品，并通过天虎云商精准扶贫专馆进行展示销售。通过线上线下联动，让城里人购买到农村地道的绿色食品，实现农产品进城。

"一工具"指天虎云商基于社交零售打造的合伙人线上分销平台，用户可以通过加盟合伙人，随时随地分享各地特色和优质农产品，合伙人在获得分享佣金的同时，帮助供应产品的农民增加收入，从而更进一步帮助他们脱贫致富。

五、模式案例

案例 1 凉山州木里日布佐村，打造可推广可复制的山村"样本"

凉山州木里县是四川电信对口扶贫县，当地日布佐村村民在村书记带领下种植羊肚菌，产量喜人，但受困于无销售渠道。益农信息社在当地落地建成后，天虎云商顺势为村里带去一整套"互联网＋"线上销售能力，免费帮其解决线上开店、产品上架等工作，信息员只需做好筹集货源、品质保障、物流发货等简单环节。上线不到两个月，就实现销售额超过 4 万元。通过天虎云商的资源整合与宣传推广，还极大地推动了羊肚菌的线下渠道销售，撮合大客户收购当地羊肚菌，合计带来超过 100 万元销售收入。

案例 2 攀枝花米易，助销米易滞销番茄

2018 年，攀枝花米易县番茄产量大幅增加，总产量预计约 35 万吨，近期气温升高使番茄成熟期缩短，面临销售困难及价格低迷的局面，天虎云商通过线上线下结合、合伙人机制、政企大客户渠道及自有营销渠道助力米易番茄销售。3 月 5 日上线以来，累计销售约 20 多万斤，增收约 50 多万元。

六、项目产品

"精准扶贫"项目，在线上搭建形成精准扶贫专馆 H5 网页，全方位拓展农产品销售渠道，并打造合伙人线上分销平台，进一步增加农产品营销能力；在线下搜集优质绿色农产品，再利用中国电信强大的城市网点资源建立分销网络，大大提升农副产品销售的效率与质量。最终，对用户端输出"精准扶贫" H5 网页。

翼支付客户端开放流量入口，在购物专区推广精准扶贫项目，引导翼支付用户浏览、选购精准扶贫项目内的农产品和土特产。同时辅以支付立减的营销活动，大力推广引导用户进行扶贫购物。

七、产品愿景

中国电信精准扶贫专馆计划在 2019 年至少接入 10 个省（自治区、直辖市），筛选至少 80 款国贫、省贫的地标农产品进入专区销售，销售额争取达 3000 万元。

依托中国电信品牌公信力、天虎云商电商扶贫体系、电商服务能力及渠道推广能力，共同打造中国电信精准扶贫品牌，广泛动员电信党员干部和员工群众热情参与，发展各省市电信工会、其他政企单位、校园、商超等集采渠道，建立起与政府、企事业单位的桥梁纽带，推动精准扶贫的同时发展电信信息化业务，最终实现各省政企联动，达到多方共赢。

案例 13 理房通分账系统

一、案例背景情况介绍

房屋交易领域在以往的"居间模式"下，负责成交一环的经纪人将获得全部佣金，经纪人的收入完全依赖最终成交，对成交的诉求无限大。同时消费者的识别能力有限，无法对经纪人形成有效反馈，致使行业缺乏"信任机制"。经纪人与消费者之间无法信任、无法合作，彼此陷入资源的比拼和消耗，将整个经纪行业拉入低效竞争的泥沼。

在此背景下，为解决行业低效竞争困境，贝壳找房为行业开放了其独特的 ACN 经纪人合作网络。在房源信息充分共享的前提下，ACN 赋予同品牌或跨品牌的经纪人之间以不同的角色共同参与到一笔交易，成交后按照各个角色的分佣比例进行佣金分成。ACN 颠覆性模式创新，有效解决了房源、客源、经纪人之间的合作难题，解决经纪人和消费者之间的匹配难题，不仅实现了更加高效的资源匹配效率，也进一步促进服务品质提升，带来效率提升的行业正循环。

理房通分账服务，是面向经纪公司及经纪人分佣场景，基于 ACN（Agent Cooperate Network）经纪人网络提供资金分账服务。目前，理房通分账系统正在为贝壳找房平台提供分账服务，涉及房产买卖、搬家、装修等领域。同时，也服务于链家、德佑、大盛、铭家等多个经纪品牌，服务超4000 家商户。

二、产品和服务业务流程

目前，理房通基于账户体系，提供"支付＋分账""冻结/解冻""退款""调账"服务，解决资金分配的问题（见图 1）。

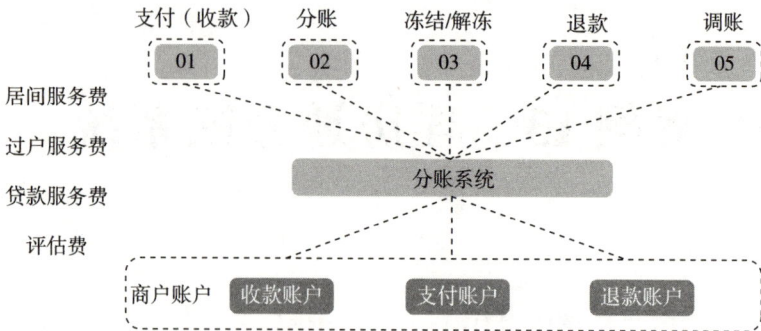

图1　分账系统账户体系与服务功能

具体业务流程如图2所示。

客户将买卖佣金或货款支付到成交商户的理房通支付账户进行冻结。待贝壳平台系统发出分账指令后，理房通对收款冻结资金进行分账，将分账资金结算给成交关联合作商户的支付账户。

如在分账后发生退款，由收款商户优先垫付资金退给客户，再根据贝壳平台系统调账指令，将分账收款方的资金调还给原收款商户。

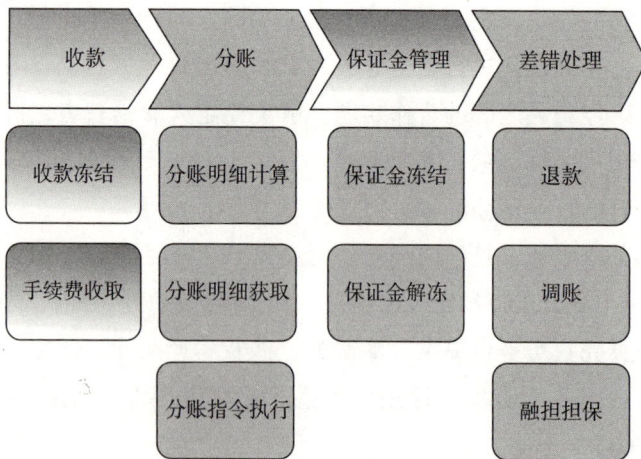

图2　分账系统业务流程

374

三、产品和服务功能及业务特点

（一）房产买卖场景

1. 收款分账

例如，商户甲有很多套房源，但由于客源少等原因自己没有能力达成成交，此时商户甲可以将房源录入到贝壳找房系统并进行公开，让其他商户协助售卖；商户乙有很多买方客源，但由于自身能力与资源问题无法全部促成成交，便可将多余客源通过贝壳找房供给其他商户，让其他商户为客户提供服务。如商户丙将商户甲的房源售卖给了商户乙提供的客源，则完成了一次多方协作达成的交易。

此时理房通为成交方商户丙提供支付服务，客户可通过 POS 机刷卡等支付方式支付佣金。客户支付的资金将先结算到成交商户丙的理房通支付账户，但由于该笔收款还涉及后续合作方分账，因此商户丙暂时无法对该笔收款进行支取。客户支付成功后，贝壳找房平台系统根据各商户协定的各角色的分账比例进行计算，得出各合作方应得资金部分，再根据各合作方所属品牌方的品牌费收取比例，计算各合作方应付出的品牌费，最后再根据各品牌费与平台签订的平台收费比例，计算出各品牌方应支出的平台费。在计算好各合作方应得资金与应付费用后，贝壳找房系统将计算结果发送给理房通分账系统，理房通再根据计算结果为各合作方进行分账结算（见图 3、图 4）。

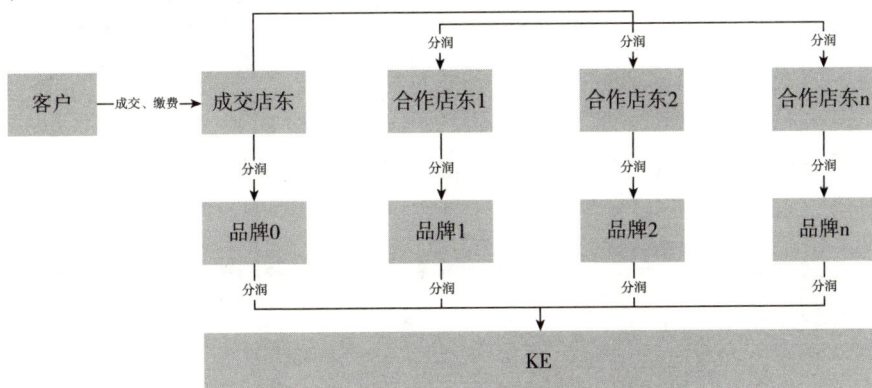

图 3　房产买卖分账结算模式

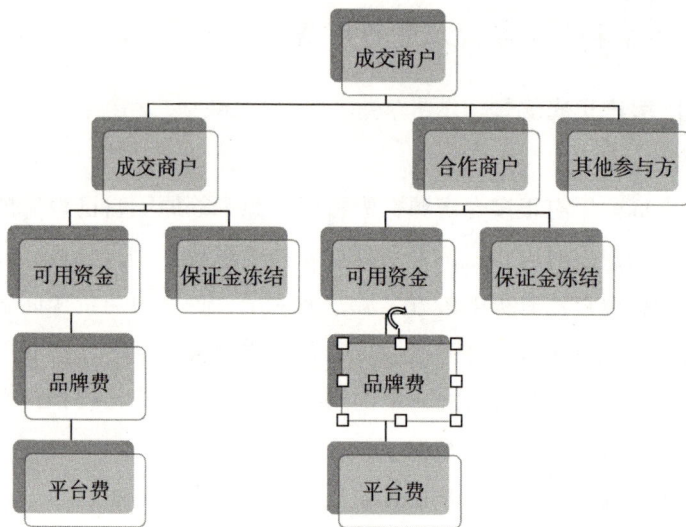

图 4　房产买卖分账结算模式

如成交角色、房源角色、客源角色分账比例协定为 40%、40%、20%，成交金额为 10000 元，各合作方所属的品牌收取品牌费用比例均为 10%，品牌应交平台费比例为 1%，过户前合作方商户冻结保证金 20%。各商户交易所得则上述场景下：

成交方 – 商户丙将会分得 10000×40% =4000 元。（冻结 800 元）；

房源方 – 商户甲将会分得 10000×40% =4000 元。（冻结 800 元）；

客源方 – 商户乙将会分得 10000×20% =2000 元。（冻结 400 元）；

成交方 – 商户丙将支付本次交易所得的品牌费 4000×10% =400 元；

房源方 – 商户甲将支付本次交易所得的品牌费 4000×10% =400 元；

客源方 – 商户乙将支付本次交易所得的品牌费 2000×10% =200 元；

商户丙所属的品牌方均需要支付本次交易所得的平台费 400×1% = 4 元；

商户甲所属的品牌方均需要支付本次交易所得的平台费 400×1% = 4 元；

商户乙所属的品牌方均需要支付本次交易所得的平台费 200×1% = 2 元。

因成交金额先结算到了成交方 – 商户丙的理房通支付账户，因此理房通在执行分账时资金流如下：

成交方 – 商户丙支付合作费给房源方 – 商户甲 4000 元；

成交方 – 商户丙支付合作费给客源方 – 商户乙 2000 元；

成交方 – 商户丙支付品牌费给所属品牌方 400 元；

成交方 – 商户丙剩余资金 4000 – 400 = 3600 元中，冻结本次交易保证金 800 元，剩余 3600 – 800 = 2800 元转为可用；

房源方 – 商户甲支付品牌费给所属品牌方 400 元；

房源方 – 商户甲剩余资金 4000 – 400 = 3600 元中，冻结本次交易保证金 800 元，剩余 3600 – 800 = 2800 元转为可用；

客源方 – 商户乙支付品牌费给所属品牌方 200 元；

客源方 – 商户乙剩余资金 2000 – 200 = 1800 元中，冻结本次交易保证金 400 元，剩余 1800 – 400 = 1400 元转为可用；

商户丙所属品牌方支付平台费给平台方 4 元；

商户甲所属品牌方支付平台费给平台方 4 元；

商户乙所属品牌方支付平台费给平台方 2 元；

在分账结算后，各合作商户资金除冻结部分外，全部转为可用，品牌方与平台方分账收入直接为可用，当房产过户后，理房通分账系统将会根据收到的贝壳找房平台的解冻指令，将合作商户冻结的资金直接转为可用。

2. 退款调账

因房产交易过户周期比较长，如完全过户后再分账就会为小微商户带来很大的资金流动性困难，所以在成交商户资金到账且收到分账指令后，理房通分账系统立即为商户分账，提高小微商户的资金流动性。但提高流动性的同时，存在分账后买方客户退款的场景（见图 5）。

为保证客户体验，由成交商户优先将全额退款给买方客户。在退款成功后，贝壳找房系统将根据各角色比例，计算各合作方、品牌方、平台方应退资金，作为调账指令发送给理房通分账系统。理房通分账系统接收到分账指令后根据执行顺序将分账资金再调还给成交商户。

因存在合作商户账户余额不足无法将分账资金调还给成交商户的场景，理房通与贝壳金服融担系统合作，当合作商户无法将分账资金调还给成交商户时，由贝壳金服提供担保资金赔付给成交商户，以保证成交商户的利益。

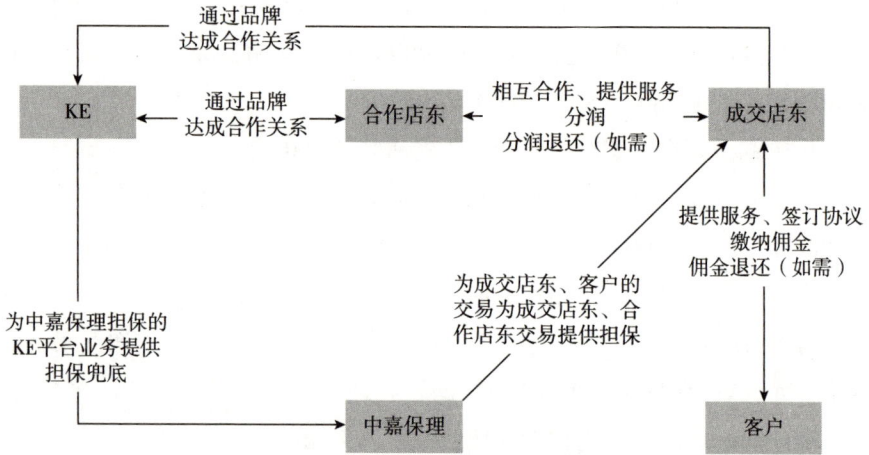

图5 房产买卖退款调账流程

（二）搬家、装修等生活场景

1. 收款分账

贝壳找房平台为搬家、装修等入驻商户提供信息及客户流量服务，因此入驻商户在收到一笔客户付款后，理房通将收款冻结在成交商户的理房通支付账户，等待业务系统的分账指令。在收到业务系统的分账指令后，理房通根据商户与平台协定的分账比例，计算各方应得分账资金，并进行资金结算，整个过程平台方不触碰分账资金，保证商户的资金安全。

因搬家、装修等涉及定金、尾款等支付场景，因此理房通分账系统既支持将一笔业务的定金与尾款合并进行分账，也支持一笔付款多次分账，减少商户的资金流动性与对账压力。

理房通的分账计算引擎可以支持多层级、多类型的分账（见图6）。

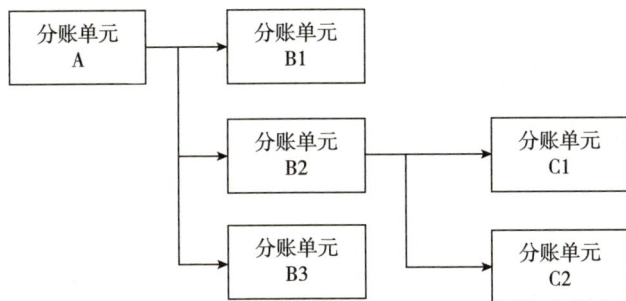

图 6　收款分账示例

①多层级

可根据业务需求，如第一层级按照各个合作方分账；第二层级按照品牌或平台费分账等。

②多类型

每个分账单元可以配置按固定金额或固定比例分账。分账计算时，每层级先按固定金额分账，分账后，剩余资金按照比例进行分账。

2. 原路退款

在搬家、装修等生活领域的业务模式下，业务系统确认分账后，极少情况会出现客户退款的场景，因此该场景下分账后的资金，不支持退款，尚未分账或部分分账后的剩余部分，允许进行原路退款。

理房通通过商户门户为商户提供账户对账单、分账明细、退款订单、保证金明细等信息查询下载服务，便于商户对账及实时了解分账的业务动态。

3. 分账明细

商户可以通过分账明细查询某一个合同具体的分账详情，从哪个商户收到了资金、付给了哪些商户多少钱等。

4. 退款订单

商户可以通过退款订单，实时了解所有退款的金额、状态等相关信息。

5. 保证金明细

商户可以通过保证金明细，查看所有冻结保证金额冻结状态及解冻时间。

四、产品的作用

传统存量房交易过程中，经纪公司面临手工录账、收费、对账效率低、错误率高的问题，同时会遇到平台方、品牌方、合作方各种复杂规则的分润计算，结算时效无法保证，运营和财务人员工作压力大等问题。理房通为了解决商户的切实问题，同时避免平台"二清"的合规风险，针对平台多级商户场景，提供综合支付、记账、分账、对账、管账、结算一站式解决方案。以支付账户为基础，理房通有效地提升了房产交易后资金流转速率，减少账面错误率，让合作商户降低财务管理成本，专注于擅长的领域，提升综合竞争力。

理房通基于实际市场需求，开发了多款支付业务相关的创新型产品，依托科学技术的驱动，让商户的便捷支付不断迈上新台阶，同时通过支付作为链接，也使经纪人减少对支付环节风险的担忧，可以更专注于自身房产服务专业性的提升。

案例 14　理房通履约支付产品

一、案例背景情况介绍

（一）二手房交易的难点及痛点

我国的二手房交易有着明显的本土化特征，往往伴随着多种不确定性与各种市场风险与买卖双方的信任风险。对于房产买家来说，存量房的交易过程中不能真正实现"钱房两清"，导致交易过程存在巨大风险，买方付完房款（首付款或全款）后并不能立即办理安全转移登记手续，而是需等待一段时间。与此同时，由于房屋交易的大额属性，使得整个交易流程较为复杂，这些都使得存量房交易充满风险。

1. 交易难点

（1）交易过程中存在多次资金及权证的交付时间点。

（2）交易环节复杂、参与主体众多、涉及新老债权的进入和退出。

（3）交易周期较长。

2. 交易痛点

（1）买方：不放心直接交付房款给业主。

（2）卖方：担心不能及时拿到所有房款。

（3）经纪人：服务效率低下，纠纷处理烦琐，人工损耗大。

上述交易难点及痛点决定了我国二手房交易的复杂性和风险性。国内各种二手房交易违约事件层出不穷，加剧了交易市场的混乱，造成了国内市场的动荡，也给交易个体带来了财产和精神上的损失。

（二）理房通资金存管模式诞生

从根本上来看，用户通过房屋交易资金存管的方式可以规避大量潜在风险。

我国二手房交易由于城市经济发展程度与人口流动的分化，现阶段各个城市的二手房交易流程仍然存在较大差异。总体来说，囿于发展历史短暂，我国房屋交易行业缺乏完善的法律体系，银行之间结算体系相对孤立，系统尚未实现对接，数据尚未实现共享，整体房屋交易服务尚处于萌芽状态。

2009 年以来，市场交易的需求日益旺盛，究其本质，用户二手房交易的核心需求还是在于保障交易的安全。面对多种资金类型，例如意向金、定金、首付款、物业交割保证金以及最后的户口迁移保证金，每笔资金的划拨都需要确认与之相应的权利内容，买卖双方在各个环节均有资金安全划转和制约交易双方的需求。

除安全外，效率和体验的提升也变得越发重要。目前一些地区，产权关系不算复杂的交易往往需要耗费长达 2 个月以上。基于银行柜面窗口资金现场的办理方式下，用户需耗费时间排队，买卖双方必须同时到场，非工作时间不能办理，不同银行需重新办理该银行卡，必须本人到场等要求，这些现实情况与用户交易中的实际需求偏差较大。同时，移动互联网时代已经来临，用户足不出户，网络办理的习惯逐渐养成，线上交易体验的提升显得格外重要。受限于商业银行 IT 系统建设能力，在房产资金流的呈现以及能否提供官网或 APP 访问等方面，目前都存在严重不足。

用户需要安全、高效、优质的体验服务，而现阶段市场不能满足这些需求。在此背景下，理房通作为一家专注于房地产资金安全支付的第三方支付机构应运而生。

（三）当前业务拓展情况

理房通资金存管模式诞生于 2014 年，2014—2016 年，理房通资金存管模式一直服务于特约商户链家的直营门店，共计落地 21 个城市。

2017 年至今，理房通依托链家，拓展服务范围，新增 2 个直营城市以及 19 个加盟城市，直营城市包括佛山市和中山市，加盟城市包括武汉、厦门、南昌、烟台、福州等城市。

截至目前，理房通已累计服务 120 万客户，累计交易规模 7000 亿元，累计处理风险交易 4257 单，规避风险交易资金 16 亿元。

二、产品服务和业务流程

理房通充分考虑到市场需求优化了房款支付的业务模式,根据房产交易环节涉及的资金类型开发了不同支付产品。主要产品为定金保、房款保、物业保证金、户口保证金等几大产品。

(一) 支付产品介绍

1. 房产交易初期

达成买卖意向后为定金交付理房通制定的定金类托管产品:定金保,用于保障房产交易中的定金安全。买卖双方在商户门店签署买卖定金协议,买家选择使用现金或定金保存管,如选择理房通存管定金,理房通依据商户核准达到协议约定的资金划转条件向理房通发起完成定金划转的支付指令。定金保产品独有核房程序,专人进行房屋产权校验,以确保房屋可被交易。如发现房屋存在被查封、占用等特殊情况,理房通会将定金全额返还买家。

2. 房产交易过程中

理房通为房款交付制定了房款类存管产品:房款保,用于保障房屋买卖租赁业务中的资金安全,防范买卖双方恶意骗资、挪用、携款潜逃等行为造成的资金损失。

买方首付款先进入理房通客户备付金账户,理房通见到新房本或领证通知单(每个城市有些许差异),房款解冻至卖方。如过户不成功,理房通会将支付的房款全额返还买方。

3. 房产交易后期

物业保证金、户口保证金为两款保证金产品。物业保证金用于防止买卖双方物业交割不清,避免房产交易已完成,但水电煤、物业费未缴清等情形出现。接到商户确认买卖双方已达到交付资金划转条件,将按合同约定划转相应款项至收款方;户口保证金用于保障买方落户,避免房产交易已完成,但买方无法落户的情形出现。商户在确认买家落户没有问题后,理房通将按协议约定将户口保证金按合同约定划转相应款项至收款方。

综合各方因素,房屋交易周期长,交易过程中交付与收款环节较多,例如，定金、首付款、物业保证金、户口保证金、尾款、代理费、佣金等，且涉及单笔交易金额从百万到千万不等。因而，资金监管对交易中买卖双方的利益及资金安全起到重要的保障作用。理房通的房款支付模式，有效规避了出卖方恶意骗资、挪用、携款潜逃等风险，在保障客户资金安全的同时，维护了客户的权益，节省了客户的时间与精力，极大地提升了客户体验。

（二）业务流程说明

1. 业务办理流程说明

业务流程如图 1 所示。

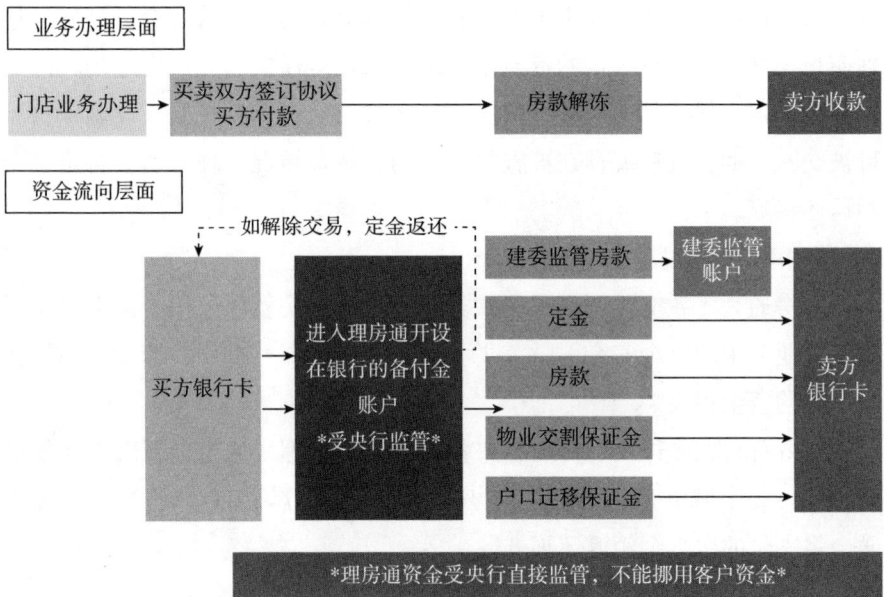

图 1　业务流程

自行交割模式下易产生房源信息不明、一房多卖、产权交割不清，物业交割和落户等问题得不到解决，导致买卖双方的权益无法得到保障。

房款存管模式：由"互联网＋支付＋房地产"模式依托相关政府机构确保房源的真实性，订单各环节线下全程跟踪确保交易合法合规，避免房源信息不明、一房多卖、交割不清，物业交割、无法落户等一系列问题。

2. 资金流和信息流分开

流程说明：资金流和信息流分开，商户无法触及资金，支付公司无法修改买卖信息，规避商户、买卖各方恶意撤资，买卖欺诈等行为的发生。

建委监管资金、定金、首付款、房款、物业交割保证金、户口迁移保证金等实现一次冻结分次付款、客户无须多次辗转银行柜台办理。保障房产交易中资金安全，促进房产交易的达成。无须受到资金汇转时间限制，节假日、工作时间段均可受理，避免延迟房屋成交周期而导致交易失败（见图2）。

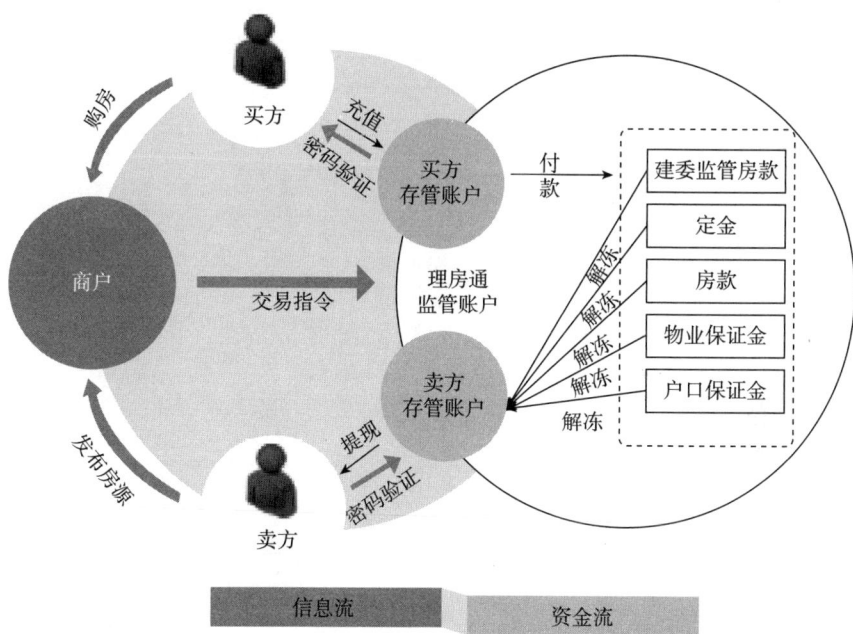

图 2　资金和信息流程

三、业务亮点说明

理房通通过互联网支付平台，建立独立的支付账户，作为独立、公正的第三方公司保证交易资金的流向。理房通将根据事先约定的资金划拨指令，进行资金的划付，避免交易过程中单方违约等情况。在理房通提供的支付产品中，客户的定金、房款、物业交割保证金、户口迁移保证金等，都会得到安全保障，让交易流程在线上透明化，规避了由房款而衍生出来的种种问题。一旦出现交易风险，如交易房屋被查封、无法过户等情况，理房通也会及时根据具体情况及相关指令，将买方的房款及时返还至买方账户，以减少其资金损失。

二手房交易具有大额及低频次的特点，而且房屋的属性也决定了二手房的交易必须采用网络与实地考察相结合的方式进行。理房通通过与特约商户（主要是链家旗下各经纪有限公司）进行合作，由理房通承担支付通道和资金存管的责任与义务，而由特约商户承担面对面核实客户身份信息及二手房交易过程中的看房、过户等责任和义务，二者相互配合，最大限度地保证房产交易的顺利进行，尽可能避免买卖双方利益受损。